平湖历史档案研究丛书

平湖袜业研究
(1911—1949)

董建波　陆保林 主编

董建波 著

上海辞书出版社

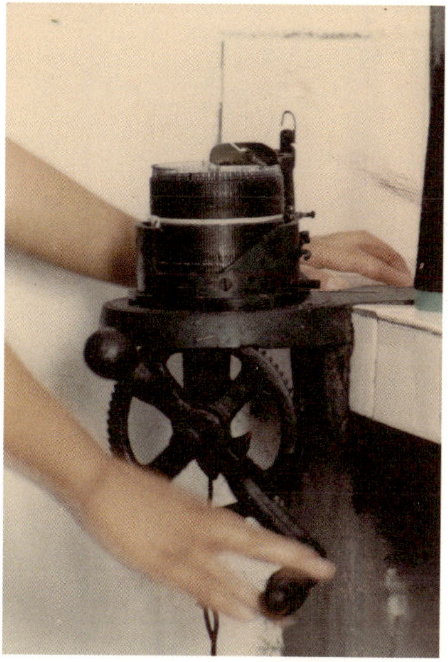

手摇织袜机的操作

电力织袜机的操作

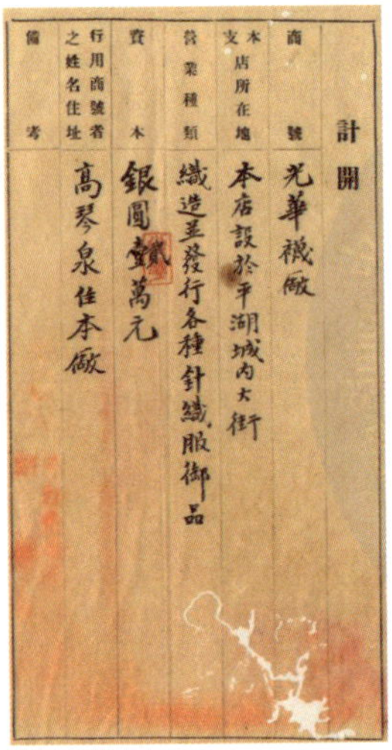
計開

商號	光華襪廠
本支店所在地	本店設於平湖城內大街
營業種類	織造並發行各種針織服御品
資本	銀圓貳萬元
行用商號者之姓名住址	高琴泉 住本廠
備考	

光华袜厂注册登记（1930年1月）

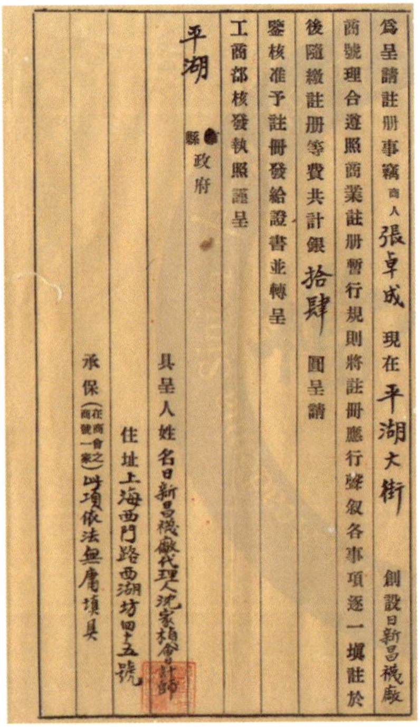
為呈請註冊事竊商人張卓成現在平湖大街創設日新昌襪廠
商號理合遵照商業註冊暫行規則將註冊應行聲敘各事項逐一填註於
後隨繳註冊等費共計銀拾肆圓呈請
鑒核准予註冊發給證書並轉呈
工商部核發執照謹呈
平湖縣政府
具呈人姓名日新昌襪廠代理人沈家楨
住址上海西門路西湖坊四十五號
承保（在商會之商號一家）此項依法無庸填具

日新昌袜厂注册呈请（1930年3月）

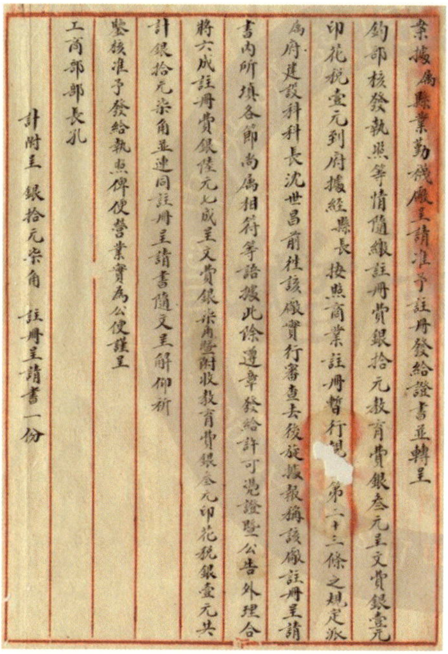

案據屬縣業勤襪廠呈請准予註冊發給證書並轉呈
鈞部核發執照等情隨繳註冊費銀拾元教育費銀叁元呈文費銀壹元
印花稅壹元到府據經縣長按照商業註冊暫行規則第二十三條之規定派
屬府建設科科長沈世昌前往該廠實行審查去後旋據報稱該廠註冊呈請
書內所填各節尚屬相符等語據此除遵章發給許可憑證暨公告外理合
將六成註冊費銀陸元九成呈文費銀柒角暨附收教育費銀叁元印花稅銀壹元共
計銀拾元柒角並連同註冊呈請書隨文呈解仰祈
鑒核准予發給執照俾便營業實為公便謹呈
工商部部長孔
計附呈 銀拾元柒角 註冊呈請書一份

平湖县政府为业勤袜厂核发执照给工商部的呈文（1930 年 6 月）

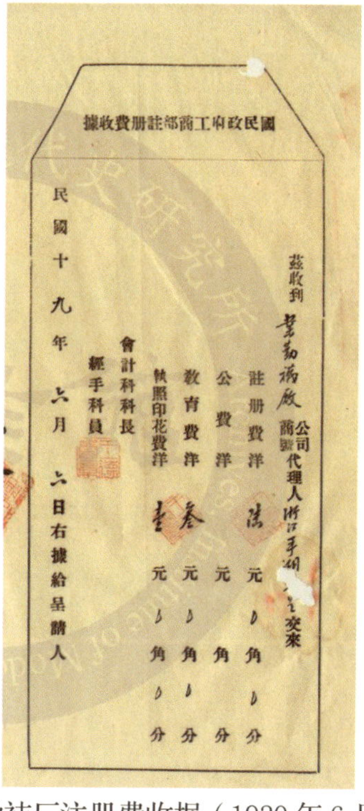

國民政府工商部註冊費收據

茲收到 業勤襪廠公司商號代理人浙江平湖[illegible]交來
註冊費洋 陸 元 角 分
公費洋 元 角 分
教育費洋 叁 元 角 分
執照印花費洋 壹 元 角 分
會計科科長
經手科員
民國十九年六月六日右據給呈請人

业勤袜厂注册费收据（1930 年 6 月）

●談平湖襪廠事業

平湖爲浙江富饒之縣。素有金平湖省各縣冠。商業以襪廠最盛。大小數工。多半爲田家碧玉。間有紅樓淑媛巨。土人更熱心提倡。凡我同胞。罔不取。凡女子作襪工。須先付廠內洋五做工時。原洋仍璧還。此固商店中常女欲作襪工。苦乏押機費五元。託人東圖章代此五元之數。孰知廠內覺不解。店舖書東圖章。豈不值五元耶。章不能代金錢用歟。女子初取機作元他日退機停工。亦不交還。其名曰衆余更不解。又女子做襪。每部機日

沈荫月《谈平湖袜厂事业》（《商业杂志》1926 年 12 月 1 日）

平湖織襪業之一斑

平湖是個小小的縣城、雖然比不上別的通商大埠那麼繁華、但是交通便利、商賈輻輳、陸上有滬杭公路直達滬杭、水上有小汽輪數十艘、往來各鄉鎮、一切的一切、都具着相當的繁盛、市中心區漢水橋一帶、層樓高聳、電炬通明、照樣有大商店、有大旅社、大自鳴鐘照樣奏着都市特有之音、然而一考其內層、自從受着不景氣潮冲洗之後、工商業都入於掙扎時期中、完全是外強中乾了、工業在平湖、根本談不到、只有織襪廠、比較有着相當悠久的歷史、七八年前、算是該業的黃金時代、那時節銷貨容易、利息又好、所以很有許多人、起先只籌集了一二百元資本、帮一二打襪機、由小放大、依此起家、廠中的擊友們、當然也有豐厚的紅利可派、於是飽暖思淫慾、與女工們也會發生過幾椿桃色案件、如某女工因酸素作用、拿石灰包撒瞎廠中職員的雙目、轟動着整個的平湖城、現在襪廠業是沒落了、清理的清理、關閉的關閉、素以資本雄厚、營業興盛見稱的光華廠、也不免關門大吉、雖然還有照常營業的、可是大多數在掙扎狀態中、因此各夥友都競競地巴結飯碗、還愁來不及、那有餘暇來談情說愛、所以近年來這種桃色新聞、巳少有聽見了、

規模較大的襪廠、在上海老北門民國路一帶、都設有發行所、從一根線或一根紗、到織成襪子、交給發行所發賣爲止、其間大別分三種手續、

第一是織工、此種工人、盡屬女工、她們大都住在離廠四五里或五六里的鄉間、天還沒亮、一早起身、胡亂吃了些泡飯、拿了隻竹製的小籃、盛着預備中午吃的一碗冷飯、三根鹹菜、合着同伴到廠、向廠中職員領出磅過份量的線或紗、就拿到織襪機上去織、工資以每打計算、

、大概 打、險 費、僞 、道還 、倘然 、或針 員們就 了頭織 有了、 折起來 工們過 是哭笑 、往往 邊哭、 們却鐵 、非折 有神聖 然而也 的、這 係罷、 第二是 縫與手 只須將 一個個 當的徵 過兩打 的工價 半、所 女閒 零用錢 先決條 機一部 作、一

落寞《平湖织袜业之一斑》（《上海报》1937 年 2 月 28 日）

目　录

表 目 录

图目录

导　言

平湖县地处东海之滨，东临杭州湾，西接嘉兴、嘉善，北邻江苏省松江、金山，南通海盐，交通便利，生产发达，商业繁荣，在清代嘉兴府属各县中有"金平湖"之誉。近代开埠之前，平湖农业以稻米、棉花为大宗产品。稻米种植区主要集中在西部各乡，而棉花生产则主要集中于东部各乡。各乡所产农产品大都经由水路辗转集中于平湖县城，再由县城转运出境，因而平湖四乡与县城之间的交通运输发达，主要经由纵横密织的河流，依赖船只运输。位于平湖东乡、杭州湾北岸的乍浦，海舶云集，商业繁盛，不仅是平湖海上贸易的重镇，也是浙西地区重要的出海门户。近代开埠之后，乍浦作为海上贸易门户的地位虽较前有所下降，但因嘉兴至乍浦轮船运输航线的开辟，以及嘉兴—乍浦公路客、货运输业务的开通，乍浦在平湖乃至浙西商业贸易网络中仍为重要的港口。受到商业贸易、交通运输等发展的影响，平湖县城不仅是全县水、陆运输的枢纽，也是内、外货物集散的中心。尤其是东大街及东门附郭一带，为平湖四乡农产品集散市场，商贾云集，市廛辐辏，稻米、棉花、木竹、酱园、绸布、烟纸等业尤为发达。[①] 作为商业贸易活动中心的平湖县城，不仅是全县的经济中心，也是社会活动和文化中心，平湖的近代工业也由这里起步。

一

平湖县城是全县的粮食集散中心，每一年秋收时节，都有来自四乡的稻米、

① 《平湖商业概况》，《兴业邮乘》第57期，1937年3月10日。

杜豆等集中在这里，并由这里运往嘉兴、硖石、长安、杭州、上海等地；而由外地输入的稻米等粮食也在平湖县城集中，再运往平湖县内的缺粮区域。因而，平湖县城集中了数十家米行、稑陈行，生活着粮商、米贩等以米业、稑陈业为生计的人群。得益于数量众多的米行、购销两旺的米业，当近代碾米技术输入平湖后，这里就出现了最早的一批碾米厂，诞生了以机械动力为特点的粮食加工工业。之后，电力工业也在平湖兴起。1918 年，平湖首家电厂开设后，电力首先用于个别家庭的照明，之后，也供给工商业经营用电。[①] 1929 年创办的明华电厂投产后，电力使用扩展到公共设施以及商号、工场等场所。

近代工业的发展还改变了平湖手工业结构。近代开埠以前，在商业贸易的推动下，平湖已经发展了棉纺织业、缫丝业、酿造业等手工行业。平湖东乡一带南濒杭州湾，土质以砂壤为主，适宜种植棉花。经过明、清两代数百年的垦殖，这里已经成为盛产优质棉花的地区，成为长江三角洲植棉区的组成部分。随着棉花种植面积的扩大和普及，当地家庭手工棉纺织业也得到明显发展。农户往往以纺纱织布作为副业，所产土布行销外地，这成为当地农家的主要收入来源。在平湖南乡一带，形成了以蚕桑业为主的农业结构，与此相应，农户普遍以植桑、养蚕、缫丝作为主要的家庭经营，尤其是缫丝手工业，在当地农家生计中占有重要的地位。近代开埠以后，西方工业产品进口逐步增加，洋布、厂丝等近代工业产品与各地所产土布、土丝展开竞争。19 世纪 60—70 年代以后，中国的棉纺织工业、缫丝工业也相继兴起，迅速发展。随着这些工业产品输入平湖以及平湖土布、土丝固有的销售地区，并逐步为消费者所接受，平湖农家曾经赖以获得收入的手工棉纺织业、缫丝业相继衰落，曾经以纺纱、织布、缫丝为主要副业的农家妇女因此而失业，生活在市镇和乡村中的这些劳动妇女需要寻求新的生计，近代新兴的手工业由此引入平湖，并大受城乡劳动妇女的欢迎。

所谓近代新兴手工业，即利用近代引入的手工业生产技术进行生产的手工业，包括针织业等。之所以称之为手工业，原因在于这些行业采用了近代工业部门生产的机械设备，但在动力上主要使用人力驱动，或者完全依赖人力从事生产。之所以称之为“新兴”，原因在于这些织造设备不同于以往手工业所用的机械，经过技术革新，新式设备的生产效率大幅提高；还在于这些新兴手工业采用

---

① 索非：《平湖杂忆》，《时事新报》1923 年 3 月 12 日。

近代工业部门生产的产品作为原料，如以机制纱、厂丝、绒线作为原料生产花边、毛巾、线衣、线帽、袜子等。此外，这类手工业之所以是“新兴”，还在于它们制造了不同于以往手工业的新型产品。近代以前的手工业中，并无“针织业”门类。近代针织业引入生产设备和生产技术，并迅速发展成为一个在生产技术、产品等方面具有特点的独特门类。针织业产品涵盖花边、毛巾、袜子、帽子、线衣等不同的产品系列，所用原料来自棉纺、毛纺、缫丝等不同的工业部门，从而形成一个新兴的手工业部门。以针织业为主要构成部分的新兴手工业部门的崛起与发展，棉纺、棉织、缫丝等传统手工业行业的停滞及衰落，为近代平湖手工业结构性变化的两个主要方面。

在近代工业产品的影响下，中国曾经发达的手工棉纺织业、缫丝业、丝织业等相继衰落，其影响由通商口岸城市及其腹地向其他地区蔓延。随着近代上海城市社会经济的快速发展，平湖与上海之间的社会经济往来日益紧密，大量输入来自西方工业部门的舶来品，深刻影响平湖原有的手工行业，以致平湖城乡的棉纺织业、缫丝业等传统手工业也较早由盛转衰，并在这一过程中兴起了针织业。平湖袜业的出现肇始于光华袜厂，而光华袜厂的创办除了拥有潜在的市场前景，还在于遍布平湖县城及四郊的“失业”劳动妇女——她们因为之前所从事的手工棉纺业、棉织业以及缫丝业已经没落，正在寻找新的生计。商人手中的资本，经由上海输入的西方针织工业技术，再加上城乡随处可得的廉价劳动，资本—技术—劳动三者的结合，催生了光华袜厂，也开启了平湖近代新兴手工业发展的时代。

作为平湖近代新兴针织业的首家工厂，光华袜厂最初的产品在工艺上虽不及进口货物，但以其接近销售市场、价格低廉的主要优势，首先在平湖打开市场，并向旧嘉兴府属各县销售，因而产品供不应求。看到袜子市场商机的工商界人士，起而仿效，先后投资设立多家袜厂，生产的产品既要与输入的洋袜竞争，互相之间也存在对市场的争夺。在彼此竞争过程中，各家袜厂不断更新设备，改进生产工艺，开发新的产品，因而规模不断扩大。第一次世界大战期间，洋袜等针织业产品输入数量大幅减少，而中国市场对袜货等针织品的需求却不断增长，这是中国针织业迅速发展的契机。平湖袜业也在这一时期快速扩张，已经建立的袜厂规模不断扩大，新的袜厂纷纷开设。在供不应求的市场环境中，平湖针织袜业产品的销路也由浙江省进而扩展到长江下游各省，并由长江下游地区溯江而上，远销至长江中游和上游地区。20 世纪 20 年代初，受国内、国外经济变化及政局的影响，平湖袜业数度遭遇危机，但都安然度过，并在危机中对经营方式、技术设备、生产工艺、产品种类等多有革新。至 20 年代中期，平湖针织袜子的销售市场已经拓展到华北、东北各省，以及福建、广东等地，菲律宾等南洋地区也有平湖袜货的销售市场。经过十余年的曲折发展，平湖袜业达至鼎盛时期，无论是袜厂的数量、袜工的人数、袜子的销售范围，还是袜子的产量和产值，从各个侧面观察，平湖袜业都达到其发展的顶峰。

平湖针织袜业的兴起和发展是由多重因素造成的。从国际贸易结构的视角观察，可知洋袜进口数量的变化产生了多重效应。19 世纪末 20 世纪初洋袜输入数量不断增加，其销售市场由口岸城市向内地市镇及乡村扩展，一方面挤占了中国传统布袜业的市场，另一方面改变了人们的消费习惯，从而开拓了针织袜货的销售市场。20 世纪初，随着城乡消费者观念及穿着习惯的变化，人们对袜货的需求迅速上涨。正当市场需求旺盛，洋袜进口逐年上涨之时，第一次世界大战爆发，洋袜输入数量骤然下跌。第一次世界大战期间以及战后洋袜输入数额与战前相较大幅减少，从而有利于中国针织袜业扩大生产。19 世纪末和 20 世纪初，洋袜进口数量大幅增长，排挤了中国传统布袜的市场，改变了人们对袜货的消费习惯，开拓了针织袜货的市场；20 世纪 10—20 年代，进口洋袜数量急剧减少，又造成中国洋袜市场的供给不足，国产针织袜货一时畅销，从而推动了中国针织袜业的发展。针织袜业的发展过程始于上海，并很快由上海扩展到其周边地区，尤其是交通发达、运输便捷，与上海社会经济往来密切的市镇。位于沪宁铁路沿线的无锡、镇江，位于沪杭铁路沿线的松江、嘉兴、杭州等城市，都成为除上海之外，较快和较早兴起针织袜业生产的地方。平湖虽无铁路直通上海，但因其水路交通运输发达，与上海商业贸易和社会交往关系密切，因而也成为较早由上海引入针织袜业设备及生产技术的县份。首创平湖针织袜业的光华袜厂，设备购自上海，织袜技术也由上海的针织厂学习和引进。

从直接关系来看，近代平湖袜业的兴起得益于经由上海引入的近代针织业生产设备和技术，从间接原因来看，则是得益于洋袜输入造就的近代袜货市场需求——自 19 世纪后期至 20 世纪初期，洋袜输入不断增加的过程持续数十年，光华袜厂等创设于 20 世纪初的袜厂，正处于进口洋袜增长且袜货消费由传统布袜业产品转向近代针织袜业产品的形势下。不仅内地袜业的出现与洋袜进口贸易有关，各地袜业的迅速发展也与袜货贸易结构的变化有关。20世纪初后几年洋袜进口数量的骤然下降，使袜业产品供不应求，从而刺激了工商业者投资袜业，推动了袜厂数量、投资规模的迅速扩张。平湖袜商不仅把握住了洋袜进口增加所形成的袜货市场扩大的机遇，也紧紧抓住了洋袜进口骤然减少所造成的国产袜货需求增加的机遇，从而将其产品销售区域由平湖扩展到旧嘉兴府属地区、杭嘉湖地区，乃至华中、华北、东北等地区。由此，袜业成为平湖规模最大的新兴手工业部门，平湖也因此成为浙江省乃至全国的袜货生产重镇。

除了洋袜进口数量波动这一产品市场因素外，平湖袜业的兴起和发展还有其地方经济的内在动因。如前所述，经过明、清两代商品性农业和手工业的发展，迄至近代，平湖地区已经形成若干个具有自身特征的经济区域，主要以农户家庭为单位进行农业和手工业相结合的小生产，形成了商业化的棉纱、棉布、蚕丝等手工行业，以及与这些行业息息相关的花行、布行、丝行等，还有在市镇和乡村穿梭流动，在行商、农户之间登门入户、经营生意的掮客、小贩。随着银钱业的兴起，手握大量资金的钱庄也加入了这些行业的投资，从而为袜业发展提供了充分的资金。地租、散户的存款也都成为袜业资金的来源。银钱业中逐利的资本，平湖商户、农户等零散的资金，通过借贷、存储、股金等形式进入袜业，成为其固定资本或流动资金。这些资金进入袜业后，由袜厂的厂商用于购置设备，招徕织工。此时，由于平湖传统的棉纺织、缫丝等行业的衰落，大量失业的城乡劳动妇女正在寻找新的"就业"机会，袜厂可以吸引遍布城乡的廉价劳动力。充裕的资本、廉价的劳动，开设袜厂的两个重要的要素已经具备。此时，袜业最为主要的设备——手摇织袜机的价格下降，供给充足，上海等地的华商袜厂制造的织袜机为平湖袜业供给了远较进口袜机价格低廉的设备。经过近十年的生产技术传播，平湖织袜女工群体已经形成——袜厂的技术培训以及织袜女工之间的技术传播，平湖织袜工人技术娴熟，生产工艺精湛，产品花样不断翻新，市场范围逐年扩大。从平湖袜业的迅速发展来看，来自工商各界的投资为袜业供给了充裕的资本，逐步成长的技术熟练的织袜女工，以及上海等地提供和传播的生产技术，适应了市场需求扩大的时机，将平湖袜业推向极盛时代。

二

平湖近代针织袜业的发展历程充满曲折。平湖袜业初兴之时,厂数不多,各厂规模狭小,产品种类较少,式样陈旧单一,只能以价格低廉的优势在较小的市场范围内销售。直到20世纪初后几年,才迎来快速发展的契机。之后近十年间,新的袜厂纷纷开办,各家袜厂的资本规模也逐渐扩大,袜货产品数量、产值增加迅速,产品销售范围也由钱塘江流域拓展到长江流域、黄河流域。但这一过程也伴随着整个袜业的多次危机,棉纱价格的上涨常常引起袜业成本的增加乃至经营的亏损。政局动荡、接连不断的战争所导致的袜货销路中断,也时常导致平湖袜业产品滞销,甚至导致个别袜厂资金供给中断,无法继续维持经营。袜厂对其销售人员管理不善,以致个别经销人员贪污货款,也足以使一家袜厂歇业倒闭。此外,除主要从事袜子的设计、生产、销售外,一些袜厂还将袜机的押金乃至收储的资金投入钱庄、商号开展借贷业务,因而造成大额亏空……种种袜业自身以及袜业以外的因素,都对平湖袜业形成消极影响。

平湖首家针织袜厂——光华袜厂创设之初,产品只有以棉纱和棉线为原料的袜子,规格相对单一,产品色泽及式样也无法与舶来品相比,销售区域主要局限于平湖县域范围,以及邻近的旧嘉兴府属各县。光华袜厂堪为这一时期平湖袜业的代表。这一时期创设的其他袜厂与光华类似,普遍发展缓慢,袜厂规模不大,产品种类不丰,销售范围不广。20世纪初,光华袜厂业务规模迅速扩大,产品销售范围也由杭嘉湖地区扩展到长江中下游地区。20年代前期,光华袜厂的产品进一步向北销售到华北和东北地区,向南远销至广东。其他各家袜厂也都得到快速发展的机会,资本规模大幅扩张,产品数量较之前成倍增加,销售范围也不断扩大。20年代后期,平湖袜货的销售地点已经不限于国内的华中、华北、东北等几个主要市场区域,而是远达菲律宾等南洋各地。30年代初,平湖针织袜业产品扩张的势头戛然而止。之前克服数次产品滞销、资金匮乏危机而不断壮大的平湖袜业,进入了由盛转衰的下降时期。九一八事变后,平湖袜业失去了东北市场,同时,受农村经济凋敝的影响,平湖袜货在华北市场的销路也不断萎缩。华北事变以后,平湖针织袜业产品在河北、山东等华北市场的销路基本中断。同一时期，平湖袜货在长江流域的销售数量也趋于减少。1934 年遍及整个江南区域的干旱，使连续多年处于衰退中的农村经济雪上加霜，包括平湖县在内，旧嘉兴府属各县灾情尤其严重，结果平湖袜货的本地销售数量也大幅减少。不断恶化的农村经济叠加自然灾害，使农家收入不敷支出，农村金融枯竭，它不仅导致平湖袜货销售市场的停滞以至萎缩，还使银根奇紧，利率增加，袜厂借贷困难，这进一步加剧了产品销售大幅减少给袜厂造成的困境。产品滞销而又缺乏资金挹注的袜厂，不得不通过停产停业自救。但以往曾使个别袜厂渡过经营危机的举措，在袜货销售市场连年萎缩、原料价格不断攀升、资本市场供给匮乏的境况下，一一失去效力。平湖的各家袜厂相继宣布歇业倒闭。在平湖县创设最早、规模最大，堪称平湖袜业标志的光华袜厂也未能例外，于 1937 年 2 月宣布破产清算。由于光华袜厂不仅由钱庄业借贷资金，还广泛吸纳散户存款，其倒闭影响广泛。光华袜厂的倒闭不仅是平湖袜业衰落的缩影，也在一定程度上折射出 20 世纪 30 年代江南近代新兴手工业的命运。

不论是因九一八事变、华北事变等导致的东北、华北市场丧失，还是因世界经济危机引起的农村经济衰退，农户购买力整体下降，其结果都是平湖针织袜业产品销售市场的萎缩。这一外在因素是平湖袜业由盛转衰的主要原因。除此之外，还有其他因素影响着平湖袜业的兴衰。

平湖袜业兴起及快速发展的 20 世纪一二十年代，除了袜子消费需求的增加引起的市场扩大之外，还得益于作为主要织袜原料的机制棉纱供给的增加，以及棉纱价格的大幅下降。第一次世界大战爆发后，由西方国家进口的洋纱数量剧减，中国棉纺工业乘势而起，发展迅速，为织袜业提供了大量廉价的棉纱和棉线。原料供给的充分以及原料价格的下降，使织袜业可以较低的价格获得生产原料，从而有利于其降低成本。由于原料价格较低，织袜业只需较少的流动资金即可开工生产，有利于工商界投资设厂，或者扩大原设袜厂的资本规模。光华袜厂即由设厂之时的 6 架袜机起家，迅速增加至上千架袜机。同时，较低的资金需求也有利于普通的手工业者乃至农户投资设厂。资金薄弱的普通投资者，花费不过百元，即可购置袜机数架，置备少量原料，利用自身的技术优势，开工生产；或者将织袜机出租，雇工从事袜货织造。从兴起到鼎盛，平湖袜业中资本规模较大的厂家一直占据次要地位，像光华袜厂那样资本总额达到 2 万元的厂家只是极少数，大部分袜厂的资本不过数百元，更多未经作为“袜厂”统计的家庭织袜工厂，资本数额甚至不超过100元。平湖织袜业资本构成的这一特征,显示出作为新兴手工业的织袜业劳动密集型的特点。资本需要相对较低使平湖袜业以较少的资金而获得较快的发展,但这是就袜货需求旺盛的20世纪初而言的,“本轻利重”的行业特点,使平湖袜业厂商获利颇丰。然而,资本薄弱也使袜业难以应对市场波动。在针织袜业产品需求快速增加的情况下,资本规模普遍较小的袜厂往往通过借贷获得流动资金。而大量借贷既使袜厂获得了扩大生产、增加利润总额的机会,但也增加了袜厂的利息支出,扩大了袜厂的经营风险。一旦在借入巨额资金并扩大生产之后,袜货市场需求未如预期,袜厂即有可能因产品滞销而无法周转资金,从而导致歇业甚至破产。而20世纪20年代中期以后织袜原料价格的上涨,也使平湖资本普遍较为薄弱的袜厂在原料上的支出增加,从而引起利润下降乃至亏损。实际上,在织袜原料价格上涨的同时,平湖针织袜业产品又出现了销路萎缩和价格下降。一涨再涨的棉纱价格,不断减少的袜货销售数额,以及连续下降的袜子价格,使得资本薄弱的袜厂相继歇业,即使是规模最大的光华袜厂也因无法偿还庄款及散户存储的资金,不得不宣布破产清算。

尽管针织业属于近代新兴的行业,但平湖袜业缺乏“技术革命”,长期停留在使用手工动力的阶段,这一技术局限不仅限制了平湖袜业的生产效率,还使平湖袜业的经营方式向织户包工制逆向变化,厂商缺乏推进技术变革的动力。在平湖袜业兴起之初,光华袜厂购置的袜机数量仅有6架,最初的织袜工人是厂主的妻子和女儿,经过她们的教导,光华袜厂培养了第一批织袜女工。随后,织袜技术才在平湖城乡逐渐传播。因光华袜厂起步之时资金薄弱,购置的全部是手摇织袜机,袜机数量较少,以及主要使用家庭劳动从事生产来看,该厂还只是一家实行家庭匠人制的家庭工场。虽然之后生产的袜子很快在平湖及其相邻各县打开销路,光华袜厂增加投资,租赁厂屋,购买袜机,招徕女工进厂织造,并对员工实施工厂制管理,但所使用的织袜机械仍为手摇织袜机。随着投资规模不断扩大,光华袜厂也曾使用机械动力,但在袜子生产环节始终采用手摇织袜机,始终未曾出现在上海等地已经出现的电力织袜机。

在平湖由上海引进手摇织袜机,并兴起针织袜业之时,电力织袜机已经产生,并经过不断的技术改进,由横机发展为圆机,但平湖袜业一直沿用手摇织袜机。平湖最早的电厂诞生于20世纪初,时间上虽稍晚于平湖袜业,但电力工业在近代平湖有较大发展。平湖袜业未曾发生“动力革命”,并不完全是由于缺乏电力供给，而是各种因素相互影响的结果。平湖袜业兴起之初，各家袜厂一度实行工厂制，即工人到厂集中生产。但这种经营方式带来一系列问题。女工到厂生产，袜厂需要增加管理人员，以对工人的生产进行管理；还需要雇用职员，对厂屋进行维修；甚至还需要应付前来闹事的地方闲散人员，这些无疑都会增加袜厂的管理成本。袜子生产具有季节性，在炎热的夏季和寒冷的冬季，各家袜厂大都停产，而在春季和秋季则为生产旺季。在每年的旺季开工前，袜厂都需要重新招工，这也增加了袜厂经营的环节。更重要的是，袜厂投资购买袜机后，希望在生产旺季，袜机得到充分利用，但织袜工人绝大多数为劳动妇女，其中一部分在袜厂工作之余，还需要从事家务劳动，因而织袜女工缺勤率高，以致厂里的袜机不能充分开工，制约袜厂旺季生产。为了解决袜厂管理和生产中的这些问题，一些袜厂开始将织袜机出租给织袜女工，由她们到厂中领取原料，在各自的家中从事生产。厂商在出租织袜机时，收取押金和租费，可以收回一部分投资，用作流动资金；织户支付一定数额的押金和租费，即可将手摇织袜机置于家中，省去了往来袜厂的时间，可较为充分地利用家务劳动的空余织造袜子。由此，被称为织户包工制的经营方式在平湖袜业中快速发展，之前实行工厂制的袜厂转变经营方式，开始实施“租机发料”的织户包工制。而新开设的袜厂则在购买袜机和原料之后，直接招募织袜女工前往“租机领料”。至 20 世纪 20 年代，除了一些规模狭小的家庭工场实行以家庭劳动和家庭经营为主的家庭匠人制外，织户包工制成为平湖袜业中可称之为“袜厂”的各个厂家最为普遍的经营方式。这些袜厂的“工人”实际上都分散在各自家中从事生产，这样的织袜工人遍布平湖县城及其四郊农村，在每年的生产旺季，有数万人之多。这种分散生产对使用电力织袜厂形成制约。尽管近代平湖电力工业有所发展，但电线主要架设于平湖县城的商号、富户及个别工厂，不要说距离平湖县城较远的四乡市镇，即使是平湖县城近郊的市镇和乡村，亦未接通电线。而平湖袜厂的织工主要分散居住于县城及四郊的乡村中，她们的家中无电力线路，无法使用电力织袜机。

除了受制于经营方式和电力普及程度，电力织袜机的推广还受制于电力织袜机和手摇织袜机的价格差异。使用电力织袜机虽然较手摇织袜机生产效率提高数倍，但电力织袜机的价格也是手摇织袜机的数倍。在平湖袜业中，资本数额超过 1 万元的较大规模袜厂仅有光华、业勤两家，资本数额在 1 000 元至 5 000 元之间的袜厂也只有 7 家，其余袜厂资本数额都不超过 1 000 元。大部分袜厂的资本数额介于300元至500元之间。这样的资本总额,如果购置手摇织袜机,袜厂放租的袜机数量可达数十架乃至数百架。如果置换为电力织袜机,袜厂可以使用的织袜机数量将减少为数架或十数架。同时,电力织袜机对织工的操作技能要求也远远高于手摇织袜机。而且受电力使用的限制,使用电力织袜机只能在工厂制下集中生产,这在近代平湖也是无法实现的。

与手摇织袜机相比,由于近代中国织袜机械工业不能制造电力织袜机,袜厂所用电力织袜机完全依赖进口,电力织袜机的配件也由国外厂商制造和供给,这也给平湖袜业利用电力织袜机带来困难。此外,电力织袜机的设备维护和维修技术远较手摇织袜机复杂,采用电力织袜设备还需要雇用相应的技术人员。然而,此类技术人员缺乏,也对平湖袜业使用电力织袜机形成制约。

三

20世纪初,平湖袜业逐步兴起。至20年代初期,平湖袜业虽然经营数次顿挫,但都安然度过危机,并取得进一步发展。至20年代后期,平湖袜业进入兴盛时期。这一兴盛时代前后持续不到十年,即转入衰落之途。30年代中期至40年代后期,为平湖袜业在挣扎中衰败的时期。其间虽有短暂的恢复,但都昙花一现,远不能与鼎盛时期相比。自20世纪初至40年代末,近代平湖袜业经历从无到有,由兴而衰的变化,在一定程度上折射出近代新兴手工业的变迁,也从一个特定的侧面反映出平湖地方社会经济变化的内在理路。

袜业是平湖近代新兴手工业中最为重要的行业,但平湖近代新兴手工业并不限于袜业。在袜业发展的同时,平湖的线衫、线帽、手套、围巾、花边等其他针织产品生产也有一定的发展。一些平湖袜厂以袜货为其主要产品,但同时也生产少量的其他种类的针织品。这些针织行业与袜业经历了相似的变迁过程。由于织造这些种类的针织品所使用的原料,与纱袜和线袜所用主要原料相同,都是近代棉纺工业生产的各种规格产品,因而棉纺工业生产和市场的变化,以及棉纱和棉线价格的波动,既对袜业产生直接影响,也对其他种类的针织产品形成制约。同样,造成袜货销售市场萎缩的外部因素,也制约着其他种类的针织产品销售。20世纪20—30年代,平湖所产针织袜货的销路多次受交通运输中断的影响，而交通运输的中断又是政局动荡乃至战事造成的。近代平湖所产手工业品主要由水路外运，所使用的交通工具包括民船、轮船等。尤其是从平湖到袜货销售中心的上海，主要依赖轮船运输——通过轮船输入袜业所需的原料，也通过轮船将利用这些原料加工生产的袜子运往上海。由于近代铁路、公路直达的市镇和乡村地区十分有限，由分散在乡村和市镇的织户生产的袜子，大都通过纵横交错的河网集中到袜厂或栈房中，再通过可以行驶轮船的干流，辗转到达上海等袜货集散中心城市。一旦因为地方不靖，或者受到区域性乃至全国范围的战事影响，交通运输中断，则平湖袜业不仅无法从位于城市的商号或工厂输入棉纱和棉线，也无法将当地各家袜厂所产的袜子运往它们设在上海的发行所，或者由客商直接运往消费地区的市场。其他新兴手工业产品的运销方式与针织业产品类似，它们的兴衰主要取决于产品销售状况，而销售数量的变化既取决于消费者对这些产品的需求，又受制于交通运输状况。

平湖针织袜业是在缫丝业、棉纺业、织布业等家庭手工业衰落之后兴起的新兴手工业，随着20世纪初袜货需求数量的增加，平湖袜业很快成长为平湖最为主要的手工业行业。与其他行业相比，袜厂的资本规模并不一定最多，但因其“本轻利重”的特点，最盛时期的袜业产值却居于各业之首。从事袜子生产的劳力人口数量也远远超过其他工业、手工业行业。平湖近代工业行业虽涵盖电力、粮食加工、印刷等行业，手工业则有酿造、棉织等传统行业，但其工人数量都无法与袜业相提并论。20年代中期，平湖袜业从业人员的数量达到数万人，其中绝大多数为织袜女工，她们的收入又影响到数万家庭、数十万人口的生计。平湖针织袜业产品市场范围广阔，近销于平湖县内以及较近的旧嘉兴府属各县，远达华北、东北乃至华南、南洋等地，其兴衰变化取决于广大市场的需求状况。这些地方市场对平湖袜货的需求状况制约着平湖的袜业生产。九一八事变后，平湖袜业失去了东北市场，华北市场也相应萎缩，华北事变以后，平湖袜业又失去了华北市场，长江流域各省市场对平湖袜货的需求也因之下降。至30年代前期，受到世界经济危机的影响，旧嘉兴府属各县乃至杭嘉湖地区农家生计拮据，平湖县内以及附近各县袜货市场也相应萎缩，加剧了平湖袜业的经营困难，袜厂相继歇业倒闭。因为需求减少而引起的行业衰落，并不限于针织袜业，而是包括新兴手工业在内的平湖各个经济领域的普遍现象。

平湖袜业的兴衰变化与外部市场对袜货的需求关系密切，但这并不是袜业独具的特征。早在前近代时期,平湖手工业已经不断提高其商业化程度。在平湖东乡,与明清时期棉花种植业的扩大相应,家庭手工纺织业发展,土布成为平湖向县外输出的主要手工业品。19世纪中叶,由于国内外市场对蚕丝需求增加,平湖家庭缫丝手工业也发展迅速,并推动了平湖南乡蚕丝业的普及。植桑、养蚕、售茧、缫丝……蚕桑业对平湖(尤其是其蚕桑农业区)经济的结构性变化产生了深刻影响。包括棉纺织业、蚕桑业在内,平湖地方经济发展以及经济结构的变化,都得益于平湖之外更大范围市场对农业、手工业产品需求的增长。市场需求的增长推动了平湖地方经济商业化程度的提高。19世纪末,洋布、洋袜、厂丝等近代工业产品的输入挤占了平湖土布、土丝以及布袜的市场,并导致平湖家庭手工棉纺织业、布袜业以及缫丝业的萎缩,之前以这些手工业生产为其主要副业的劳动妇女因而失去生计。但为时不久,平湖工商业者即开始引入近代新兴的手工业,也是肇因于外部市场对袜货需求的增长。其时,洋袜消费已经在通商口岸以及内地城市流行,人们的服饰习惯也在发生嬗变,洋袜由"奢侈品"变为城乡普通消费品,销售数量迅速增加。尤其是第一次世界大战期间,进口洋袜数量骤减。由于进口袜货的竞争减弱,中国针织袜业的销路因而得以扩大,平湖袜业也得到拓展市场的契机,其产品市场迅即超出了平湖及旧嘉兴府属各县的范围,远及江苏、安徽等长江流域各省,以及华北、东北地区。随着各家袜厂销售市场的扩大,平湖的袜厂数量增加,袜厂规模扩展,袜业也成为全县最为重要的近代新兴行业之一。与前近代时期的棉纺业、棉织业、缫丝业相比,袜业所用主要设备为手摇织袜机,仍不脱手工业的范畴。与传统的棉纺、棉织以及缫丝工具相比,织袜机虽为近代机械工业产品,但其动力完全来自人力,手工操作,与传统手工业无异。尽管近代平湖针织袜业一直未能发生"动力革命",由手工业"进化"成为工业,袜业仍然迅速发展并成为近代平湖的最大行业,且在浙江省乃至全国针织袜业中具有一定地位,主要原因在于袜货销售范围的不断扩大。与之前的土纱、土布和土丝相比,平湖针织袜业产品的销售数额大幅提高,销售范围大为扩展。平湖棉纺织、缫丝等传统手工业虽经长期发展,但都未成为具有地方特色的优势行业。近代新兴的袜业则不同,经过十余年的发展,即成长为具有地方特色的专业化生产行业,其规模不仅在浙江省内首屈一指,甚至可与诸多袜业较为发达的口岸城市相提并论。

平湖袜业虽可归类为近代新兴手工业,但其发展的道路与传统手工业相似,即高度专业化、市场化的劳动密集型行业。它既有赖于织造技术娴熟的劳动者，又得益于较低的投资规模和不断累积的资本数额。由于普遍实行织户包工制，平湖袜厂易于筹措资本，购置设备和原料，并在一定程度上降低经营成本，分散经营风险，由此而形成的资金、技术、劳动等地方优势和行业优势，使平湖袜业迅速发展。但平湖袜业积累的各种要素优势，只有通过不断扩大的产品市场，才能够促使行业的发展。产品销售市场的迅速扩大，正是 20 世纪 10—20 年代平湖袜业兴起并达至鼎盛的主要机制。而 30—40 年代平湖袜业的衰落以及复兴无望，袜货市场的萎缩也是根本原因。

第一章
袜 业 兴 衰

近代开埠之后，西方工业产品的销售市场扩展到中国内地，一方面逐渐削弱并最终破坏了棉纺、棉织、缫丝等中国传统手工业行业，另一方面又催生了一些近代工业、手工业行业。针织袜业从无到有，并迅速发展成为重要的新兴手工业以及工业部门，正是这一变化的组成部分。经过19世纪后期西方针织袜业产品对中国口岸城市和内地市场的长期影响，至1910年前后，针织袜业在中国蔚然兴起，由地处东南沿海的口岸城市向内地拓展。平湖地近上海，可由多条水路直通沪渎，沪杭铁路通车后，还可由嘉兴经铁路通往上海。与上海之间的社会经济联系密切，使平湖得风气之先，成为中国最早产生针织袜业的城镇之一。20世纪初，平湖针织袜业获得了较快发展。至20年代末、30年代初，平湖袜业达到近代发展的鼎盛时期，在旧嘉兴府属各县与海宁针织袜业并驾齐驱，成为整个杭嘉湖地区针织袜货的主要生产中心。从浙江全省来观察，此时平湖针织袜业的厂家数量、从业人数、产品和产值数额也都处于数一数二的地位。以全年产值作为衡量标准，平湖袜业的规模远远高于武汉、南昌、昆明、沈阳等区域经济中心城市，甚至超过宁波、天津、厦门等通商口岸城市，足见平湖针织袜业在近代所取得的发展成就。这些成就也使袜业在平湖具有举足轻重的地位，甚至在一定程度上影响平湖城乡经济的兴衰。

一、兴起和发展

近代之前，中国人民穿着的袜子以丝绸、棉布、麻布等原料制作，没有针织袜子的生产。19世纪后期，随着外国工业产品进口种类的增多和数量的增加，针织袜货也开始输入。进口袜子首先出现在沿海口岸城市，之后又进入内地城乡市场。这些由外国进口的针织袜子被称作“洋袜”。在洋袜输入之初，中国的消费者往往视之为奢侈品，消费者主要限于富人阶层，以及个别追逐时尚的城市居民。与布袜、麻袜、丝袜等中国传统袜业产品相比，作为针织品的洋袜质地轻薄，容易洗涤，穿着又较布袜、麻袜、丝袜等舒适，因而在与传统袜业产品的竞争中具有明显优势，销售数量逐步扩大。进入20世纪初，由于风尚丕变，之前数十年间一直作为奢侈消费品的洋袜，一变而为普通消费品，市场需求量迅猛增长。洋袜由之前的滞销而变为畅销，供不应求，这一市场变化吸引了工商业界乃至普通手工业生产者的注意。作为针织品的线袜制造技术相对简单，设备投资相对较少，原料易于购置，不仅工商界人士投资开设袜厂，一些手工业者甚至普通农户也筹措资金设立织袜厂，织袜业由此蔚然兴起。①

平湖针织袜业正是在中国袜业由传统向近代的转变过程中出现的。全县第一家袜厂——光华袜厂创建于平湖县城，时间为清宣统三年(1911)。② 调查者曾对平湖袜业初创的经过有如下描述：

> 浙江平湖织袜工业近来年盛一年，骎骎乎几占浙江针织事业之重要位置。查该县织袜事业创始于前清宣统二三年间，其时针织工业仅上海有之，内地各处均尚未发现。该县商人高姓见社会上需用洋袜日多，遂向上海购买袜机十余架。其时袜机均系英美所造，价值较昂，每架需银洋百元上下。该县试办一年，所织线袜，形式虽甚粗陋，而袜身颇极坚固，取价亦较廉于舶来之袜，渐为社会所乐用。至民国元年添购袜机数十架，设立光华袜厂，招收女工四十余人，所出之货，颇能行销沪、杭间。③

光华袜厂创办次年，即1912年，又有当湖袜厂的设立，地点也在平湖县城。

① 《中国袜业之勃兴》,《民国日报》1921年5月27日。

② 也有记载称光华袜厂创办于1912年。平湖市工业志编纂委员会：《平湖市工业志》，中国文史出版社2013年版，第59页。本书依据《浙江平湖织袜工业之状况》(《兴华报》第23卷第7期，1926年2月10日)、平湖县政府秘书室《平湖县政概况》(平湖县政府秘书室1937年版)记载，以1911年为光华袜厂创始年份。

③ 《浙江平湖织袜工业之状况》,《兴华报》第23卷第7期，1926年2月10日，第28—29页。

这两家袜厂投产之后,连续数年获利颇丰,吸引其他投资者创设袜厂。1916 年以后,又有启新、怡和等袜厂的创建,它们也都选址在平湖县城。1918 年,裕华袜厂在平湖开业。之后,又有振华、仇东、长源、新昌、九峰、永兴等袜厂先后投产,[①]胜华、蓉记、成隆等袜厂也相继成立。

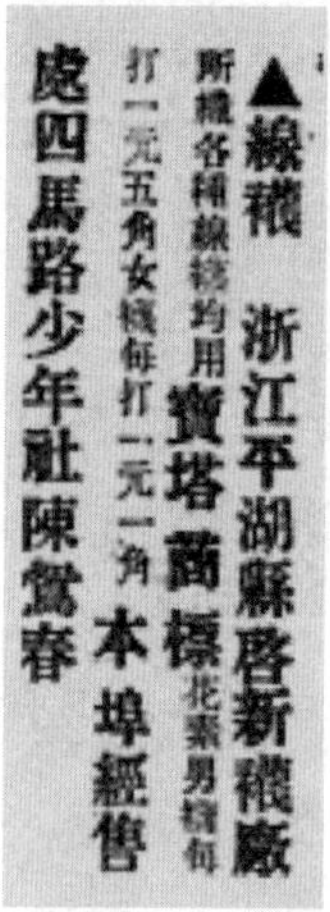

图 1-1　启新袜厂在上海四马路设经售处的广告(《时事新报》1915 年 4 月 22 日)

由于消费者对针织袜货需求的增长,袜货商品的销路日益扩大,袜厂的生产也相应发展。这一时期平湖袜业发展不仅表现在袜厂数量的增加,还表现在各家袜厂生产规模的逐步扩展。光华袜厂位于平湖县城西大街,初创之时仅有 6 架手摇织袜机。至 1921 年夏,该厂所有手摇织袜机增加到 500 架,资本总额已经达到 1 万元,雇有职员 50 人、织工以及杂工 800 余人。位于平湖县城小街的当湖织袜厂拥有 100 架手摇织袜机,资本数额也已达到 1 万元。中华兄弟袜厂设于平湖西城外,共有大小手摇织袜机 50 架,资本 0.5 万元。位于平湖县城内塘基桥的振华织袜厂手摇织袜机也有 50 架,资本总额亦为 0.5 万元。1919 年 5 月开设的仇东袜厂,位于平湖县城东门内塘基桥,拥有手摇织袜机 100 架,资本总额 0.5 万元。日新昌袜厂开办于 1920 年,设于平湖西门大街,资本数量为 0.1 万元,工人总计 30 名。恒丰袜厂开办时间也是 1920 年,资本数额达到 1 万元,除织袜工人外,另外雇有职员十余人,全年营业额达到 10 万余元。[②]

上面还只是一些袜厂的个案。至 1926 年,平湖县城及其附近乡村已有袜厂 30 余家,其中不乏在袜业产生初期创办,如已经连续经营十余年的光华、当湖、启新、怡和等厂家。除平湖县城及近郊乡村外,乍浦、新仓等市镇也先后创办多家袜厂。至 20 世纪 20 年代中期,乍浦已经建有袜厂 5 家,新仓则有袜厂 4 家。这些创办于平湖东乡主要市镇的袜厂,或者为光华、当湖等袜厂所设分厂,或者是其他商家投资建办。位于市镇的袜厂规模虽然不及位于平湖县城的大部分袜厂,但袜厂由县城向周边市镇的空间拓展,仍能显示出平湖袜业在这一时期快速发展的趋势。[③] 至 20 世纪 20 年代末,平湖袜业"营业鼎盛,居各业之冠,每年输

① 平湖市工业志编纂委员会:《平湖市工业志》,中国文史出版社 2013 年版,第 59 页。
② 章镛堂:《浙省平湖县工厂调查录》,《中华实业丛报》第 5 期,1921 年 7 月。
③ 《浙江平湖织袜工业之状况》,《兴华报》第 23 卷第 7 期,1926 年 2 月 10 日,第 25 页。

出价值甚巨，为平湖惟一之工业产品”。①

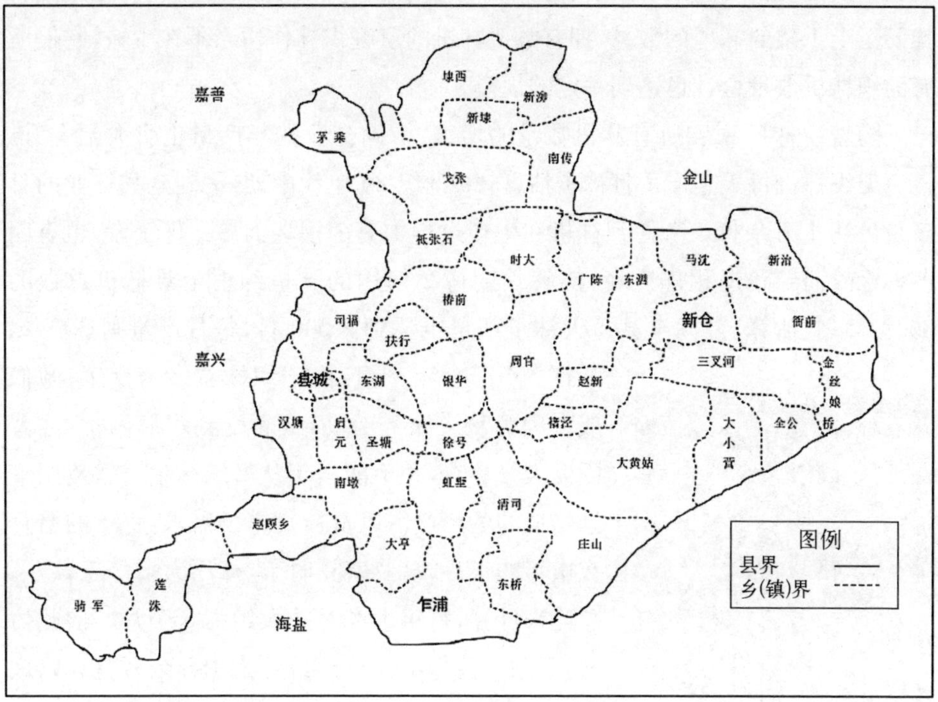

图 1-2 平湖县袜厂分布图

资料来源：地政学院：《平湖之土地经济》，中央政治学校地政学院、平湖县政府 1937 年版，第 13 页。

平湖袜业的发展还可由手摇织袜机的数量加以观察。1926 年的调查显示，当年平湖全县袜机的数量已经达到 1 万架。其中，平湖最早创办的袜厂——光华袜厂拥有的手摇织袜机数量约为 1 000 架。其次为当湖袜厂，拥有 600 余架织袜机。启新和怡和两家袜厂拥有的袜机数量都超过 400 架。此外，十余家袜厂所有袜机数量分别达到 200 架。拥有袜机数量在 50 架与 100 架之间的袜厂数量最多，有 60 余家。拥有袜机数量在 50 架以下的袜厂有十余家。以上统计限于平湖县城及近郊，总计袜机数量已经有 1 万架之多。此外，在乍浦、新仓两镇的袜厂，所有袜机数量大约为 1 400 架。② 此外，不论是平湖县城、乍浦还是新

① 《平湖商业概况》，《兴业邮乘》第 57 期，1937 年 3 月 10 日。

② 《浙江平湖织袜工业之状况》，《兴华报》第 23 卷第 7 期，1926 年 2 月 10 日，第 25 页。

仓,还有一些织袜机数量少、规模较为狭小的"家庭工厂"。这些"家庭工厂"的精确数量缺乏统计,拥有织袜机的总数也无从考察。考虑到拥有织袜机达到数百架乃至上千架的袜厂的数量,拥有数架袜机的家庭织袜作坊当不在少数,它们所有的织袜机数量合计也达到一定的规模。

随着织袜厂家和所有袜机数量的增加,平湖袜业的年产量也有大幅上升。以每架织袜机每天生产 1 打袜子估算,20 世纪 20 年代中期,平湖全县袜业的日产量可达 1 万余打。考虑到袜机在生产过程中有因损坏而导致停工者,也有因各种缘故而导致退租停产者,能够长期持续使用的袜机约占全县袜机总数的 80%。以此估算,平湖全县每天袜子产量也达到 8 000 打,每月产量则达到 24 万打。至于全年产量,由于织袜者多为女工,她们或者因为从事家务劳动,或者受到疾病困扰,或者因为天气暑热,并不能全年从事织袜生产。按照平湖当地的生产习俗以及袜货市场需求,每年的腊月和次年的正月,以及盛夏时节,袜厂大多停工歇业。总起来计算,每年生产时间大约为 8 个月。依此估计,平湖全县每年袜子产量约为 190 余万打。以最高批发价格,即平均每打 3.4 元计算,全年袜业产值约为 646 万元;以最低批发价格,即平均每打 1.5 元计算,平湖全县袜业年产值约为 285 万元。不过,按最低价估计的年产值偏低。最低批发价格主要是指大统袜、童袜而言,平湖生产的袜子并不限于这些种类。将全县袜厂所产价格较高的丝袜、毛袜、纱袜等考虑在内,平均每打价格约为 2.4 元,依照这一单价计算,则平湖县袜业全年产值约为 400 万元。[①]

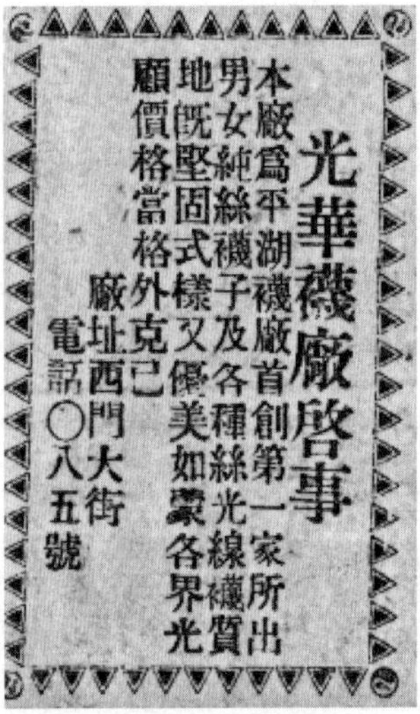

图 1-3 光华袜厂启事(《金平湖》1928 年 5 月 30 日)

由于平湖全县袜子的产量未有精确的统计,而袜子的价格因种类不同、季节不同、销售市场不同而多有差异,平湖袜业准确的年产值数据实难获得,上述最高产值、最低产值以及平均年产值,均为估计数额。其中,部分规模偏小的家庭作坊所产袜子,仍未统计在内。即便以此并不完全的统计而言,平湖袜业年产值

① 《浙江平湖织袜工业之状况》,《兴华报》第 23 卷第 7 期,1926 年 2 月 10 日,第 26 页。

已经远远超过缫丝、棉纺、棉织等手工行业，甚至超过在各种农作物中最重要的水稻的年产值。1931年调查显示，平湖县稻米、大豆、西瓜、棉花、小麦的年产值共计650.4万元，这五种作物产值分别为504万元、33.6万元、24万元、51万元、37.8万元。其中，水稻产值所占比重最高。① 对比可知，平湖袜业的最大产值约相当于平湖县水稻、棉花等五种主要农作物的总产值。这些数据显示出袜业在平湖全县经济中的重要性。

伴随平湖县织袜厂数、织袜机数以及年产量的增长，全县袜子品种也增加。平湖袜业产品由起初的纱袜、线袜，逐步增加了绒袜、毛袜、丝袜，以及人造丝袜。袜子的式样、纹样也不断翻新，短筒、长筒等各种规格的袜子齐备，童袜、女袜、男袜等满足不同消费者需求的袜子都可以生产。由于品种齐全，质量提升，平湖袜子的销售范围也逐步扩大。在初创时期，平湖各家袜厂的产品主要销售于平湖本地及周边各县。经过短短数年，至1917年，平湖袜业产品的销售范围已经迅速扩展，行销于浙江、江苏两省。1917年以后，随着袜厂数量、袜机数量以及全年产量的急速上升，平湖各家袜厂所织袜子的销路扩展至安徽、江西、湖北、湖南等长江沿岸各省。之后，平湖袜子的销路继续向北拓展，至1926年，已经扩张至山东、河南等省。② 自初创算起，经过二十余年时间，平湖袜子的销售范围由钱塘江流域向北拓展至长江流域，进而扩展到黄河流域。而市场范围的扩大，也推动了平湖袜业的规模扩大。

表1-1 1932年平湖袜厂表

厂名	组织	资本(元)	工人数量(人)	地址
光华	独资	20 000	110	仓街
日新昌	独资	8 000	70	西大街
一新	独资	8 000	55	西大街
轮新	独资	2 000	106	仓桥
明华	独资	5 000	33	东门外

① 《浙江省平湖县物产状况调查表》，《工商半月刊》第3卷第18期，1931年9月15日，第37页。
② 中德：《我国针织业概况》，《商业月报》第15卷第2期，1935年2月28日，第7页。

续 表

厂 名	组 织	资本(元)	工人数量(人)	地 址
裕华	独资	300	23	西小街
叶粹记	独资	500	33	大南门
蓉记	独资	1 500	46	水洞桥
永华	独资	500	22	书院街
勤余	独资	1 000	24	西大街
成康	独资	500	13	大南门
华商	独资	300	13	仓浜
民生第一厂	独资	500	26	西大街
华昌	独资	300	38	小街
万丰昌	独资	1 000	65	大街
怡和永	独资	1 000	33	西门
立盛	独资	300	13	西大街
震丰	独资	1 000	26	西大街
振大	独资	1 000	22	三登桥
久和	独资	1 000	48	三登桥
民强	独资	400	20	仓西街
同益	独资	500	11	西小街
同源	独资	1 000	48	书院街
裕成	独资	300	16	汤家浜
成隆	独资	1 000	43	东门外
顺丰	独资	1 000	33	东门外
安余	独资	2 000	60	方桥

续　表

厂　名	组　织	资本(元)	工人数量(人)	地　址
鼎成	独资	2 000	45	小街
义成	独资	500	20	东门外
大铭	独资	500	21	汤家浜

资料来源：实业部国际贸易局：《中国实业志·浙江省》第七编，实业部国际贸易局1934年版，第59—60页。

20世纪20年代后期，平湖袜业一度有所萎缩。之后，经过调整重组，30年代初，恢复发展的势头。浙江省建设厅在平湖创办民生棉织厂。该厂“专织各种用袜，推销外埠，规模甚宏”。[①] 上海凤凰袜厂也在平湖设立分工。至1936年，平湖全县袜厂总数已经达到83家，全年用于生产的袜机数量较1926年有所增加，达到8 500架。织袜工人总计13 000人——其中，1万余人为“外包工”。[②]不过，由于市场萎缩，袜货年产量仅有78.67万打，产值下降为32.34万元。1936年与1932年相比，平湖袜业的资本总额也有所下降。1932年，平湖袜业资本总额为62 900元；1936年，已经下降为57 200元，与1932年相比，减少了5 700元，降幅为9.06%。[③]

表1-2　1936年平湖县袜厂表

厂名	资本总额(元)	厂址	创办时间	性质	经理	工人	产量(万打)	年产值(万元)
光华袜厂	20 000	西大街	1911	股份	高琴泉	600	18	8
民生棉织厂	5 000	青阳地	1933年4月	股份	俞乐山	300	5	2
业勤袜厂	10 000	吕公桥	1930年2月	股份	俞晋贤	50	8	4
振兴袜厂	3 000	南大街	1932年5月	股份	李绍亭	150	2	1.5

① 《平湖省立民生棉织厂停办》，《申报》1930年11月7日。

② 平湖市工业志编纂委员会：《平湖市工业志》，中国文史出版社2013年版，第59页。

③ 实业部国际贸易局：《中国实业志·浙江省》第七编，实业部国际贸易局1934年版，第55—74页；平湖县政府：《平湖县政概况》，平湖县政府秘书室1937年版，第78—81页。

续 表

厂名	资本总额（元）	厂址	创办时间	性质	经理	工人	产量（万打）	年产值（万元）
亨利袜厂	3 000	青阳地	1930 年 10 月	独资	戈季默	378	0.7	0.77
轮新袜厂	2 000	北大街	1925 年 3 月	独资	钱立凡	280	9	3
成隆袜厂	2 000	城河滩	1925 年 12 月	独资	高德明	200	4	2
蓉记袜厂	1 000	北大街	1925 年 3 月	独资	朱蓉伯	80	4	1.2
同沅袜厂	600	书院弄	1931 年 2 月	独资	徐寿董	40	2	0.5
大华袜厂	500	汤家浜	1931 年 7 月	独资	杨汉威	40	0.9	0.25
胜华袜厂	500	仓西弄	1916 年 2 月	独资	刘芸轩	60	1	0.6
勤工袜厂	500	西大街	1928 年 2 月	独资	刘志芳	60	2	0.6
华山袜厂	500	西大街	1935 年 1 月	独资	祝匡麟	38	0.4	0.15
大上海袜厂	500	西大街	1936 年 2 月	独资	钟文玉	30	0.5	0.25
倡号袜厂	500	西小街	1931 年 3 月	独资	朱益三	50	1.5	0.44
同益袜厂	500	西小街	1927 年 2 月	独资	周志明	32	0.9	0.25
利民袜厂	500	南门	1935 年 1 月	独资	戈怀劬	40	0.8	0.3
元亨袜厂	500	西大街	1925 年 10 月	独资	汤志君	44	1	0.6
勤余袜厂	500	东大街	1925	独资	张松如	30	2	0.5
大新袜厂	400	东门外	1936 年 2 月	独资	李寿清	30	0.5	0.25
新华袜厂	400	西大街	1936 年 2 月	独资	刘鸿立	30	0.9	0.2
新记袜厂	300	大南门	1934 年 2 月	独资	戈亦新	40	1.5	0.4
久丰袜厂	300	东门外	1934 年 2 月	独资	李南松	30	0.8	0.1
振镛袜厂	300	施家坟	1935 年 4 月	独资	汪谨云	36	0.42	0.18
裕华袜厂	300	大观音堂	1927 年 1 月	独资	杨秉钧	40	0.8	0.4
五丰袜厂	300	书院弄	1935 年 5 月	独资	杨傅华	20	1	0.3

续　表

厂名	资本总额(元)	厂址	创办时间	性质	经理	工人	产量(万打)	年产值(万元)
民兴袜厂	250	香花桥	1936年2月	独资	王文卿	60	1.2	0.24
久和袜厂	250	糖饼桥	1929	独资	屈礼耕	30	1	0.24
国华袜厂	300	施家坟	1935年4月	独资	郑德茂	30	0.35	0.12
鼎丰袜厂	2 000	桑园弄	1926年3月	股份	刘季藩	100	4.5	2.2
恒丰袜厂	500	西小街	1934年8月	独资	李志再	60	2	0.8

资料来源：平湖县政府：《平湖县政概况》，平湖县政府秘书室1937年版，第78—81页。

从旧嘉兴府所辖各县及海宁来看，平湖针织袜厂并不是最早的。早在清宣统元年(1909)，郭幼川在海宁县硖石镇开设振兴织袜厂，开始用手摇织袜机生产纱袜和线袜，为杭嘉湖地区乃至浙江全省最早使用针织袜机生产袜子的工厂之一。与这家袜厂相比，平湖县首家袜厂的创办时间晚了两年多。由规模上看，平湖第一家袜厂也并不比嘉兴地区最早的一批袜厂更大。平湖光华袜厂初创之时，置备的袜机仅有6架。1912年开办于硖石镇下东街的王茂昌袜厂，规模与光华袜厂相当，初创之时，也只有6架织袜机。位于海宁的这些袜厂与平湖光华袜厂等都在大致同一时期内取得了较快发展。与20世纪10—20年代平湖袜业迅速发展的时期吻合，硖石针织袜厂数量也逐年增加。除最早开办的振兴、王茂昌之外，在硖石相继开设的袜厂还有富顺昌、老协昌等。到1924年，位于硖石镇的袜厂已经达到60家，所有袜机数量达到7 000多架，①可与平湖针织袜业相颉颃。至20世纪30年代初，统计海宁34家袜厂资本总额为86 850元，厂均2 554.41元。②

表1-3　海宁县针织业状况表

厂　名	组　织	资本(元)	工人(人)	地　　址
信通	合股	7 000	60	硖石镇周家廊下
丽华	合股	3 000	60	硖石镇干河

① 海宁市工业志编纂委员会：《海宁市工业志》，上海科学技术出版社1994年版，第23页。
② 实业部国际贸易局：《中国实业志·浙江省》第七编，实业部国际贸易局1934年版，第55—74页。

续 表

厂 名	组 织	资本(元)	工人(人)	地 址
明星	合股	8 000	60	硖石镇仓基
益民	合股	3 000	60	硖石镇河西街
大华	合股	2 500	60	硖石镇北长埭
振锠祥	合股	6 000	60	硖石镇干河
老振昌	独资	7 000	60	硖石镇帮岸
协昌顺	合股	2 000	40	硖石镇新市场
增泰新	合股	2 000	40	硖石镇北大街
泰隆	合股	1 000	40	硖石镇南市街
王茂昌	独资	2 000	40	硖石镇南市街
福利	合股	2 000	40	硖石镇相阮桥
振锠兴	合股	5 000	40	硖石镇干河
三连	合股	2 000	40	硖石镇干河
鸿裕	合股	2 000	40	硖石镇干河
美球	独资	500	19	硖石镇吴家廊下
增茂	独资	600	15	硖石镇蒋园内
富顺昌	合股	2 500	60	硖石镇中大街
万新恒	合股	2 000	60	硖石镇西南河
晋昌泰	独资	8 000	60	硖石镇东南河
日新盛	合股	3 000	60	硖石镇水月亭
兴业	合股	2 000	60	硖石镇平桥堍
大纶	合股	1 400	40	硖石镇西南河
九如	合股	1 000	40	硖石镇中大街

续　表

厂　名	组　织	资本(元)	工人(人)	地　址
中兴	合股	1 000	40	硖石镇上东街
振泰	合股	550	40	硖石镇河西街
老协昌	合股	2 000	40	硖石镇新市场
顺兴	合股	500	15	硖石镇河西街
大隆	合股	700	15	硖石镇河西街
公泰	独资	500	15	硖石镇河西街
祥纶	合股	600	15	硖石镇中宁巷
协昌兴	独资	2 000	60	硖石镇平桥堍
鑫大	合股	1 000	6	集街
裕生	合股	2 500	8	西街

资料来源：实业部国际贸易局：《中国实业志·浙江省》第七编，实业部国际贸易局 1934 年版，第 55—74 页。

与平湖相比，其他旧嘉兴府属各地针织袜业的起步稍晚，但都有类似的发展轨迹。在嘉兴县，最早的袜厂创设于 20 世纪初，同样，嘉兴县的针织袜业也在 10—20 年代经历了快速发展。据调查，嘉兴针织厂坊(不限于袜厂，但以织袜业为主)数量最多时达 150 家，但盛极而衰，波动极大，到 20 年代中期，袜业厂坊总数不过 30 余家。[①] 以嘉兴城区与平湖县城对比，前者针织袜货的年产量仅为后者的一半。[②]

表 1－4　嘉兴、嘉善针织业表

厂　名	组　织	资本(元)	工人(人)	地　址
恒兴	合股	5 000	22	嘉兴项家漾
春和	合股	3 000	7	嘉兴项家漾

① 中德：《我国针织业概况》，《商业月报》第 15 卷第 2 期，1935 年 2 月 28 日，第 7 页。
② 《浙江平湖织袜工业之状况》，《兴华报》第 23 卷第 7 期，1926 年 2 月 10 日，第 29 页。

续 表

厂　名	组　织	资本(元)	工人(人)	地　　址
四远	合股	1 000	4	嘉兴中街
永大	合股	2 000	9	嘉兴中街
耀华	合股	1 000	2	嘉兴集街
裕大	独资	8 000	1	嘉兴下塘
汇和	独资	4 000	240	嘉善寺弄桥
业勤	独资	2 500	150	嘉善学下塘

说明：表中“裕大”资本数额，原文登记 8 000 元，与工人人数不符。疑有误。

资料来源：实业部国际贸易局：《中国实业志·浙江省》第七编，实业部国际贸易局 1934 年版，第 59 页。

嘉兴的针织厂有恒兴、春和、四远、永大、耀华、裕大等，这些针织厂大都以袜子为其主要产品。它们的资本总额为 2 万元，厂均资本数额为 3 333.33 元。① 在嘉善县，首家针织袜厂——汇和袜厂创办于 1918 年。当年在嘉善县开设的针织袜厂还有第一针织厂。进入 20 世纪 20 年代，嘉善县先后开设的袜厂有东升、春和等，但全县袜厂数量、规模、袜子产量和产值都远远低于平湖县。② 如表 1－4 中所列汇和袜厂，独资开设，资本数额为 4 000 元，雇工 240 人。业勤袜厂也是独资开设，资本数额 2 500 元，雇工 150 人。③

至于桐乡、崇德两县的针织业，④当时有关这两县的经济调查均未提及。由于这两个县的缫丝业、丝织业发达，相关调查关注的工业主要限于绸丝和丝织两个行业。在平湖、嘉兴等地针织袜业迅速发展的时期，这些县份也曾零星出现针织袜厂，但其规模远不能与平湖袜业相提并论。⑤ 总体来看，在旧嘉兴府属地区各县中，平湖针织袜业的设备和技术引入的时间较早。虽然各种资料记载的袜

① 实业部国际贸易局：《中国实业志·浙江省》第七编，实业部国际贸易局 1934 年版，第 55—74 页。

② 嘉善县国有城镇企业管理办公室：《嘉善二轻工业志》，中国文史出版社 2017 年版，第 39 页。另参《浙江平湖织袜工业之状况》，《兴华报》第 23 卷第 7 期，1926 年 2 月 10 日，第 29 页。

③ 实业部国际贸易局：《中国实业志·浙江省》第七编，实业部国际贸易局 1934 年版，第 55—74 页。

④ 崇德县即清代之石门县，1914 年改称崇德县。

⑤ 《浙江平湖织袜工业之状况》，《兴华报》第 23 卷第 7 期，1926 年 2 月 10 日，第 29 页。

业起始时间不一，但最晚不迟于民国初年。与其他各县相比，平湖袜业发展最为迅速。尽管嘉兴、嘉善、石门(崇德)等县也都先后兴起针织袜业，其规模却都不及平湖袜业。因此之故，当时的调查者判断平湖袜业在旧嘉兴府属各县中规模最大，也最为繁盛，甚至认为平湖针织袜业在浙西各地发展最早。①

近代浙江省针织袜业(以及整个针织业)主要集中在沪杭甬铁路沿线市镇，其中，又以平湖、嘉兴、嘉善、崇德、海宁(主要集中在硖石镇)最为发达。② 在上述这些市镇中袜业规模最大、最为繁荣的平湖，自然也成为整个浙江省针织袜业重镇，其袜厂的数量、规模、产量、产值，不仅超过绍兴、宁波，甚至超过杭州。

杭州也被视为浙江省的针织业重镇。1929 年，杭州有针织厂 13 家，资本总额 3.5 万元。其中资本额最多者 1 万元，最少者仅 300 元。除萃隆、六一两家工厂部分采用机械动力外，其他各厂全部使用手摇织机。产品包括汗衫、毛巾、袜子，以袜子为主。调查显示，这些针织厂在生产旺季平均每天产袜 1 290 打，平均每架每天产量约为 2 打。以此估算，杭州市在袜业生产旺盛季节，各厂使用的袜机数量为 645 架，数量远远低于平湖各家袜厂使用的袜机总数。③ 至 1932 年，杭州全市共有袜厂 41 家，资本额合计为 4.92 万元。其中，资本额最高的为 1 万元，最低的仅 200 元。绝大多数厂家为独资开设。独资的袜厂有 40 家，仅有一家为合股开设。各厂总计全年销售袜子数量约为 50 万打，约值 40 万元。这些产品除在杭州市内商号中销售外，主要输往钱塘江上游地区。可见，作为针织业生产中心的杭州，袜业的规模远不及平湖。在 20 世纪 30 年代初，杭州的袜厂数量与平湖不相上下，但资本总额少于平湖袜业，年产量、年产值仅约相当于平湖袜业的十分之一，产品销售范围也远远小于平湖袜业。④

表 1-5 20 世纪 30 年代初杭州市针织业表

厂　名	组　织	资本(元)	工人(人)	地　　址
六一	合股	20 000	162	里仁坊
萃隆	合股	10 000	40	忠清大街

① 《浙江平湖织袜工业之状况》，《兴华报》第 23 卷第 7 期，1926 年 2 月 10 日，第 29 页。
② 中德：《我国针织业概况》，《商业月报》第 15 卷第 2 期，1935 年 2 月 28 日，第 7 页。
③ 同上。
④ 《杭州市工业调查录·袜业》，《市政月刊》第 5 卷第 7 期，1932 年 7 月 31 日，第 11—12 页。

续　表

厂　名	组　织	资本(元)	工人(人)	地　址
振兴	合股	6 000	20	保佑坊
义成	合股	1 200	10	同春坊
孙祥和	独资	1 000	10	同上
汪恒泰	独资	3 000	13	新民路
华通	独资	3 000	15	三元坊
汤恭兴	独资	2 500	4	鼓楼
德兴祥	合股	2 500	13	城隍牌楼
恒新	合股	2 000	7	新民路
恒义兴	独资	2 000	7	水师前
协华	独资	2 000	10	木场巷
恒泰	合股	1 600	5	城站
家庭	合股	1 500	9	四大街
合兴	合股	1 200	10	察院前
大兴	独资	600	5	新民路
利康	独资	500	4	察院前

资料来源：实业部国际贸易局：《中国实业志·浙江省》第七编，实业部国际贸易局1934年版，第55—74页。

绍兴县虽然也有针织业，但其规模远逊于平湖。绍兴县首家从事洋袜生产的工厂为贫民习艺所，开设于1927年，除生产针织品外，还兼营棉织业。继贫民习艺所之后，绍兴县内先后创设8家针织厂。其中，专门生产袜子的工厂仅有3家，另有兼织袜子的工厂1家，总计生产袜子的工厂为4家。各厂规模狭小，全部使用手摇织袜机，年产量合计为8.4万打，销往浙江和江西两省边界地区。其中，规模最大的福元新兴记织造厂年产量为5.2万打，但产品相对单一，仅有纱袜和线袜两种。①

---

①　绍兴县的8家针织工厂中，除4家专营或兼营袜业的工厂外，其余4家均为毛巾厂，专门生产毛巾。参见施鑫泉：《绍兴之棉织工业》，《上海法学院商专季刊》第10期，1936年5月1日，第31—33页。

表 1-6 20 世纪 30 年代初绍兴县针织业表

厂 名	组 织	资本(元)	工人(人)	地 址
四达织袜厂	合股	15 000	220	柯桥镇
福元织袜厂	合股	4 000	120	柯桥镇
天生永	合股	3 000	80	县城府横街
祥丰裕	合股	3 000	35	县城轩亭口直街
萃丰袜厂	独资	1 500	10	水澄桥

资料来源：实业部国际贸易局：《中国实业志·浙江省》第七编，实业部国际贸易局 1934 年版，第 55—74 页。

至 20 世纪 30 年代中叶，鄞县针织业也仅有 11 家厂坊。包括袜子、线帽、汗衫等针织业产品在内，全年产量不过 10 万打，与绍兴县大致相当。产品大半销售于浙江省内，少数销往台湾地区。①

表 1-7 20 世纪 30 年代初鄞县针织业表

厂 名	组 织	资本(元)	工人(人)	地 址
美球丰记针织厂	独资	4 000	192	石柱桥
振新织袜厂	独资	3 000	32	江北岸同兴街
美星针织厂	合股	4 000	32	县东巷
荣华袜厂	合股	1 600	30	市心弄
明星织袜厂	独资	300	15	冲墟观前
淮阳针织厂	独资	3 000	100	廿条桥
美达针织厂	独资	1 500	20	江东银杏弄七号
三民针织厂	独资	3 000	37	开明坊
天纶丝袜厂	合股	3 000	60	县前萧家桥

资料来源：实业部国际贸易局：《中国实业志·浙江省》第七编，实业部国际贸易局 1934 年版，第 55—74 页。

---

① 施鑫泉：《绍兴之棉织工业》，《上海法学院商专季刊》第 10 期，1936 年 5 月 1 日，第 31—33 页。

在鄞县的针织业(袜业)中,美球丰记创办于1915年。其后续有创设,1919年开办两家,1921年开办3家,1921年开办4家,1923年开办3家,1924年开办4家,1925年开办2家,1926年开办4家,1927年开办7家,1928年开办13家,1929年开办5家,1930年开办3家。除了每年断断续续有新投资设立的针织厂外,也有旧的袜厂因经营不善而倒闭。至1932年,仍然开业的针织厂数量已经不多。20世纪30年代初,统计9家鄞县针织厂,资本总额为23 400元,平均每家资本数额为2 600元。资本总额不及平湖县同一时期袜业资本总额的一半。由于鄞县统计的各厂资本数额包括针织厂和袜厂,未显示其中针织厂与袜业相关的资本数额。如果只统计其中的袜厂资本总额,则袜业资本总额为7 900元。因数据未包括针织厂中用于袜子生产的资本数额,故可能偏低。如果包括袜子在内的所有针织业产品在内,鄞县袜业的资本也只相当于同一时期平湖袜业资本总额的13.81%。因为各家针织厂或以袜子作为其主要产品,或兼产袜货,故年产袜子数量难得确切数值。但以包括袜子在内,鄞县整个针织业的年产量仅10万打估计,鄞县各家针织厂的袜子总产量大约仅相当于平湖袜业的二十分之一。①

此外,浙江省内的黄岩、天台、金华、兰溪、东阳、义乌、永康、衢县、永嘉,也都有针织袜业。据20世纪30年代初的统计,黄岩、天台、永康各有一家袜厂,资本额分别为3 000元、1 000元、9 000元。就单个袜厂来看,规模尚属中等。但从全县来看,其规模远不能与平湖县相提并论。此外,义乌县有袜厂2家,金华县有袜厂3家,但这些袜厂的规模狭小。义乌的2家袜厂,资本额分别为500元、600元;金华的3家袜厂,每厂平均资本额不到500元。其中,金华县业余针织厂和民生家庭针织社资本额均为500元,美和针织厂资本额仅有400元。不论是工厂的数量还是规模,也都远逊于平湖袜业。此外,兰溪县的针织厂数量较多,达到11家,总计资本额为11 000元,平均每家针织厂为1 000元。衢县的针织业也有一定规模,资本总额达11 200元,平均每家针织厂资本额为1 400元。不论是各家针织厂的平均资本数量,还是全县针织业的整体规模,都远远低于平湖袜业。②

---

① 实业部国际贸易局:《中国实业志·浙江省》第七编,实业部国际贸易局1934年版,第55—74页。

② 同上。

表 1－8 20 世纪 30 年代初金华、台州、温州、衢州针织业表

县别	厂 名	组 织	资本(元)	工人(人)	地 址
黄岩	大盛厂	合股	3 000	5	路桥镇
天台	宝泰和	合股	1 000	19	县城十字巷
金华	业余	独资	500	3	西市街
	美和	独资	400	3	四牌楼
	民生家庭针织社	独资	500	1	三维门
兰溪	福新		400		后北里
	福隆		1 000		西门街
	大华		1 000		西横街
	德昌泰		2 000		西门街
	华美		1 000		水门街
	公大震		600		西门街
	立大		1 000		水门街
	裕兴祥		1 200		南门街
	隆华		500		南门街
	新发祥		800		南门街
	天福祥		1 500		南门街
东阳	万通	独资	1 000	12	西街
	协记		300	3	东街
	裕成		500	3	东街
	惠丰		200	2	东街
	公大		1 000	16	东街

续 表

县别	厂　名	组　织	资本(元)	工人(人)	地　址
义乌	纬成袜厂	独资	500	5	县城西街
	吴容记	独资	600	2	城内
永康	利华袜厂		9 000	34	白粉场外
衢县	惠韦袜厂		2 000	22	山川坛
	陈茂昌		500	5	工街
	周椿记		300	4	大桥碑
	益兴和		100	2	东街
	傅恒丰		100	2	永申坊
	孔锦大		100	2	永申坊
	陈贤维		100	2	山川坛
	勤工	独资	8 000	40	城区皂树巷

资料来源：实业部国际贸易局：《中国实业志·浙江省》第七编，实业部国际贸易局 1934 年版，第 55—74 页。

在金、衢、温、台所属各县中，永嘉县针织业规模最大。20 世纪 30 年代初，针织厂数 39 家，资本总额合计为 46 300 元，每家工厂平均资本额为 1 187.18 元。厂均资本额虽略高于平湖袜业，但行业资本总额仅为平湖袜业的 80.94%。值得注意的是，永嘉县的数据是对针织业的统计结果，其中袜业的资本总额当比平湖袜业更低。①

表 1-9　20 世纪 30 年代初永嘉县针织业表

厂　名	组　织	资　本	工　人	地　址
履和	合股	4 600	50	后市街
吴德华仁记	独资	1 000	30	鼓楼下

① 实业部国际贸易局：《中国实业志·浙江省》第七编，实业部国际贸易局 1934 年版，第 55—74 页。

续 表

厂 名	组 织	资 本	工 人	地 址
吴德义义记	独资	700	2	鼓楼下
黄新盛	独资	200	2	鼓楼下
吴玉记	独资	500	13	康乐坊
益顺生	独资	1 500	20	大雄寺巷
胡德盛	独资	200	10	三港殿前
林聚盛	独资	200	8	三港殿前
精新勤	独资	500	14	北大街
精新	独资	500	30	北大街
胡大成	独资	200	10	虞师里
美美和	独资	300	10	虞师里
苏兴顺	独资	200	10	涣丰桥
陈玉记	独资	200	10	开宅巷
裕春生	独资	500	12	北大街
精和经记	独资	200	10	百里坊
协生兴	独资	1 000	10	府学巷
清远	独资	500	12	虞师里
朱源发	独资	800	15	百里坊
统益	合股	3 000	60	大南门城下
鹤仙	独资	2 000	40	双门东城下
黄源利	独资	5 000	40	虞师里
组成	独资	10 000	60	虞师里
华纶	独资	500	30	虞师里

续 表

厂 名	组 织	资 本	工 人	地 址
新兴	合股	1 500	30	大南门内
香港	独资	1 000	26	虞师里
华成	合股	3 000	30	虞师里
万鑫	独资	1 000	30	大南街
黄源顺	独资	500	10	信河街
徐锦章	独资	300	4	南门蟾河
增华	独资	500	10	广利桥
王源丰	独资	500	25	百里坊
李宝记	独资	500	7	百里坊
德润丰	独资	500	7	大新街
总美和	独资	500	12	五马街
王顺记	独资	200	6	虞师里
织成	独资	1 000	150	北大街
张广鑫	独资	500	50	瓦市殿巷
胜华	独资	500	15	金锁巷

资料来源：实业部国际贸易局：《中国实业志・浙江省》第七编，实业部国际贸易局 1934 年版，第 55—74 页。

永嘉县的针织业创始于 1912 年。当时有苏兴顺、陈玉记、裕泰生等数家，之后袜厂逐渐增设，1926—1927 年为永嘉县针织业的“黄金时期”，全城计有 70 余家针织厂，全年营业额达 50 余万元。[①] 20 世纪 30 年代初，曾经鼎盛一时的永嘉针织业也已衰落。“除织袜机之外，虽有汗衫袜、帽袜、围巾袜等添设，然以年来

① 实业部国际贸易局：《中国实业志・浙江省》第七编，实业部国际贸易局 1934 年版，第 55—74 页。

外地进口货物，价格低落，内地银根奇紧，金融周转不灵，厂家出品无法与外货竞争。于是各厂相继停业，今所存者，只资力较为充实之十余家。”①

可见，在浙江省各县、市中，平湖袜业在资本数额、厂均资本数额、袜子年产量等方面，超过绝大部分县、市。由于各县统计不仅限于袜厂，而是包括袜厂在内的针织厂，故难以对它们之中的袜业做出精确比较。即使是将平湖袜业与其他各县市的针织业(包括袜业)相比，平湖袜业在资本数额、厂均资本数额等指标中，都远远超出大部分县市。

20 世纪 30 年代初统计的浙江省针织业厂家共有 174 家。各县袜厂数量最多者首推永嘉，为 39 家；次为海宁，有 32 家；平湖，30 家。② 全省针织业总资本额计为 373 750 元。其中，杭州、海宁、平湖三地针织业资本总额超过 5 万元。杭州统计针织厂 17 家，资本总额 60 600 元；海宁县 32 家针织厂，资本总额为 83 350 元；平湖县 30 家袜厂，资本总额为 62 900 元。永嘉县针织业资本总额为 46 300 元。针织业(主要是袜业)资本总额介于 2 万元至 3 万元的有绍兴、嘉兴、鄞县，资本总额分别为 26 500 元、23 500 元、23 400 元。针织业资本总额介于 1 万元至 2 万元者，有永康和兰溪两县。其余如黄岩、天台、金华、东阳、义乌、永康、衢县等地，各家针织工厂资本合计均不超过 1 万元。③

由于浙江省针织业主要出品为袜类。除袜类之外，汗衫裤、卫生衫裤等为数寥寥。兹将各县针织厂所产针织品数量加总。在原始资料中注明为其他针织品者不予统计，而未注明是否为袜类者都计入总量，作为浙江省袜货产量的近似数据。统计结果，浙江全年针织产量在 200 万打左右，大多数均属于袜类，包含长筒、短筒，男袜、女袜、童袜等，此外卫生衫裤、汗衫、罗宋帽及各种毛线织品则属少数。④

即使把对比的范围扩展到江苏和浙江两省，平湖织袜业也具有一定的地位。在江苏省，针织袜业主要集中在上海、松江、南汇、无锡、镇江、扬州等地，而以上海袜业的规模为最大，发展也最早。直到 1916 年，包括织袜业在内的上海针织工业尚处于起步阶段，工厂数量较少，规模有限。1916 年以后，针织工厂纷纷开

---

① 实业部国际贸易局：《中国实业志・浙江省》第七编，实业部国际贸易局 1934 年版，第 55—74 页。

② 同上。

③ 同上。

④ 同上。

设,经过近 20 年的发展,到 30 年代中叶,针织业的工厂数量已经达到 130 余家,织工总数总计 6 000 人。[①]

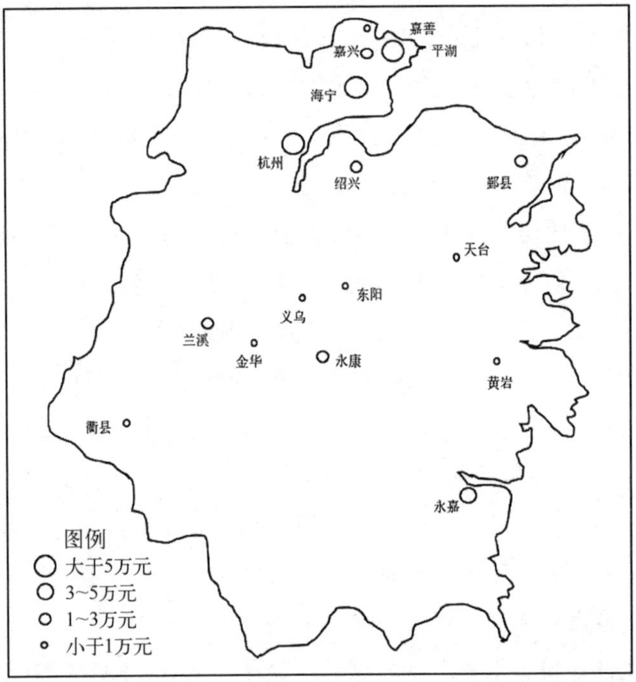

图 1 - 4　1932 年浙江省针织工业资本分布图

除上海外,南汇、松江等地织袜工业起步也较早。其中,南汇在江苏省针织袜业中的地位与平湖县在浙江省针织袜业中的地位相似,两者大致经历了相似的发展路径。在南汇县,近代针织袜业起始于民国初年,经过 10 余年的持续发展,到 20 世纪 20 年代中叶达至鼎盛时期。20 年代后半期陷于停滞乃至倒退,一些袜厂因为亏损而停歇,幸存的袜厂也收缩生产规模。至 20 世纪 30 年代初,南汇袜厂尚存 48 家,整个行业资本总额为 5.083 万元,相当于平湖县袜业资业资本总额的 88.86%。袜机总数为 2 444 架,从事织袜业的工人数量为 3 315 名,全年产量 89.35 万打,营业总额达到 72.612 万元。[②] 对比可知,南汇县袜业年产量约相当于平湖县袜业的二分之一,营业总额较此比重更低。在江苏省各县中,

① 中德:《我国针织业概况》,《商业月报》第 15 卷第 2 期,1935 年 2 月 28 日,第 7 页。
② 《南汇织袜业现状》,《工商半月刊》第 5 卷第 11 期,第 43—54 页。

南汇袜业最为发达,但与平湖袜业仍有一定差距。

位于沪杭铁路线上的松江也是江苏省针织袜货主要生产地,创设袜厂时间较早,袜厂数量较多,规模较大。至20世纪30年代初,松江袜厂总计有数十家。其中,履和袜厂规模最大,有织袜机400余架,年产线袜和丝袜共计15万打,产值合计37万元。其次为大生袜厂,拥有140架织袜机,年产双线袜5万打,产值10万元。其他还有仁和、天益等袜厂,分别拥有120架织袜机,年产量4.5万打,产值9万元。此外,还有怡和、久和、振和、松华、信和、德和6家袜厂,各有手摇织袜机100架,每年生产袜子数量在1万打与3万打之间。总计松江县全部织袜机约为1000架,年产袜子约为50万打。[①] 对比可知,松江县袜机数量约相当于平湖县的十分之一——以常年使用的袜机数量计算,则相当于平湖县袜机数量的八分之一,袜业全年产值也只相当于平湖袜业的十分之一。

除沪杭铁路沿线的城镇外,江苏省其他的针织袜业生产厂家主要集中在京沪铁路沿线的城市,如无锡、镇江、南京等。以无锡为例。1922年,无锡针织厂坊有12家。1929年增至30家,针织工人总数超过3000名。这些统计并不限于袜业,而是包括整个针织业。即使如此,整个行业的工人总数也不及平湖袜业。[②] 镇江的针织业在江苏省也起步较早,但在20世纪20年代初有所衰落。1923年以后,恢复生产者仅有10家。相较而言,南京织袜工业更为发展。1925年的调查显示,南京分散着众多针织厂坊,主要生产袜子,兼织毛巾、围巾、绒帽等。这些工厂资本有限,最高为2000元,最低不过400元而已,因而规模不大。每家雇用工人数量也很有限,多者10余人,少者仅有3～4人。[③] 除了京沪铁路沿线城镇,扬州是江苏省最大的针织袜业中心,从事袜子生产的工人数量不超过700人,因为多为小规模的织袜厂坊,其中规模较大的华昌、大成和元昌,拥有织机数量分别只有120架、60架和50架。在全部袜厂中,超过三分之二为家庭作坊,故其厂坊具体数量缺乏精确之统计。[④]

江苏和浙江为全国洋袜产量最多的省份,除上海之外,平湖为袜业生产规模最大的县份。因此,平湖袜业在全国具有重要地位,其产量和产值甚至超过天津、武汉、九江等城市。在河北省,袜厂主要集中于天津一地。天津针织袜业创

---

① 中德:《我国针织业概况》,《商业月报》第15卷第2期,1935年2月28日,第7页。
② 同上。
③ 同上。
④ 同上。

始于1912年，与平湖袜业第一家袜厂创立的时间相当，甚至可能略晚于平湖袜业。天津针织袜业起始于捷足洋行推销袜机，后由留日学生王济中接踵举办。不过，由于捷足洋行所售袜机均为英国进口，每架价格多达120元，推广相对缓慢。自1913年至1917年，仅有郭有恒、义生、巨华顺、崇华等数家。1917年，天津袜业发展速度加快，尤其是1920年以后，日本生产的针织机械大量输入，而价格低廉的国产袜机也开始大量投放市场，除主要采购上海生产的国产袜机外，天津本地的针织机械制造也有所发展。随着袜机的大范围推广，天津织袜业的规模迅速扩展。1923年以后，包括袜厂在内的针织厂坊数量迅速增加，至1929年，天津针织厂坊数量已经达到154家，工人总数达到1 610人，散处工人数量为577人，针织业资本总额达到180 104元，织机数量1 265架，年产棉袜、毛袜及人造丝袜总计454 186打。[①] 袜业为天津针织业的主要行业。另一项调查显示出了自1912年至1929年天津袜业逐步发展的历程。可见天津袜业创始之初发展相对滞缓。20世纪20年代，每年设厂数量较前大幅增加，尤其是1928—1929年，设厂数量合计达到29家。其中，仅1928年一年，设厂数量就达到18家，足见针织袜业发展之迅速。[②]

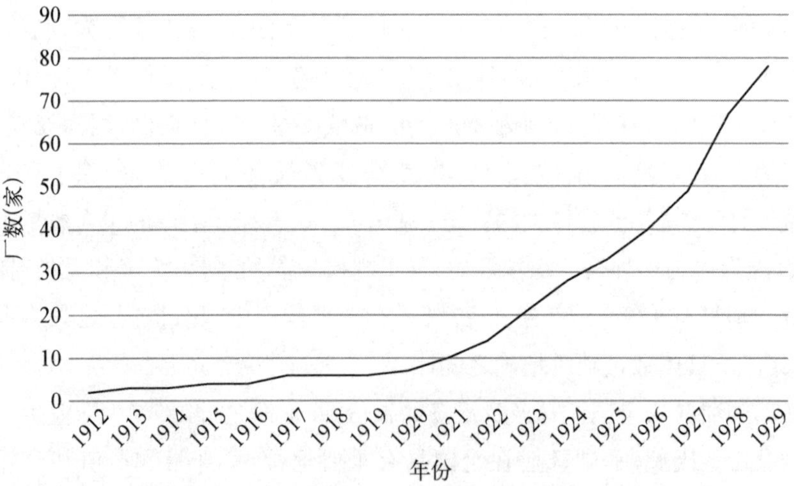

图1-5　1912—1929年天津袜厂数量变化图

① 中德：《我国针织业概况》，《商业月报》第15卷第2期，1935年2月28日，第7页。
② 《天津之针织业》，《益世报》1930年4月21日。

针织业生产范围涵盖袜子、毛巾、围巾、手套等,故近代针织工厂产品种类并不限于单一品类,但因袜子需求数量远远超过其他针织产品种类,多数针织工厂以生产袜子为其主业。同时,多数以"袜厂"命名的针织工厂并不限于生产袜子,个别袜厂也兼营其他种类的针织产品。上述有关天津针织业的各项统计,范围涵盖整个针织工业,故工厂数量、资本总额、产量和产值都超过织袜业。以整个天津针织业的规模而言,可见其是超过平湖针织业的。若以其中的袜业而言,天津袜业的规模则远不能与平湖袜业相比。在平湖,针织业中的其他行业,如毛巾、围巾、手套等均居于次要地位,而以袜业占据整个针织业的核心。可以说,平湖针织业是以袜业作为其专业化生产的。正因如此,平湖袜业产量远远超过天津——各类袜子年产量约相当于天津袜子年产量的6—10倍。专业化的生产发展不仅使平湖的袜业规模超过天津,也使它超过了其他主要的针织工业生产中心。

平湖袜业之所以能够发展成为在全国袜业中占据一定地位的行业,还在于平湖袜业起步较早,获得了专业化发展的先机。与平湖相比,武汉袜业的起步就相对较晚。平湖袜业肇始于清末民初,武汉针织袜业始于第一次世界大战期间,在20世纪10年代中期才出现了第一家针织袜厂。直到1922年,尚未充分发展。可见,武汉针织袜业产生之后的数年之间,尚处于起步阶段。相比之下,在1911—1922年的初期阶段,平湖袜业经历了一个快速发展的时期。直到1925年,武汉针织厂坊数量才达到50家,针织机数量不过469架,包括织工、缝工、摇纱等各道工序在内的针织工人仅有636人,全年产袜数量221 080打。其袜机数量、工人数量、全年产量都远不及平湖。同一时期,平湖袜机数量、针织工人数量均为武汉的20余倍,平均每月袜子产量超过武汉全年袜子产量。①

也正因为专业化发展所取得的优势,平湖一县的袜业生产规模,几乎可与江西省全省袜业的规模相颉颃。江西省的针织袜业集中于南昌、九江两市。平湖袜业的兴起较南昌早约10年。最迟至1911年,平湖已经创设了光华袜厂。直到1922年,南昌才出现了最早的针织袜厂。当年,南昌始有两家生产线袜和人造丝袜的针织工厂。但两家工厂的袜子生产都具兼业性质,所产线袜仅为织造毛巾的副产品。不过,在之后短短数年间,南昌针织袜业厂数快速增加。到

---

① 中德:《我国针织业概况》,《商业月报》第15卷第2期,1935年2月28日,第7页。

1926 年,包括袜子生产在内的针织厂坊数量已经达到 60 家,工人数量增至 3 000 人。不过这些厂坊大都因陋就简,部分工人仅为半日工,部分甚至在家中从事生产。每日产量约为 3 000 打,按照全年生产 8 个月计算,年产量约为 72 万打。[①] 对比可知,南昌针织工厂的数量虽然超过平湖,但从事针织业生产的工人数量仅约为平湖袜业的四分之一,年产量约为平湖全县袜子产量的 37%。九江袜业的起始时间早于南昌,在 1914 年就出现了首家袜厂。到 1921 年,九江袜厂的数量已经增加到 34 家,但规模狭小,每家拥有针织袜机不过十余架,远不能与平湖相比。1922 年,龚海清在九江城内四码头街开设益成针织厂,厂内附设织袜传习所,教导九江城内居民学习织袜技术,推动了当地袜业制造业的发展。[②] 尽管如此,由于九江袜业主要生产组织形式为家庭匠人制,虽然九江袜厂数量多达 34 家,但全市袜机数量也仅 300 余架,以每架袜机每天产袜 1 打计算,日产量不过 300 打,月产量仅 9 000 打,全年按照 8 个月的生产时间计算,全年产量不过 7.2 万打。将南昌与九江两地全年产量合计,尚不超过 80 万打,其生产规模亦远低于平湖一县。

平湖袜业产生与发展的历程是近代中国袜业乃至针织业变迁的缩影。它肇始于 20 世纪 10 年代初,在之后的一二十年间,经过了快速发展、短暂停滞、顿挫倒退、恢复发展等不同阶段,大致在 20 年代后期和 30 年代前期达到鼎盛阶段,不论是袜厂数量、袜工人数,还是资本总额、产量产值,都大体上呈现出增长的趋势,显示出在起伏波动中发展的轨迹。与平湖袜业经历的过程类似,包括上海、天津、杭州等主要针织工业城市在内,全国各个袜业产地的针织袜业都经历了这一曲折发展的历程。从平湖袜业所具有的普遍性表征来说,它堪称是中国袜业的一个典型案例,在整个行业中具有一定的代表性。同时,平湖袜业的产生与发展过程也具有其独到之处。与全国范围其他主要的袜业生产城市相比,平湖袜业起始时间较早,尤其是与长江中游地区各个袜业生产城镇相比,平湖袜业起始的时间普遍早约十年左右,因而在袜业生产的发展上获得了先机。正因如此,平湖袜业的销售市场范围远远超过除上海以外的其他城市,天津、杭州、武汉、南昌等重要的织袜工业城市,产品销售市场虽然有所拓展,但在极盛时期也主要限于区域范围,或限于东北,或限于华北,或限于长江中游地区,或限于钱塘江流域,

---

① 中德:《我国针织业概况》,《商业月报》第 15 卷第 2 期,1935 年 2 月 28 日,第 7 页。
② 《九江织袜业之近况》,《兴华》第 23 卷第 46 期,1926 年 11 月 24 日,第 21—22 页。

其销售范围未超出区域市场。与这些城市的袜业不同，平湖袜业的销售范围更为广大，它不是单个区域市场，而是由单个区域市场拓展至多个区域市场，乃至全国市场、海外市场。正是市场范围的不断扩大，推动平湖袜业向专业化生产的转变，与其他城市多种针织产品兼营的工业结构不同，平湖针织业以织袜业为重心，侧重发展针织袜业生产，并因此取得了优势地位，产生了行业规模效应。反过来，这种专业化生产经营也有助于平湖袜业拓展产品销售市场，从而促使其整个产业规模的扩张，成为全国袜业生产重镇，在近代中国针织业中据有一席之地。

从浙江省针织业的整体来看，该业在全省主要兴起于1912年前后，1926年达至鼎盛。1927年以后，逐渐趋于衰落。至30年代前期，已经一蹶不振。① 从初创的时间来看，平湖针织袜业的兴起在江浙地区并不是最早的，不仅晚于上海，而且晚于杭州、硖石等沪杭铁路沿线的城市和市镇，但平湖袜业后来居上，其规模不仅超过浙江绍兴、硖石、嘉兴，以及江苏扬州、镇江、松江等地的针织袜业，甚至远远超过杭州、南京、宁波等城市的近代袜业。自1911年创设第一家袜厂，经过最初几年的缓慢发展，至20世纪10年代后期至20年代前期，平湖针织袜业经历了一个快速发展的时期，袜厂纷纷开设，袜子品种丰富，袜货产量猛增，袜子产额不断攀升，从事袜子织造的织户和织工数量也因之大涨，平湖袜子的销售范围也远远超出平湖一地范围，由江南地区拓展至长江中游各省，进而扩展到黄河流域。20年代后期，平湖袜业一度陷于困境，时遭顿挫，但经过曲折之后，迅速恢复发展，至20年代末30年代初，达至鼎盛时期。平湖袜业产品继续扩大市场，除增加在华中、华北地区的销售外，还有少量产品销往华南和南洋地区。袜业成为平湖最为主要的工业行业，因为袜业的发展，平湖也成为浙江省首屈一指的袜业重镇。

近代平湖袜业的兴起、发展以至鼎盛取决于多重因素。既有袜业乃至针织业等行业发展的共性，也有平湖袜业自身的特点，它是国际、国内袜业整体变化与平湖地方因素相互作用的结果。近代袜业的兴起肇始于进口洋袜输入对中国布袜业的破坏，以及对国内洋袜市场的开拓。包括平湖在内，苏浙两省其他袜业产地针织袜业的兴起，都是这一市场变化的结果，天津、武汉、南昌、九江等华北、

---

① 实业部国际贸易局：《中国实业志·浙江省》第七编，实业部国际贸易局1934年版，第55—74页。

华中地区的袜业也是如此。但与其他地区的袜业不同，平湖袜货的销售市场范围远远超过其他地区。平湖袜业市场遍及华北、华中、华南，形成了一个全国性市场，而且已经开拓了南洋市场。与其他针织袜业较为发展的城市相比，平湖袜货的销售范围更为广阔，其市场规模更加广大。杭州所产袜货主要销售于钱塘江上游地区，绍兴袜业产品较远的销售市场在浙赣边界一带，华北袜业重镇天津的主要销售市场是华北及东北地区，武汉所产袜子的销售地主要在湖北省内及周边各省……这些城市的袜业产品销售范围都局限于区域市场，而不扩大至全国范围。相较而言，平湖袜业拓展了更为广大的市场，这是其生产规模超过国内诸多袜业产地的主要原因。

平湖袜业产品之所以能够不断扩大销售市场，在于其产品种类增加，形成齐全的品种系列，还在于平湖袜货物美价廉，与其他地区的产品相比更具竞争优势。这些特点有赖于平湖袜业经营方式的变革。近代袜业经营方式主要包括工厂制、家庭匠人制和织户包工制，在各地袜业中，最早兴起的大多为家庭匠人制和工厂制，之后由于织户包工制出现和发展，形成了多种经营方式并存的格局。因织户包工制既有利于厂商节省资本、降低经营管理成本，从而降低产品价格，获得市场竞争优势，同时又有利于织户充分利用家庭劳动，分散从事生产，因而逐渐成为各地袜业中普遍采用的经营方式。相对于上海、杭州、天津等地袜业较多采用工厂制而言，平湖袜业织户包工制的普及率更高，而相对于扬州、九江、绍兴等以家庭匠人制为主要经营方式的袜业而言，平湖袜业的织户包工制在资本—劳动的配置上更具规模效应。平湖袜业中的织户包工制的发展，也与整个袜业发生、发展以至鼎盛的轨迹相吻合，它是平湖袜业规模不断扩大的重要原因——对于资本供给不足这一近代工业面临的主要困境来说，织户包工制在一定程度上缓解甚至解决了厂商资金不足的问题，也使厂商能够通过收取押金、租金等方式吸纳数万织户的零星资金，从而降低厂商可能需要支付的借贷利息，这对袜业发展至关重要，也是平湖袜业经过几次顿挫而终至鼎盛的关键因素。

二、危机与衰落

依据袜厂的数量、袜子的产量以及销售市场的盈亏变化，可知20世纪上半期平湖袜业的变迁过程经历了两个明显不同的阶段。自20世纪初至30年代中叶，平湖袜业大致经历了一个发展时期，在二十余年时间里，袜厂数量增加，袜货产量增长，袜子销售市场也由初创时期局限于平湖县域扩展到全国乃至南洋市场。其间虽然经历了初创之初的缓慢发展，乃至20年代中期的相对停滞，但袜业整体上呈现出发展的态势。较之于这一发展时期，自30年代初开始，平湖袜业进入了衰落时期。此时，平湖袜业遭遇严重危机，销售市场萎缩，资金供给不足，原料价格上涨，种种因素已使平湖袜业陷入停滞。日本发动的全面侵华战争，又对平湖袜业施以致命一击。日军对平湖城乡的轰炸，以及日军侵入平湖后对社会经济的破坏，造成平湖袜业的全面停产，袜厂全数倒闭停业。1938年以后，部分袜厂恢复生产，但已经元气大伤，不仅产品市场萎缩，资金极端匮乏，原料也严重短缺。抗日战争胜利后，平湖袜厂数量迅速增加，袜业出现一时繁荣。但好景不长，袜业的发展犹如昙花一现，随着时局的变化，平湖袜业再度陷入衰退。

平湖袜业在发展过程中数度遭遇危机。初创时期的平湖袜厂，在资金、市场以及生产等方面，面临诸多困难，尤其是20世纪20年代初期，还曾数度遇到破产倒闭的风险。但从20世纪上半叶的长期变化来看，平湖袜业整体衰落的转捩点是在30年代上半期，尤其是九一八事变之后。时局动荡对袜业的冲击还未消退，一·二八事变接踵而至。由于平湖袜业所产袜货除由平湖直接销往各地外，有相当一部分是从上海转口销往消费地区的。此外，还有一些袜厂直接为上海厂商加工生产。一·二八事变造成交通运输中断，市场活动中止，都影响到平湖袜货的销售。平湖袜业所需袜机、袜机配件，织袜原料棉纱、棉线等，大都由上海购入。一·二八事变对上海经济造成的破坏，也直接影响到平湖袜业设备及原料的供给。

当时的调查者描述了平湖袜业衰落的情形："不景气袭来，该业首当其冲，出品滞销，市价日落，金融业见此情形，不敢放款，各厂周转不灵，于是相继倒闭，几至完全濒于破产。"[1]面对袜货运输渠道中断，销售市场萎缩的困境，平湖各家袜厂尝试通过降低成本，以便渡过难关，但同样受到一·二八事变的影响，织袜原料价格陡涨，而且供给严重不足。同时，之前供给相对充裕的资金，也因袜货销

---

① 《平湖商业概况》，《兴业邮乘》第57期，1937年3月10日。

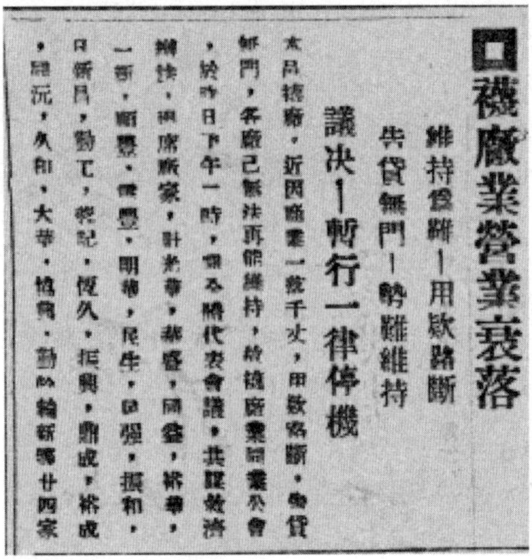

襪廠業營業衰落

維持營業—用款路斷

告貸無門—艱難維持

議决—暫行一律停機

本邑襪廠，近因商業一落千丈，用款路斷，告貸無門，各廠已無法再能維持，故襪廠業同業公會，於昨日下午一時，召集各廠代表會議，共謀救濟辦法，出席廠家，計光華，華盛，同益，裕華，一新，順豐，偉豐，明華，民生，自强，振和，日新昌，勤工，乾記，恆久，振興，鼎成，裕成，鼎沅，永和，大華，協興，勤益，輪新等廿四家

图 1-6　《袜厂业营业衰落》(《平湖商报》1935年4月28日)

售停滞而陷入紧张。多家袜厂因为缺乏周转资金，又加销货不畅，以致破产倒闭。1933年以后，华北局势日益紧张。随着日本对华北军事侵略的不断加剧，日货在华北走私贸易逐渐扩大，不断侵蚀国货的市场。华北曾是平湖袜货的主要销售市场，由于华北市场的萎缩，平湖袜货的销售数量也相应下降。在袜业鼎盛时期不断扩大生产规模的平湖各家袜厂，因为销货数量减少，面临着供过于求的困局。各家袜厂为了摆脱困境，竞相压低价格，以图自存。行业内部的恶性竞争，加剧了平湖袜业的整体衰落。1934年，江南地区遭遇百年一遇的旱灾，农业歉收加重了农村经济的凋敝，平湖袜业曾经赖以起步的旧嘉兴府属各县的需求也因之下降，各厂在本地市场上的袜货销售也大幅萎缩，这更加重了袜业所面临的经营困境，加剧了资金拮据的困难，多家袜厂因难以维持而宣告破产倒闭。1937年2月，在平湖创设最早，也是规模最大的光华袜厂因陷入困境而破产倒闭，聘请律师宣告工厂清算。①

光华袜厂的破产倒闭是平湖袜业由盛转衰的标志性事件。光华袜厂为平湖袜业中最早创设的厂家。1911年该厂创建后，工商界仿效光华袜厂先后开设多家袜厂，从而造就了平湖袜业最初的发展，也为之后平湖袜业臻至鼎盛奠定了基础。光华袜业也是平湖经营时间最久的袜厂。自创办以后，连续经营近26年时间。其间虽经历过多次波折，遭遇数次经营困难，但都化险为夷，并且不断增加资本数额，扩大经营，成为平湖袜业中规模最大的袜厂。鉴于光华袜厂在平湖袜业中的地位，光华袜厂经理高琴泉、协理周剑青先后担任平湖袜业公会主席委员。由于袜厂历史最久，经营长期稳定，生产规模最大，光华袜厂也有优良的商业信誉。因此，光华袜厂资本总额最高时不过4万元，但年营业额常常达到30万元，约为资本额的数倍乃至十数倍。即使如此，光华袜厂也未能在袜业整体衰

① 平湖市工业志编纂委员会：《平湖市工业志》，中国文史出版社2013年版，第60页。

退的浪潮中幸免于难。受到产品市场萎缩、原料价格上涨、资金周转困难等因素的影响，至1937年2月初，光华袜厂亏蚀金额已经达到19万元，相当于其最高资本总额的4.75倍。鉴于难以维持而又转圜无望，2月9日，光华袜厂宣告停业，并延请律师对自己的资产开展清理。①

此次清理，除清理存货外，还同时清理债务。在存货中，不仅包括位于平湖的光华袜厂所有存货，还包括光华袜厂驻上海发行所的货物，这部分货物也全部由上海运送到平湖，以便汇总清算。至于债务部分，由律师登报，通知所有债权人持债券等凭证到律师事务所登记汇算。在光华袜厂登载的清算通告中，时任经理高琴泉给出的清算理由是“市面衰落，营业不振，维持既属非易事，周转更感困难”②，可见光华袜厂所遭遇的主要问题，不仅在于袜货销售的困难，还在于周转资金的匮乏。

光华袜厂的衰落显示出多重因素下袜业没落的过程：

> 就在光华袜厂看来仍然兴旺发达的时候，由于主、客观因素的变化，危机正在悄悄临近。主观方面，领导人缺乏居安思危、不断创新的意识，墨守成规，忽视技术改造。当上海等地针织业已经采用电机生产技术的时候，光华袜厂仍然是手摇袜机生产，落后于形势的发展。长年累月，大兴土木，占用了不少资金。管理失控，用人不当。第二收发部记账员钻手续不严的空子，贪污4 000余元，携款潜逃。杭绍线和内西线两名推销员，浮收客户账款数字更大。客观方面，1931年九一八事变后，日本侵战东北，光华袜厂因之丧失了重要市场，产品销路大幅萎缩。日货充斥市场，同行竞争激烈，致使光华袜厂的成品大量积压，资金周转不灵，企业亏损。加之亏损的风声传播，钱庄催讨贷款，在光华袜厂存款的私人也闻讯前来提款，连外包工人也纷纷退机，并要求取回押金。在各种因素的影响下，曾经名重一时、称雄浙江的光华袜厂内外交困，回天乏术，难以继续维持经营。③

---

① 《平湖光华袜厂停业》，《时报》1937年2月15日。

② 《罗显承律师代表平湖光华袜厂宣告清算通告》，《平湖商报》1937年3月4日。

③ 陆君玉、卢玉卿：《袜厂首创忆光华》，中国人民政治协商会议浙江省平湖市委员会文史资料委员会：《平湖文史资料》（第4辑），中国人民政治协商会议浙江省平湖市委员会文史资料委员会1992年印行。

1937年7月7日,日军发动七七事变,随后全面扩大对华侵略战争。11月5日,八一三事变后不到三个月,日军在金山沿海登陆,对平湖县城及主要市镇实施轰炸。平湖袜厂最为集中的平湖县城及城郊,遭到严重破坏。两个星期后,平湖全境沦陷,社会经济全面停滞,袜厂全部停业,织户背井离乡,四处逃难。一部分外逃至钱塘江南岸,还有一部分藏匿于平湖乡间。1938年以后,个别织户回归故里,为维持生计重操旧业,个别袜厂也陆续重开。但在日伪统治期间,平湖袜业受到统制经济政策的制约,经营十分困难。尤其是在原料供给方面,日伪对棉纱实施严格控制,不准自由买卖、自由运输,平湖袜业因为缺乏原料,难以为继。各家袜厂为了求得生存,不得不在原料供给方面另寻出路。一些小袜厂因为缺乏厂纱原料,只能从上海购买工业废品回丝纱头,运回平湖后进行再加工,整理后作为原料使用。还有一些袜厂不得不到农村收购土纱作为织袜原料。由于日伪"清乡"、封锁等政策造成的交通运输中断,如同其他商品一样,袜子原料的供给也时常断供。由于缺乏稳定的原料来源,各家袜厂的生产也断断续续。更因原料的质量、数量都不能与往日相提并论,平湖袜业生产的袜货规格减少,质量也无有效保证,袜货的年产量也大幅减少,袜业的衰落较之20世纪30年代初更加严重。①

在整个杭嘉湖地区,抗日战争期间袜业都呈现出衰落之势。在嘉善县,30年代初仅有两家小规模的袜厂,即汇和袜厂和业勤袜厂。日军侵入嘉善之时,这两家袜厂也因战争而关闭。② 在海宁县,针织袜业的鼎盛时期是在1935年前后。1937年全民族抗日战争爆发后,受到战乱影响的海宁,袜业原料来源中断,袜货销售停滞,袜业生产陷于停顿。1938年以后,袜业有所恢复,至1941年,也仅有14家袜厂,袜子产量大幅萎缩,只相当于1937年前的五分之一。③ 值得注意的是,因为受到战争的影响,海宁县硖石镇袜业的经营方式也发生了相应的变化,由战前普遍实施的织户包工制转为集中生产,即由市镇放机到乡村分散生产变为集中在工厂中生产。④ 尽管如此,硖石袜业也难有起色。在20世纪前半期的袜业历史中,抗日战争期间是硖石袜业的明显衰落时期。例如,有名的富顺昌袜厂,在抗日战争期间经营困难,几度易手,苦苦支撑。其间,还曾一度更名为公

① 平湖市工业志编纂委员会:《平湖市工业志》,中国文史出版社2013年版,第60页。
② 嘉善县国有城镇企业管理办公室:《嘉善二轻工业志》,中国文史出版社2017年版,第39页。
③ 海宁市工业志编纂委员会:《海宁市工业志》,上海科学技术出版社1994年版,第23—24页。
④ 海宁硖石镇志编纂委员会编:《海宁硖石镇志》,浙江人民出版社1992年版,第45—47页。

记袜厂。[①]

抗日战争期间,浙江省外一些地方的袜业也经历了与平湖袜业类似的变化。以湖北省宜昌为例。与平湖相比,宜昌袜业发展缓慢,规模有限。直到抗日战争前夕,也只有小规模的袜厂20余家。1937年后,宜昌的袜厂数量遽然减少至13家左右,而且规模都很狭小。若以所有织袜机的数量衡量,则规模最大、拥有袜机最多的洪盛永袜厂,仅有织袜机15架。而拥有织袜机数量最少的寿昌祥袜厂,仅有3架织袜机。其他袜厂所有袜机数量,也不过6～7架。总计常年产量,男袜约为1.6～1.7万打,女袜2万打,童袜3万打,以男袜每打平均1.2元、女袜每打平均1元、童袜每打平均0.5元计算,全年产值不过5万余元。销售市场也主要限于宜昌及其附近各县,如宜都、富阳、秭归、巴东等地。[②] 与平湖等地的袜业状况类似,都呈现袜厂数量减少、生产规模萎缩、销售范围狭小等特点,与抗日战争以前当地袜业相比,明显呈现出衰落态势。

当然,也有个别地方在某一特定的时期,出现所谓"战时繁荣"。但这些所谓的"战时繁荣"往往不可持续,在日伪扩大侵略,以及推行统制经济政策的制约下,这些一时繁荣的袜业生产很快就受到原料缺乏、市场萎缩等因素的影响而转趋衰败,所谓的"繁荣"也迅即消失。例如,全民族抗战初期,由于大量难民涌入上海,整座城市的人口急剧增多,消费总额也相应增加,织袜业与其他一些行业一样,也一度呈现出畸形发展。特别是江苏、浙江一些袜厂经营者,因原来设厂市镇原料来源断绝,交通运输中断,转而进入上海租界,设厂恢复生产。因而短时间内,在租界形成了袜业的"战时繁荣"。1939年12月发表的文章显示,当时在租界内的针织工厂有200余家,其中相当一部分以生产袜子为主要业务。不过,这些开设于租界的针织厂处于"孤岛"经济环境中,其生产过程虽较沦陷区稳定,但资金配置、原料供给、产品销售等同样受到战争的影响。尤其是第二次世界大战在欧洲爆发后,租界内的营商环境日趋恶化。原料价格迅速上涨,一些商人囤积居奇,更增加了袜业原料供给的困难。好在随着原料价格的上涨,袜子的价格也相应增加。租界内生产的袜货价格上涨30%～200%。正因如此,租界中的袜厂虽然遭遇重重困难,但仍能呈现出一时的繁荣。[③] 需要说明的是,出现

① 海宁硖石镇志编纂委员会编:《海宁硖石镇志》,浙江人民出版社1992年版,第49页。
② 《宜昌织袜业近况》,《经济动员》第3期,1938年7月15日,第127页。
③ 养才:《针织业今昔种种》,《益友》第3卷第4期,1939年12月20日。

在上海"孤岛"中的袜业短暂繁荣,并不具有典型性。抗日战争期间,像平湖袜业那样整体上大幅衰落的情况,在织袜业中才是常态。在抗日战争爆发前,江苏省袜业在全国各省中最为发达,数百家袜厂每天出产大量袜货,销售于全国各地以及南洋一带。抗日战争期间,江苏省针织袜业较为发达的南汇、无锡、镇江、南京、扬州、上海等地先后沦陷,重要的针织工厂及袜厂都遭到破坏,大部分工厂停工倒闭,甚至遭到日军破坏,焚毁无遗。①

1945 年 8 月,抗日战争胜利。之后,沦陷区各地的经济开始恢复,战时中断的交通运输也不断修复,商品市场转趋活跃。平湖地方经济重获生机,织袜业也在此时得以复苏。自 1946 年开始,之前从事织袜业的工商界人士,纷纷重操旧业,开设袜厂。即使原来不曾从事袜业的人士,也看好战后经济恢复和发展的前景,投资于织袜业。因而,在短短一年的时间里,平湖先后开设袜厂 14 家,包括民生、爱的福等袜厂。在这些新设的袜厂中,规模较大的民生袜厂拥有手摇织袜机 302 架,月产袜子 2 400 打;成隆袜厂有手摇织袜机 278 架,月产袜子 1 500 打;元亨袜厂拥有手摇织袜机 281 架,月产袜子 1 500 打;爱的福袜厂拥有手摇织袜机 157 架,月产袜子 1 010 打。此外,还有新记、勤利、胜利等袜厂,每月产量都超过 1 000 打。② 这些都是规模较大的袜厂,此外,还有一些规模较小的袜厂。至 1949 年平湖解放前夕,平湖县袜业公会登记全县袜厂共计 36 家,拥有袜机数量超过 100 架的袜厂占 36%。尽管在战后数年间平湖袜业有所恢复,甚至较抗日战争期间还有所发展,但与抗日战争以前相比,产品规格单一,袜厂规模狭小,袜货产量萎缩,产品销售市场局限于江南地区。从整体上看,远不能与抗日战争以前相比。与平湖袜业的发展和鼎盛时期相比,仍处于衰落时期。③

截至 1949 年 10 月,平湖县共有袜厂 36 家。其中,开设于 20 世纪 20 年代的有 4 家,开设于 30 年代的有 8 家——全部开设于全民族抗战以前。全民族抗战期间开设 6 家。抗日战争胜利后,即 1945 年 8 月至 1947 年 7 月之间开设 18 家。共有手摇织袜机数量 4 206 架,平均每月产量合计为 18 805 打,仅约 20 世纪 20 年代中期平湖袜业鼎盛时期月均产量的 7.84%。④

---

① 《江苏针织业概况》,《人报》1948 年 9 月 11 日。
② 平湖市工业志编纂委员会:《平湖市工业志》,中国文史出版社 2013 年版,第 60 页。
③ 同上。
④ 《平湖县工业志》,内部资料,第 32 页。

表 1-10 1949 年 8—10 月平湖工商登记织袜厂概况表

厂名	负责人	资本总额(万元人民币)	职工人数(人)	平均每月产量(打)	商标	手摇袜机(部)	开设年月	地址
元亨	汤志君	5 291.3	8	1 500	鸿运牌	281	1925	东大街 50 号
成隆	朱振豪	5 278	6	1 500	和合牌	278	1927	东城河滩 38 号
勤利	江圣清	5 002.58	7	1 000		94	1945.8	汤家浜 30 号
爱的福	俞慎	4 460.8	6	1 010	爱的花	157	1946.8	仓浜 9 号
民生	沈寒若	3 169.79	6	2 400	金心牌	302	1946.6	混堂弄 29 号
儿童	朱子寅	2 893.73	5	843		356	1945.8	宫后底 9 号
新记	戈亦新	2 465.4	5	1 000	猫蝶牌	254	1934	南台弄 1 号
胜利	金洁良	1 854.82	4	1 000		75	1945.10	西大街 302 号
达甡	冯福梁	1 730.2	4	600		134	1937	宫后底 2 号
大华	杨汉威	1 386.07	4	600	飞燕牌	276	1931.7	汤家浜 21 号
勤工	刘志芳	1 386	4	600	海狗牌	80	1929	徐家弄 1 号
錩号	朱益三	1 234.7		300		60	1930.4	西小街 155 号
胜华	刘志刚	1 232	4	650	天桥牌	159	1941.9	南台弄 6 号
书记	倪书城	1 148.6		50		82	1936	松风台 22 号
大生	高益庭	1 064.24	1	400		88	1940	水洞埭 25 号
大新	李寿清	1 044.54		400	三寿牌	109	1946.2	安吉浜 38 号
恒丰	袁全昌	920.55	3	400		52	1946.3	宫后底 4 号
勤余	张桂林	783	1	220		70	1927	城隍弄 3 号
民强	钱耐冬	761.27	3	220		80	1945.10	宫后底 12 号
康记	马康年	723.91		400		60	1945.8	东小街 51 号
兴沅	卢玉卿	661	2	280		84	1936	东小街 113 号

续　表

厂名	负责人	资本总额(万元人民币)	职工人数(人)	平均每月产量(打)	商标	手摇袜机(部)	开设年月	地　址
利民	戈怀勔	652.98	2	600		144	1943	官弄底13号
民华	毛士生	643	5	130	飞马牌	77	1949.10	过家浜7号
申新	张绅侯	566.86	4	700		180	1946.12	骑塘浜10号
柏记	孙柏洲	536.7		400		70	1940.7	书院弄10号
广利	程广文	508.97	2	210		56	1946.2	杨子弄11号
康福	王菊生	455	3	200		77	1946.5	中正西路51号
新华	刘志清	414.35	4	400		174	1930.5	西大街415号
天生	陆福钧	450	2	200		90	1949.7	内花街33号
大康	俞俊人	192.5		150		62	1946.6	西大街221号
协兴	吴关鸿	192	1	102		16	1948	西小街214号
宏兴	钟宏魁	150		50		18	1948	望云桥廊下
龄记	干彭龄	81.32	3	100		10	1948.4	仓弄西1号
万康	王永康	50		100		37	1949.7	南台弄3号
华山	祝杏泉	50	1	50		54	1933	施家坟38号
范记	范发祥	30		40		10	1948	西小街296号

资料来源:《平湖县工业志》,内部资料,第32页。

对比可知,与平湖织袜业鼎盛时期相比,平湖袜厂数量减少一半多,袜机的数量也减少一半以上,20世纪初开设的袜厂已全部闭歇,20年代创设的袜厂仅有4家恢复经营。1949年10月统计的平湖各家袜厂中,1945年抗日战争胜利以后新设者规模大部分较小。与20年代的袜厂相比,不论是资本数额、袜机数量还是织工人数,都相对较少。以袜机数量而论,抗日战争胜利以后创设的袜厂,平均每家所有袜机数量约为98架,而20—30年代创设的袜厂,平均每家所有袜机数量约为153架，前者仅为后者的64.05%。抗日战争胜利以后新设的袜厂每家平均拥有的袜机数量，甚至低于抗日战争期间开设的袜厂——抗日战争期间开设的袜厂平均每家所有袜机数量约为107架。虽然开设时间较短会影响袜厂的规模，但这种规模的差异也显示出40年代后期平湖袜业恢复乏力的事实。

20世纪40年代后期平湖袜业的情形，在旧嘉兴府属地区颇具代表性。抗日战争胜利后，嘉善县的织袜业也稍有恢复。至1947年，全县织袜厂已由抗日战争期间的2家增加为义兴、永和、新兴、春和、勤裕、汇和6家，拥有手摇织袜机300多架，织袜工约200人，纱线袜月产量约1万打。但与鼎盛时期相比，已经不可同日而语。但好景不长，嘉善织袜业的复苏犹如昙花一现，1948年，由于经营亏损，6家袜厂已经全部停业。①

这一时期袜业遽兴遽衰的起伏变化，也同样发生在海宁县。抗日战争胜利后，海宁的织袜业曾经一度有所恢复，但很快因受到通货膨胀的影响，大部分袜厂难以持续经营，处于半开半闭的状态，只能惨淡经营，销售和生产大半陷于停滞，②且在抗日战争以前堪与平湖织袜业相埒的硖石织袜业，袜厂虽有恢复，但大部分袜厂也处于时开时停的状态。③ 以硖石镇富顺昌袜厂为例。该厂为硖石袜业中历史最为悠久的厂家之一，经过抗日战争时期的惨淡经营，延续至抗日战争胜利后。然而，随着通货膨胀日益严重，富顺昌袜厂的生产、销售等经营活动深受影响。为了保持原料储备数量，不致生产经营中断，富顺昌袜厂只得以实物代替货币结算。④

平湖等地的织袜业在这一时期遭遇的新困局，不仅在浙江省具有典型性，在整个江浙一带都具有一定的代表性。与平湖等地类似，江苏省无锡、常州、扬州、镇江等地的袜业，也都在这一时期经历了遽兴遽衰的变化。在江苏省的袜子产地中，无锡的袜业规模最大。在20世纪20—30年代的袜业鼎盛时期，无锡的袜厂数量有七十余家之多，占江苏全省的三分之一，每天生产的袜子数量达到5 000余打。经过抗日战争，无锡袜业大幅萎缩。抗日战争胜利后虽然稍有恢复，但受到国民政府所谓“勘乱”的影响，停业袜厂数量达到30余家。幸存的袜

---

① 嘉善县国有城镇企业管理办公室：《嘉善二轻工业志》，中国文史出版社2017年版，第39页。
② 海宁市工业志编纂委员会：《海宁市工业志》，上海科学技术出版社1994年版，第23—24页。
③ 海宁硖石镇志编纂委员会编：《海宁硖石镇志》，浙江人民出版社1992年版，第45—47页。
④ 同上书，第49页。

厂也只能苟延残喘。1948年的报道显示,当年无锡的袜厂数量仅余31家,整个无锡袜业的产量仅相当于抗日战争之前的10%,每天袜子产量也减少至500余打。镇江、常州、扬州等地的袜业也与无锡类似,都在此时陷于萧条。无锡、常州、镇江、扬州四地仍然开工的厂家不过50家,产品数量也大幅减少。1948年5—7月,由于成本大幅上涨,袜货销路萎缩,上述四地各家袜厂大都停止工作。直到8月初,各厂逐渐复工生产。①

抗日战争胜利后,江苏省各县针织业着手恢复生产,包括袜业在内。但因通货膨胀日益严重,物价波动不断加剧,工资成本与日俱增,而袜子等针织产品的销路却日趋呆滞,各厂虽然续有恢复,但因无力重振营业,反而重蹈闭歇停业、破产倒闭的覆辙。1948年9月份发表的统计显示,与抗日战争之前相比,全省针织业厂家数量减少一半。虽然各地政府尝试维持各家针织工厂的经营,但并无具体措施,以致针织业陷于停顿状态。② 至当年年底,针织业衰落更甚。在上海,本应是每年销售旺季的时节,针织业却因产品销路缩减而营业惨淡。国内市场中,因为战事导致交通阻断,袜类等针织业产品的销路中断,产品销售数量减少。南洋市场对袜子等针织品的需求也大幅下降,销售停滞。而袜货等在上海本地市场的消费需求也不如往昔。与一年前(1947年)相比,针织品销售数量只有一半,"大部分工厂均在风雨飘摇中"。③

小　　结

平湖袜业自其创始之后,屡次遭遇产业停滞的危机,20世纪10—20年代,影响平湖袜业发展的危机反复重现。一些袜厂在危机中亏损、破产、倒闭,另一些袜厂通过克服危机而不断壮大,以至于平湖袜业整体上趋于发展,1916—1917年,平湖袜子已经行销于浙江省全境。1918年以后,推销于长江流域各省。至20年代中期,销售市场更远达黄河流域。④ 随着销售市场的不断扩大,平湖袜业在20年代末30年代初达到鼎盛。盛极而衰,以1931—1932年的九一八事变和

① 《江苏针织业概况》,《人报》1948年9月11日。
② 同上。
③ 《针织业危》,《飞报》1948年12月3日。
④ 《浙江平湖织袜工业之状况》,《兴华报》第23卷第7期,1926年2月10日,第26—27页。

一·二八事变为转折点，之后平湖袜业即趋向于衰落。虽有抗日战争胜利后的短暂恢复，但从 20 世纪前半期的时间轴上观察，这一时期为平湖袜业的衰落时期。

九一八事变之后，平湖袜货的销售市场逐步缩小。受九一八事变和一·二八事变的影响，先是黄河流域各省的销售市场萎缩，接着平湖袜子在长江流域的销路也陆续缩减。对于以外埠销售为主要业务的平湖袜业来说，华北、华中各地销售数量的大幅下降是致命的。由于所产袜子无法销售，平湖各家袜厂生产陷于停滞。季节性的停工逐步变成全年停工，以至停业倒闭。歇业倒闭由规模较小的袜厂逐步蔓延到规模较大、信誉较著的袜厂，由袜业中的个别厂家的经营困难扩展至袜业整个行业，导致全县袜业的整体衰落。1937 年 11 月，日军侵入平湖，全县袜厂全部倒闭。1938 年以后，袜业陆续恢复，但规模狭小，销售范围限于平湖及旧嘉兴府属地区。之后，袜货销售范围虽有所扩大，但直到 1949 年，平湖袜子的销售范围大致未超出江南地区。市场萎缩是平湖袜业衰落的主要原因。

第二章
袜 货 市 场

平湖袜业自其创始之后，屡次遭遇产业停滞的危机，20 世纪 10—20 年代，影响平湖袜业发展的危机反复重现。一些袜厂在危机中亏损、破产、倒闭，另一些袜厂通过克服危机而不断壮大，整体上呈现为平湖袜业的发展。1916—1917 年，平湖袜子已经行销于浙江省全境。1918 年以后，推销于长江流域各省。至 20 年代中期，销售市场更远达黄河流域。[①] 随着销售市场的不断扩大，平湖袜业在 20 年代末 30 年代初达到鼎盛，销售范围已经远达东北和南洋。盛极而衰，以 1931—1932 年的九一八事变和一·二八事变为转折点，之后平湖袜业即趋向于衰落。虽有抗日战争胜利后的短暂恢复，但从 20 世纪前半期的时间轴上观察，40 年代后半叶为平湖袜业的衰落时期。

一、袜货需求增长及市场扩展

平湖袜业的发轫以及发展，乃至在十余年间即发展到鼎盛阶段，成为平湖最为重要的近代产业之一，且在浙江省乃至全国的袜业中占据一席之地，袜业市场的不断拓展为其主要因素。平湖所产针织袜子的销售区域并不局限于平湖一县，而且并不以平湖本地为主要销售市场，故而作为其产品主要市场的旧嘉兴府属各县、江南、华北、东北等地的需求变化决定着平湖袜业的兴衰起伏。

① 《浙江平湖织袜工业之状况》，《兴华报》第 23 卷第 7 期，1926 年 2 月 10 日，第 26—27 页。

近代针织袜子市场的扩大肇始于近代西方工业产品的输入。在此之前，中国袜业的主要生产原料是棉布、丝绸，加工方式是裁剪和缝制。在杭州，由于这样的布袜是用粗布制成的，故又称为粗袜。[①] 开埠以后，随着机制棉布的输入，袜业原料有所改进，部分袜子制作开始使用进口标布。进口标布较国产手工棉布更加洁白、细致、柔软。以这种原料制作出来的布袜，其品质甚至超过用丝绸缝制的绸袜。与手工棉布为原料制作的粗袜相对，在杭州由洋布制作的布袜又称为细袜。[②] 此为传统袜业发生近代变化的第一阶段，即原料改良阶段。但在生产技术上并无根本改变，尚未使用针织技术。清代同治、光绪年间，上海一些商号经由香港等地输入英国生产的鹰球牌洋袜。这种袜子采用针织技术生产，弹性远远高于布袜，松紧大小契合足形，穿着较缝制的布袜、绸袜更加舒适，大受消费者的欢迎，进口数量逐年增加。[③] 继英国之后，德国、美国、日本等国所产洋袜，也在20世纪初大量输入中国。在杭州，光绪年间就有美国的三星牌、麒麟牌，日本的鹅牌、天官牌等品牌的纱袜销售。[④] 随着输入中国的洋袜品牌、品种、数量不断增加，洋袜市场的空间范围更为扩大，由最初的通商口岸城市向其他城镇拓展。

洋袜大量输入的结果就是布袜业的萎缩和衰落。作为针织品的袜子最初进入中国时，被称作"洋袜"，因为价格远远高于布袜，对于普通家庭来说，进口洋袜无异于"奢侈品"。又加洋袜不如布袜耐穿，故而主要消费群体限于口岸城市居民。这是20世纪10年代以前的情形。此时，相对于普通消费者习惯穿着的布袜而言，洋袜还是一种代表"新潮"的消费品，主要限于城市中的"时髦者"使用。随着洋袜输入数量的增加，西方各国袜商在中国市场上互相竞争，降低输入的洋袜价格，以致市场上的洋袜零售价格下降。相应地，洋袜消费群体的人口数量也随之增长，销售空间也由口岸城市向周边市镇拓展，进而由市镇深入乡村。洋袜价格虽然高于布袜，但与布袜相比，洋袜式样美观，品种繁多，色泽丰富，尤其是穿着舒适，因而改变了人们的消费观念。尽管洋袜不如布袜经久耐用，但仍逐渐获得了广大消费者的青睐。穿着洋袜的消费者人数逐渐增多。质地轻薄，穿着

---

① 《杭州市工业调查录·袜业》，《市政月刊》第5卷第7期，1932年7月31日，第11—12页。

② 同上。

③ 陆仁隣：《漫谈我国袜业》，《上海特别市棉织厂业同业公会会务月报》第7期，1943年12月15日，第3页。

④ 《杭州市工业调查录·袜业》，《市政月刊》第5卷第7期，1932年7月31日，第11—12页。

舒适,容易洗涤——这些产品特点使洋袜逐渐普及。至20年代初,洋袜已经由十余年前的“奢侈品”一变而为“普通品”。[①] 随着洋袜进口数量的逐年增加,以及洋袜消费群体的不断扩大,布袜业逐渐衰落,产品销售数量逐年下降,经营布袜的袜店相继歇业倒闭。在杭州,随着布袜销售数量的锐减,以及纱袜、线袜销售数量的迅速增加,曾经占据杭州市场的粗袜、细袜等布袜,以及麻袜、绸袜等均被市场所淘汰,布袜行业随之消亡。[②]

洋袜大量输入的另一个结果就是中国针织袜业市场的形成和发展。洋袜的大量输入改变了国人对于洋袜的消费观念,推动洋袜不断“蚕食”布袜市场,导致布袜业、绸袜业的衰落——进入20世纪之后,短短数年间,各地的布袜业商号相继倒闭。在杭州,受到洋袜销售数量不断攀升,而布袜市场急剧萎缩的影响,光绪末年(1908),创设了第一家针织袜厂,即华昌洋袜厂,地址位于塔儿头。1912年,又有数家针织袜厂相继在杭州开办,诸如位于保佑坊的振兴袜厂、位于陆克巷的瑞隆袜厂,以及位于三元坊的华通袜厂等。这些袜厂所产洋袜质地柔软,穿着舒适,销售数量日渐增加,不断压缩正在加速凋零的布袜市场。[③] 在海宁县硖石镇,富顺昌袜厂的创办经过,更能凸显出近代针织袜业与传统布袜业之间的进退关系。清光绪十七年,富柳春在硖石镇街头设摊,销售自制的布袜。两年以后,有所积累,租赁房屋,开设店铺,扩大营业,开始经营布袜批发业务。随着洋袜业的兴起和布袜业的衰落,1919年,富顺昌购置40台手摇袜机,生产纱线袜,实现了由布袜业向针织袜业的转变。在硖石镇,富顺昌并不是最早开设的针织袜厂,但却是最早由手工布袜业向针织袜业转型的商家,显示出洋袜输入以及畅销在促使布袜业向线袜业转变中的作用。[④]

进口洋袜对中国布袜的市场替代导致的袜业结构性变化,同样发生在其他地区,并促使这些地区针织袜业的兴起。在上海,布袜业商号集中的广东路宝善街一带,曾经被视为布袜业销售的中心,此时随着布袜业商号的相继闭歇、转行,以及洋袜商号的不断开张,一变而为新式袜业荟萃之区,成为洋袜业的商品贸易中心。[⑤]

---

① 《中国袜业之勃兴》,《民国日报》1921年5月21日。另参《天津之针织业》,《益世报》1930年4月21日。

② 《杭州市工业调查录·袜业》,《市政月刊》第5卷第7期,1932年7月31日,第11—12页。

③ 同上。

④ 海宁硖石镇志编纂委员会编:《海宁硖石镇志》,浙江人民出版社1992年版,第49页。

⑤ 陆仁隣:《漫谈我国袜业》,《上海特别市棉织厂业同业公会会务月报》第7期,1943年12月15日,第3页。

在江苏省的另一个袜业重镇——南汇县，针织袜业的兴起也肇始于洋袜的输入。由于洋货的加速输入，原来占据南汇袜业市场的布袜遭到排挤，针织袜业乘机而起。南汇地处浦东，与上海隔江相望，轮船、民船等航运业发达，再加上南汇到上海县周浦镇的铁路筑成通车，水陆交通并进，促进了南汇与上海之间的社会经济往来，既有利于进口洋袜在南汇拓展市场，加速南汇布袜业的衰落，也有利于南汇针织袜业借助上海的经济辐射作用，迅速拓展本地针织袜业的产品市场。①

与洋袜大量输入相伴而兴起的洋袜市场，向湖北、河北等内地省份的口岸城市拓展，并刺激了这些城市洋袜市场的发展，进而推动了这些城市针织袜业的产生。清光绪年间，占据天津袜业市场的还是布袜，消费者习惯穿着布袜。直到宣统二年(1910)，天津才有线袜上市销售。但按照当地的习俗，女子习尚缠足，由于布袜质地坚韧，适于缠束之用，而输入线袜则因弹性远超布袜，伸缩自如，并不适于缠足。但随着洋袜输入数量的增加，缠足陋习被废除以及人们对衣饰要求的变化，1912 年以后，洋袜迅速流行。多数消费者顺应潮流，转而放弃布袜，选择洋袜，天津洋袜市场因而更为扩展。②

在武汉，洋袜输入之前，当地仅有布袜业，兼营缝纫和销售。洋袜输入之后，当地袜业兼营布袜和洋袜。由于布袜式样陈旧，穿着不如进口线袜舒适，因而在市场竞争中逐渐落败。相反，进口洋袜的销售数量逐年增加。当地业者看到布袜衰落，而洋袜生产有利可图，更有少数商家开始购置针织袜机，雇请技术人员，从事线袜织造，从而推动了武汉针织袜业的兴起。③ 武汉针织袜业的兴起，体现出与平湖等其他近代袜业重镇相似的历程，即进口洋袜替代国产布袜—国产布袜市场萎缩—洋袜市场迅速扩大—本地商人投资生产洋袜的相关关系。

前述针织袜业重镇大都在 20 世纪初先后输入进口洋袜，并在之后约十年间迅速拓展市场，完成了洋袜对布袜的市场替代。随着布袜市场的萎缩，布袜业急剧衰落，针织袜业销售范围扩大，刺激国产线袜业的兴起。由于普通消费者观念的转变，线袜业的消费需求日益增长，包括原来经营布袜的袜业商人转而投资针织袜业。20 世纪初是包括平湖在内的中国针织袜业发轫和兴起时期，20—30 年代成长为中国袜业生产重镇的各个城市，都在这一时期首次创设第一家针织袜

① 《南汇织袜业现状》，《工商半月刊》第 5 卷第 11 期，第 43—54 页。
② 《天津之针织业》，《益世报》1930 年 4 月 21 日。
③ 《武汉织袜业之概况》，《中外经济周刊》第 199 期，1927 年 2 月 12 日，第 51—53 页。

厂,针织袜业取得了初步发展。产生了第一批国产洋袜生产商,出现了第一批本土技术人员,培育了第一代织袜工人,从而为针织袜业在10—20年代迅速发展奠定了基础。而10—20年代织袜业的发展,则为20年代后期和30年代前期袜业进入鼎盛时代准备了条件。回顾针织袜业的发展历程,不能不承认,近代开埠以后洋袜的输入为其开端,而洋袜销售扩展形成的市场效应和产业效应,则是之后布袜业衰落和针织袜业兴起的直接动因。

伴随着中国针织袜业工厂的增加,国产洋袜逐步排挤进口洋袜市场,最终导致国产洋袜对进口洋袜市场的替代。尤其是普通民众大量消费的线袜、纱袜,原有外国厂家的市场几乎完全被中国厂家的产品占据。自20世纪初起,洋袜进口数量锐减。1917年,进口洋袜数量为2 774 345打;1919年,进口洋袜数量减至193 798打。[①] 之后几年,进口洋袜数量继续下跌。如图2-1所示。

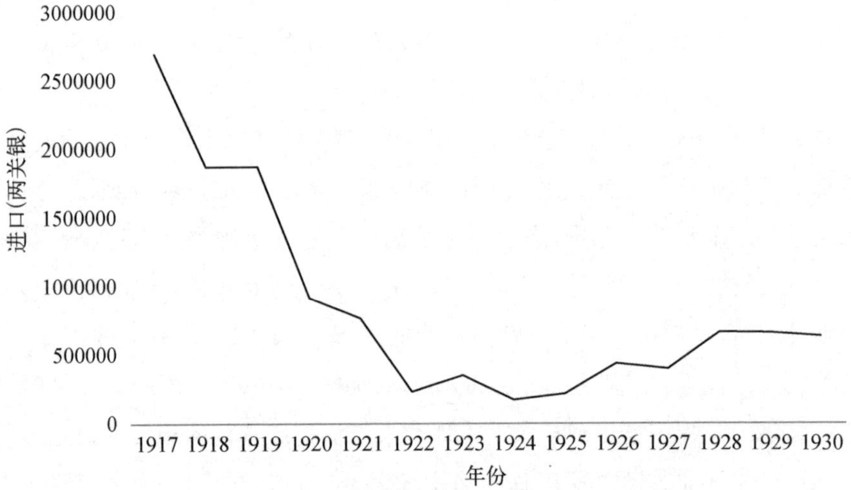

图2-1　中国针织袜类进口数额变化图

资料来源:《上海之针织业》,《工商半月刊》第4卷第14期,1932年7月15日,第1—2页。

按照关银计算,1917年,针织品进口总额为2 696 668两,1918年锐减至1 872 121两,跌幅达到30.58%。1919年略有恢复,1920年再度锐减为916 967两,跌幅达到51.08%。1921年下跌至766 709两。1922年,再一次急剧减少,为232 869两,幅度达到69.63%。1923年与1922年相比,回升至352 157两。

① 《中国袜业之勃兴》,《民国日报》1921年5月27日。

但1924年又出现大幅下降，仅为172 203两，与前一年相比，下跌幅度达到51.10%。1925年以后，针织品进口数额才逐步回升，1925年为216 186两，1926年为436 819两，1927年略有回落，1928年增加到663 896两，接下来的两年又逐步降低，1929年为658 327两，1930年为634 082两。从逐年变化的态势来看，1924年为分界点，分为下降和上升两个不同的时期。1917—1924年为下降时期。在这一时期，与前一年相比进口总额增加的仅有两个年份，其余5个年份，进口总额均较前一年下降，其中，有3年的下降幅度均超过50%。结果，1924年与1917年相比，全国针织品进口总额减少了93.61%。1925—1930年为增长时期。这一时期，也有两年的进口总额较前一年下降，但其余三年针织品进口总额都较前一年有所增加。1930年与1924年相比，针织品进口总额增加了461 879两，大致增加了2.68倍。将1930年与1917年对比，可知进口总额减少2 062 586两，约减少了76.49%。[①]

考虑到20世纪10—20年代针织袜业产品消费需求的增加，进口总额的下降意味着国内袜厂产品销售市场的扩大。如前所述，平湖袜业是中国针织袜业的重要组成部分，而平湖袜子的销售市场也涵盖华中、华北以及东北等地区。从中国针织品进口总额的上述变化，可以推断平湖袜业市场机遇的转变，以及这些转变对平湖袜业生产的影响。平湖首家袜厂诞生于1911年，但在之后的五六年间，袜厂数量增加不多，袜业规模扩展速度较缓。自1917年起，每年都有数家袜厂投产，袜厂数量迅速增加，袜子产量也逐年上升，经历了连年快速发展的时期。也正是在全国针织品进口总额急剧下跌的时期，平湖针织袜业产品市场由旧嘉兴府属地区向北扩展至长江流域、黄河流域，以至东北地区。

平湖县个别袜厂的发展历程，也为上述变化提供了佐证。以平湖县首家针织袜厂——光华袜厂为例。该厂初创之时，所有设备仅为6架日本厂商生产的手摇织袜机，设备简单，资本薄弱。在最初的数年间，由于产品销路有限，生产规模并无大幅提升。1914年以后，由于西方国家输入中国的洋袜数量减少，尤其是1917年以后，以袜子为主要构成部分的针织品进口总额急剧下跌，光华袜厂的产品销路扩大，获得迅速提高生产规模的时机。正是把握这一机遇，光华袜厂迅速扩大投资，袜机数量增加至400架。与初创之时相比，织袜机数量增加了数十倍。[②] 光华袜

① 《上海之针织业》，《工商半月刊》第4卷第14期，1932年7月15日，第1—2页。
② 平湖市工业志编纂委员会：《平湖市工业志》，中国文史出版社2013年版，第59页。

浙江平湖光華襪廠駐滬發行所廣告

本廠開設浙江平湖西門大街歷已十有餘年自織青島洋房飛馬雙馬月牙美女等牌純絲絲光紗線男女大小粗細各襪原料完全國貨色樣比衆新巧暢銷各省久著信用曾經○農商部註册准免半税在案茲爲顧客便利起見特在上海法大馬路北吉祥街「設立駐滬發行所」謹擇定陰歷五月廿三日正式懸牌開幕此後各省及本埠新老主顧請就近逕向本廠駐滬發行所批購可也價盤格外從廉倘蒙惠顧無不歡迎恐未遍知特此露佈

A 甲4868

图 2-2　光华袜厂驻沪发行所广告(《新闻报》1921年7月1日)

厂发展的历程是这一时期平湖袜业迅速崛起的缩影。进口针织品总额急剧下降的时期,正是平湖袜业快速发展的时期。正是利用这一时机,平湖各家袜厂生产的袜子通过直接销往消费地,或通过上海转口而运销消费市场,[①]从而不断拓展销售区域,带动袜业生产的发展。

生产规模的不断扩大是与其产品销售市场的逐年拓展相一致的。至 1921 年,光华织袜厂产品除部分在附近各市镇中销售外,主要通过上海转销外地,远至湖南、安徽等省。[②] 为了进一步扩大产品销售市场,当年 6 月,光华袜厂在上海法大马路北吉祥街设立驻沪发行所,并于阴历五月廿三日正式悬牌开幕。上海以及各省客商可以直接向光华袜厂驻沪发行所批购产品。[③] 之后数年间,由于销售业务扩展,光华袜厂在上海设立的发行所不敷应用。1925 年,光华袜厂决定将上海发行所迁址,以便扩大经营。同年阴历七月八日,光华袜厂在上海的发行所迁移到新北门外法租界天主堂街口西首,在新造的高大楼房批发门市分部开始营业。对于此次将发行所迁址,光华袜厂曾登报发布广告。[④]

通过在上海等主要销售市场开设发行所,或向各地的商号开展门市批发,光华袜厂还建立了自己的产品销售“网络”。在杭嘉湖地区,光华袜厂与各地坐庄接洽,由坐庄通过门市批发光华袜厂产品,每年往来汇款总额达到 20 余万元。位于上海民国路天主堂街口西首的光华袜厂发行所,则专门接洽长江流域各省以及北京、天津、山东、河南等地的客商,向他们销售光华袜厂的产品。南洋群岛、爪哇、菲律宾等地各大商埠的客商,也在光华袜厂设于上海的发行所直接交易,经由上海发行所销售的产品总值合计约 50 万元。光华袜厂国内及海外批发产品

① 《浙江平湖织袜工业之状况》,《兴华报》第 23 卷第 7 期,1926 年 2 月 10 日,第 25—26 页。
② 章镛堂:《浙省平湖县工厂调查录》,《中华实业丛报》第 5 期,1921 年 7 月。
③ 《浙江平湖光华袜厂驻沪发行所广告》,《申报》1921 年 6 月 25 日。
④ 《平湖光华袜厂驻沪发行所迁移声明》,《申报》1925 年 8 月 29 日。

价值总额每年约70万元左右。[①]

鉴于光华袜厂执平湖袜业牛耳之地位，在产品销售规模及销售范围上，光华袜厂或许是平湖袜业的一个特例。但从产品市场迅速扩大这一角度观察，光华袜厂具有一定的代表性。在20世纪初袜货需求增加的大背景下，平湖各家袜厂都能抓住市场机遇，大力推销产品，并不断扩展自己的产品市场。例如，日新昌袜厂生产各种规格的丝光纱线男袜和女袜，开办十年间，其产品销售地域已经扩展到长江流域、黄河流域乃至珠江流域各省。为了方便客商采购，日新昌袜厂特地在上海民国路紫来街口开设驻沪发行所，以便与客商直接交易。为了扩大产品销售，1925年，该厂还在位于平湖县城的日新昌袜厂总厂设置通信邮办处，专门经营零售邮寄业务，同时开展大批量订货织造业务。既注重该厂袜货在交通便捷的城市市场的销售，又注重满足偏僻内地市场的销售需要。[②]

再如平湖启新袜厂。据《申报》的报道，启新袜厂生产各种线袜，在上海四马路少年社开设经售处加以销售。[③] 与光华、日新昌、启新等袜厂类似，平湖各家袜厂大都在上海开设销售商号或经销处，以利用上海贸易中心的优势，将产品销售市场向全国各地乃至海外辐射。并通过不断扩大的销售市场，推动袜厂生产规模的扩大。

至1921年，平湖县规模较大的袜厂，在上海老北门民国路一带都设有自己的产品发行所。[④] 当湖织袜厂、中华兄弟袜厂所产丝光袜、毛绒袜等产品，除在本地出售外，销售市场以上海转口贸易为大宗，并由上海再销往其他地方。振华织袜厂生产的毛绒袜、丝光线袜等大宗产品，主要通过在上海的转口贸易销往各地。仇东袜厂的产品也经由上海转口至其他城市销售。[⑤]

可见，销往各地的袜货除由位于平湖的工厂直接运输外，大都通过各厂设在上海的批发所、发行所等销售。不过，平湖袜业的发行所并不限于上海一地，一些袜厂还在除上海以外的其他城市设立批发或零售机构。如当湖袜厂在上海法租界开设批发所，还在南京开设发行所。[⑥]

平湖袜业发展与针织品市场扩大之间的关系在浙江、江苏两地乃至全国都

---

① 《平湖光华袜厂参观记》，《工商新闻》1926年1月1日。
② 《各省邮购国货机织袜之快捷方式》，《申报》1926年3月10日。
③ 《国货调查》，《申报》1915年5月4日。
④ 落寞：《平湖织袜业之一斑》，《上海报》1937年2月28日。
⑤ 章镛堂：《浙省平湖县工厂调查录》，《中华实业丛报》第5期，1921年7月。
⑥ 《平湖当湖厂倒闭》，《时事新报》1929年12月18日。

具有一定的代表性。有学者认为,包括袜业在内的针织部门的“萌芽”,正是发生在第一次世界大战期间。1914—1916 年,西方国家针织品产量急速下降,中国进口针织品的数量剧减,中国针织业的勃兴正是在这数年之间。[①] 如前所述,平湖袜业的诞生时间虽在 1914 年之前,但其发展并达到一定的规模,正是在洋袜进口数量急剧下降的第一次世界大战期间。

对于第一次世界大战期间袜业的发展,当时的观察者已经注意到。他们发现当时“洋袜流行之速,销路之广,竟有一日千里之势”。[②] 这一时期袜货销售迅速扩展的原因,并不是因为进口洋袜数量的增加,恰恰相反,正是由于受第一次世界大战影响,洋袜进口数量减少,中国工商业者趁此难得的时机,投资开设织袜工厂,织造针织袜业产品。并由最初的仿造洋袜,逐步通过生产技术改良,提高袜货质量,生产出质优价廉的国产袜子。这些产品不仅价格远低于进口洋袜,即使在袜子质量上也毫不逊色。物美价廉的优势使国产袜货需求不断增加,市场销售日益旺盛。至 1917 年冬,国产袜货销售进入最为旺盛的季节,大量客商从浙江、江苏各地的袜厂购进大宗袜货。其中的双线卫生袜,不仅大量销往长江流域各省,还出口至暹罗、新加坡等地,以致各家袜厂的产品供不应求。为了满足市场不断扩大的需求,松江、嘉兴、硖石等地的袜厂纷纷添置袜机,扩大生产,以满足消费者的需求。[③]

在旧嘉兴府属地区,平湖袜业兴起的进程具有典型性。嘉兴县袜业的发展与平湖类似。20 世纪初,嘉兴县尚无针织袜业。10 年代后期,针织袜业在嘉兴迅速兴起,大部分开设于 1917—1919 年,包括复利、生生、忻运记等,都属此类。其中,忻运记虽然兼织草帽,但以针织机袜为其主要产品。1919 年 4 月 6 日的报道显示,当月在嘉兴投产的袜厂就有 5～6 家之多。据当地机织袜业的从业人士讲述,产品市场扩大是促使嘉兴针织袜业兴起的主要原因。受第一次世界大战影响,洋袜输入锐减,因此嘉兴针织袜业获得了更大的国内市场。第一次世界大战结束以后,国产线袜、丝袜等出口增加,在国外市场的销路更广。受市场需求迅速扩张的刺激,上海、杭州等处的商民多有前往嘉兴投资开设袜厂者,由此推动了嘉兴针织袜业的发展。[④]

---

① 养才:《针织业今昔种种》,《益友》第 3 卷第 4 期,1939 年 12 月 20 日。
② 《洋袜销路之发达》,《时报》1917 年 11 月 20 日。
③ 同上。
④ 《织袜业之发展》,《新闻报》1919 年 4 月 6 日。

表2-1显示，除了海宁、嘉兴、嘉善、平湖、鄞县、衢县、永嘉7县袜业产品外，浙江省其他各县袜厂的产品主要限于当地县域范围内销售。其中，由平湖销往上海的产品，绝大部分通过上海转口，销往长江、黄河流域各省以及东北地区。正是得益于市场的不断扩大，平湖袜业得以快速发展。

表2-1　浙江省袜货销售区域表

县　市	销　售　地　域
杭州	本市及旧属金、衢、岩各区
海宁	杭州、绍兴、东阳、义乌、兰溪以及江苏之吴县、安徽之屯溪等地
嘉兴	河南、山东、南洋群岛等地
嘉善	上海及沪宁路各地
平湖	上海、南洋群岛及长江各埠
鄞县	上海、汉口、本地、其他各埠
绍兴	本地及附近各县
黄岩	本县
天台	本县
金华	本县及永康等地
兰溪	本县
东阳	本县及义乌
义乌	本县
永康	本县及缙云
衢县	赣省之玉山、河口、广信等地
永嘉	福建及浙江温州、湖州

资料来源：实业部国际贸易局：《中国实业志·浙江省》第七编，实业部国际贸易局1934年版，第55—74页。

与平湖相似，海宁县袜业的快速兴起也得益于洋袜市场的不断拓展。该县较为有名的星明、信通、振錩兴、老振錩等袜厂都开设于这一时期。此外,还有规模较小的袜厂,共计 30 家。由于市场需求增加,生产规模扩大,各厂的资本总额也相应提高。据 1935 年所做的统计,星明等 6 家袜厂平均资本额为 6 000 元,资本额较高者为星明袜厂,有资本 7 000 元;较低者为振錩兴、老振錩 2 家袜厂,各有资本 5 000 元。其余 24 家规模较小的袜厂,平均所有资本数额为 1 625 元。①

杭州、绍兴等浙江省内其他袜业重镇的兴起,也与平湖类似。它们生产的袜子除部分供给当地消费外,还主要依赖外地市场的扩展。以杭州的袜厂为例。各厂生产的袜子在杭州当地销售者仅占 20%,销往外地市场者占 80%。其中,尤其以金华、衢州、严州为主要销售地区,差不多是专门供给这些地区市场的。全市总产量 70%的袜子是销往上述钱塘江上游地区。② 绍兴袜业所产洋袜也以外地为主要销售市场。除少量在本地出售外,大部分运销杭州、湖州、严州等地,最远销售到浙江、江西两省边界地区。当时即有调查者估计,以每人每年平均消费半打袜子,按照绍兴县人口数量 1 225 428 人计算,则仅绍兴县一年销售袜子数量即可达到 612 729 打,以此推算,当时绍兴县所产袜子尚不足以满足本地需求,何况还有杭州、湖州、严州乃至浙赣边界地区市场,足见当时袜业生产者的确处于“卖方市场”的有利地位,这也是推动当地袜业生产迅速发展的关键原因。③反观平湖袜业,可知其所面临的市场机遇完全相同。

江苏省各地针织袜业的兴起与平湖、杭州、绍兴等地类似。尤其是上海、南汇等地袜业快速发展的主要原因,正是销售市场的迅速扩展。以上海为例。当地厂家出品的袜子除在当地百货公司、零售商店销售者外,大部分向外埠销售。在江南地区的南京、镇江、常州、苏州、杭州、宁波等城市,上海所产的袜子长期畅销。北京(北平)、天津、青岛、济南、烟台、威海卫等华北地区城市,为上海所产袜子的主要销售地。江西南昌、湖北汉口、湖南长沙等地,也是上海所产洋袜的集散中心。此外,上海袜厂织造的袜子还远销福建、广东等地,福州、厦门、广州等地,也都是上海所产袜子的销售市场。④

第一次世界大战期间,上海针织袜业发展迅速。这一发展势头持续到第一

---

① 吴保衡:《海宁县主要工业概况统计表》,《京沪　沪杭甬铁路日刊》第 1195 期,1935 年 2 月 5 日,第 32 页。

② 《杭州棉织针织业概况》,《工商半月刊》第 1 卷第 17 期,1929 年 9 月 1 日,第 10—12 页。

③ 施鑫泉:《绍兴之棉织工业》,《上海法学院商专季刊》第 10 期,1936 年 5 月 1 日,第 31—33 页。

④ 养才:《针织业今昔种种》,《益友》第 3 卷第 4 期,1939 年 12 月 20 日。

次世界大战之后。1919年的报道称，上海针织袜业的生产十分发达，“直有蒸蒸日上之势”①。上海各家袜厂生产的袜货在市场上供不应求，包括南洋等地的客商，都纷纷致电上海袜货生产厂家订购产品。并不时催促上海各家袜厂发货，以满足当地市场的需求。因应国内及海外客商的要求，上海各家袜厂都增购织袜机，招募织工，扩大规模，生产异常忙碌。至当年5月份，因已届夏季，天气炎热，丝袜盛销。上海有几家袜厂为了尽量生产丝袜，以应市场需求，转而减少棉袜生产数量，增加丝袜产量。在产品数量增加的同时，上海所产袜货的质量也较前有所提高。由于采用新式袜机，注重技术和工艺改良，上海各家袜厂的产品与进口洋袜相比，在质量上也毫不逊色。再加上价格低廉，因而具有明显的竞争优势。②

直到20世纪20年代中期，上海袜市整体上保持需救济畅旺的态势。以1927年5月份为例。据当时报纸的报道，5月中旬上海袜市袜子市面供需两旺。由于时已夏初，适合夏季穿着的麻纱袜、丝袜以及六十支双线袜畅销。对于上海当地消费者来说质料偏于粗厚的四十二支线袜，由于天气渐热而销售减少，但外地客商仍然持续购进，尤其是福州、温州等地客帮，对这种袜子的需求依然旺盛。其他如青年进步袜、挑花丝袜，在上海当地消费者中十分畅销，以零售为主。③

从各个市场上销售的袜子数量来看，上海所产袜子绝大部分行销于江苏、浙江两省，以及长江流域其他省份。20世纪20—30年代，在菲律宾以及南洋群岛的销售市场也逐步扩大。④

这一时期，上海所产袜子在内地的销售市场变化甚至还对当地的织袜业有决定性影响。例如，海城县洋袜市场一向由上海第一针织厂出产的墨菊牌洋袜垄断。海城县本地的织袜工业发展缓慢。由于一·二八事变，上海第一针织厂的产品供给中断，海城县的织袜工业因应袜货供给不足的契机迅速发展，先后增设织袜工厂，仅东城关内外就增设袜厂二十余家。由于袜货产量增加，前来海城购办袜货的商家源源不断。⑤ 上海袜业快速发展同样是得益于需求的增加，而洋袜市场又有赖于上海袜货畅销对当地市场的拓展。

---

① 《国货洋袜大发达》，《民国日报》1919年5月6日。

② 同上。

③ 《袜子客销颇佳》，《申报》1927年5月18日。

④ 叶抱寰：《津沪针织业概况》，《商业月报》第14卷第4期，1934年4月30日，第1—3页。

⑤ 《沪变的好影响 织袜业渐发达》，《盛京时报》1932年4月15日。

从整个袜业的发展过程来看,进口洋袜数额下降,有助于中国袜厂拓展国内市场,上海袜业如此,平湖袜业亦是如此。平湖袜业市场由县城及其近郊扩展到全县,进而扩展到旧嘉兴府属各县以及杭嘉湖地区,并在短短数年之内拓展到江苏、浙江两省,沿长江上溯至中上游地区,再北上进入黄河流域,都显示出在洋袜输入减少,同时国产洋袜迅速发展的过程中,平湖袜业把握契机因而获得快速增长的过程。而中国袜业产品的出口及其海外市场的拓展,也有助于平湖袜业的发展。同上述上海袜业开拓海外市场相似,平湖袜子也有一部分向南方运销,进入南洋市场。从市场发展的角度观察,可知平湖袜业的兴起,正是得益于洋袜对布袜的替代,以及由此造成的洋袜需求的增加、洋袜市场的扩大、消费观念的嬗变等。而平湖袜业的快速发展,则在于国产袜子对进口洋袜的替代。20 世纪 10—20 年代,中国针织袜业经过了快速增长的时期,而这一时期正是国产洋袜对进口洋袜市场的替代时期。除了替代洋袜在中国沿海及内地的市场,国产洋袜还开拓了海外市场,在东南亚地区扩大了销量。平湖、上海以及其他近代袜业生产中心袜厂数量的增加、产量的提升、从业人数的增长,都与这一市场整体的变化有关,也是这一变化过程的组成部分。

中国其他产袜地区与平湖、上海类似。以无锡县为例。春节前为无锡袜货的销售旺季。如 1923 年春节前夕,前往无锡采买各种细纱袜的客商人数增加,导致无锡袜子销路的扩大。由于织袜原料的价格上涨,袜货产品的销售价格也随之上涨。[①] 在武汉,针织袜业快速发展的原因之一,即其销售市场的扩大。武汉袜子除在湖北省内襄河一带销售外,主要销往四川、河南、安徽、云南、贵州,这些省份每年都在武汉购买大量袜子,其中,河南省购买数量最多。[②] 武汉针织袜业的发展在很大程度上得益于跨越数省的销售市场。天津袜业的快速发展也得益于产品销售范围的扩大。据当地报纸报道,20 世纪 20 年代,居住在长春、哈尔滨等地俄侨对长筒丝袜有较大的需求,尤其是国产长筒丝袜,价格低廉,受到俄侨的青睐,但长春、哈尔滨所产产品数量有限,不能满足俄侨的需求。因此,多数商家转往天津,设庄收购长筒丝袜。鉴于长筒丝袜畅销,每打获利多达 1.5 元,天津商家纷纷开设工厂。数年间,袜厂数量较初创时增加了 3 倍多。1928 年以后,随着局势稳定和交通恢复,针织袜业产品的销路更加广阔,天津织袜业

---

① 《纱袜市况——细纱袜继续看涨,粗纱袜逐步跌落》,《无锡新报》1923 年 2 月 4 日。

② 《武汉织袜业之概况》,《中外经济周刊》第 199 期,1927 年 2 月 12 日,第 51—53 页。

获得进一步的发展。[1]

受到市场扩展的影响,针织袜业销售渠道也形成多种方式相互结合的复合营销模式。如在上海,规模较大的袜厂都在其销售区域开设门店,兼营零售和批发业务。那些规模较小的厂家,产品则经由掮客之手,或售于经营零售的小商人,或直销给百货商店、百货公司。[2] 在绍兴,经销袜子者既有袜号,也有广货号,还有杂货店。其中,袜号专职销售各种品类的线袜、纱袜、毛袜等。广货号主要经营各种日用杂货,其中包括袜子。此外,遍布全县范围内市镇乡村的杂货店,也是销售袜子的重要渠道。袜号不仅设于袜子产地,还设于袜子消费地。如绍兴县的袜厂即在其袜子的主要销售地区——杭州、湖州、严州等地设置批发所,以推销其产品。而广货号、杂货店等,更是遍布各地城市乡村,主要经营零售业务,成为拓展袜子消费市场的重要一翼。值得一提的是,袜子市场的拓展还与运输方式的多样化有关。大致来看,绍兴销往外地市场的袜子采用两种运输方式,即货运和邮寄。采用哪种方式,主要取决于运销数量的多寡。在货物数量较多时,主要采用货运方式,又因交通条件的限制,分别采用铁路和航运两种路径。运往浙赣边界地区的袜子,主要通过铁路运到当地。在浙江省内,如杭州、湖州、严州等地销售的袜子,主要通过船运,包括轮船、航船、小船等,由运河、钱塘江等主要河道,再经其支流,渐次深入市镇及乡村零售市场。[3]

近代平湖袜货市场的迅速拓展,与当地通信和交通运输业的发展关系密切。平湖地处浙江省东北端,北与江苏省的松江、金山毗邻,与松江、上海之间均有直达航线。向西则有水路到达沪杭铁路线上的嘉兴火车站。1920 年的调查显示,由平湖前往嘉兴火车站的小轮船每天有三班。其一,自平湖县城出发,经过嘉兴县新丰镇而达嘉兴。其二,由新仓镇出发,经泗里桥、广陈、平湖县城等城镇而至嘉兴。其三,由乍浦镇出发,经虹霓堰、平湖县城而至嘉兴。这三班轮船均为当日往返。其中,自平湖开往嘉兴的轮船,每天往返两次。除了轮船外,在平湖县城、乍浦、新仓、新埭、全公亭、虎啸桥等地还开设了邮政、民信等机构。县城、新仓、衙前、虎啸桥、全公亭、乍浦、秀平桥、金丝娘桥、赵家桥、新埭等地还开设有电

① 《天津之针织业》,《益世报》1930 年 4 月 21 日。
② 叶抱寰:《津沪针织业概况》,《商业月报》第 14 卷第 4 期,1934 年 4 月 30 日,第 1—3 页。
③ 施鑫泉:《绍兴之棉织工业》,《上海法学院商专季刊》第 10 期,1936 年 5 月 1 日,第 31—33 页。

话局——其中,平湖县城还有电报局。[①]

表 2－2 平湖县袜货销路及运输方式表

工厂名称	销路		水路运输
	地点	数量(打)	
光华	上海长江及南洋群岛各埠	50 000	轮船、民船
日新昌	上海长江及南洋群岛各埠	24 000	轮船、民船
一新	上海及本省	36 000	轮船、民船
轮新	上海及本省	61 000	轮船、民船
明华	上海及本省	11 000	轮船、民船
裕华	上海及本省	4 000	轮船、民船
叶粹记	上海及本省	6 000	轮船、民船
蓉记	上海及本省	20 000	轮船、民船
永华	上海及本省	4 000	轮船、民船
勤余	上海及本省	4 000	轮船、民船
成康	上海及本省	2 600	轮船、民船
华商	上海及本省	5 000	轮船、民船
民生第一厂	上海及本省	3 200	轮船、民船
华锠	上海及本省	2 800	轮船、民船
万丰昌	上海及本省	7 200	轮船、民船
怡和永	上海及本省	未详	轮船、民船
立盛	上海及本省	未详	轮船、民船
震丰	上海及本省	8 000	轮船、民船

① 田庆霓:《平湖县商况概略》,《浙江省立甲种商业学校校友会杂志》1920 年第 5 期。

续 表

工厂名称	销路		水路运输
	地点	数量(打)	
振大	上海及本省	11 000	轮船、民船
久和	上海及本省	11 000	轮船、民船
民强	上海及本省	4 800	轮船、民船
同益	上海及本省	8 400	轮船、民船
同源	上海及本省	9 400	轮船、民船
裕成	上海及本省	2 800	轮船、民船
成隆	上海及本省	8 100	轮船、民船
顺丰	上海及本省	10 000	轮船、民船
安余	上海及本省	7 200	轮船、民船
鼎成	上海及本省	7 000	轮船、民船
义成	上海及本省	5 500	轮船、民船
大铭	上海及本省	4 700	轮船、民船

资料来源:《浙江省平湖县工厂调查表》,《工商半月刊》1932 年第 4 卷第 1 期,第 51—54 页。

通过观察平湖袜业兴衰的市场因素可知,在袜业的起伏变化过程中,“两个替代”机制曾经产生过关键作用。袜业的产生及兴起,肇始于进口洋袜对国产布袜、丝袜、麻袜等的替代,正是这一市场替代过程为针织袜业开辟了发展的机遇。袜业的迅速发展,则缘于国产针织袜子对进口洋袜的替代。在第一次世界大战期间,国产洋袜填补了进口洋袜留下的市场空白,第一次世界大战后,国产洋袜进一步排挤进口洋袜的市场空间。国产洋袜需求的增长,成为推动民族针织袜业兴盛的动力。发轫于清末民初的平湖袜业之所以能够在短短十年间迅速崛起,并在二十余年间达至鼎盛,成为平湖工业的“支柱产业”,正有赖于“两个替代”机制所产生的市场扩展效应。

二、袜货滞销及市场萎缩

在20世纪10—20年代的袜业发展时期,袜货销售市场不断扩展,各家袜厂的产品供不应求,各种袜子的价格也不断上涨。其间,袜业遭遇数次危机,袜子销售出现季节性停滞,袜子价格也呈下降趋势。但从整体上看,袜货市场趋于扩大,袜货价格趋于提高。自20世纪30年代初开始,袜货市场呈现整体萎缩。随着各厂所产袜子销售陷于长期停滞乃至大幅减少,各家袜厂的产品供过于求。为了推销产品,袜厂纷纷降价促销,从而导致袜货价格的连年下降。与袜业整体上发展时期的季节性价格波动不同,这一时期袜货价格的连年下跌成为整个袜业衰落的标志。

引起袜子销售市场萎缩的主要原因在于近代的频繁战乱,以及持续的时局动荡。辛亥革命之后,先后经历了二次革命、护国运动、护法运动、江浙战争、国民革命等。南京国民政府成立后,先后爆发福建事变、中原大战、两广事变等,政局一直处于动荡之中。大小战事接连不断,直接影响到交通运输以及商品流通。其中,一些受战事影响的地区,正是平湖所产袜子的销售地区。受到社会动荡的制约,这些地区的市场萎缩,对平湖袜子的需求减少,从而引起平湖袜业产品滞销。

20世纪20—40年代,平湖袜业遭遇数次危机。在危机期间,袜货销售停滞,生产中断,由于资金无法周转,袜厂往往陷于资金不足的困境,甚至发生资金链断裂,终至无法继续经营而宣告破产倒闭的局面。比较这些危机可以发现,袜厂经营困境的起始点往往是袜货销售数量锐减,甚至销售渠道减少乃至中断。这种销售数量锐减的现象,并不是由消费需求遽然下降所导致的,而是受到战争等事件的影响,交通渠道中断,进而制约了袜货的正常运输而产生的。

由于袜货的生产与销售都有明显的季节性特点,运销渠道的中断往往给袜业造成致命的影响。平湖等地袜业往往在春季制造夏、秋季市场所需袜货,而在夏、秋两季大量生产冬、春时节需要穿着的袜子,从春季生产市场所需袜货,至春末夏初运输到消费市场,生产、收货、贩销、运输等诸环节,往往需要经过数月时间,如果销地市场是华南以及南洋,则所需时间更长。夏、秋两季所产袜子经过生产、购销以及辗转运输而到达消费市场，所需时间与此类似。按照平湖的袜子生产惯例，每年严寒、酷暑时节，袜厂一概停工歇业。在一年剩余的大约八个月生产、销售等经营时间里，生产、销售、运输等各个环节环环相扣，时间紧迫。一旦因为交通中断而使袜货不能按时起运，则会立即影响销售，并进而导致袜厂无法获得货款。由于原料、工资等生产投入已经支付，袜厂在无法及时收回所投资金的情况下，就有可能导致无法继续购买原料、雇用织户，从而导致生产中断。对于资金较为雄厚的袜厂来说，或可继续投入资金，维持经营。对于大部分资金薄弱的袜厂来说，运销渠道的中断，往往造成袜厂无法继续维持。

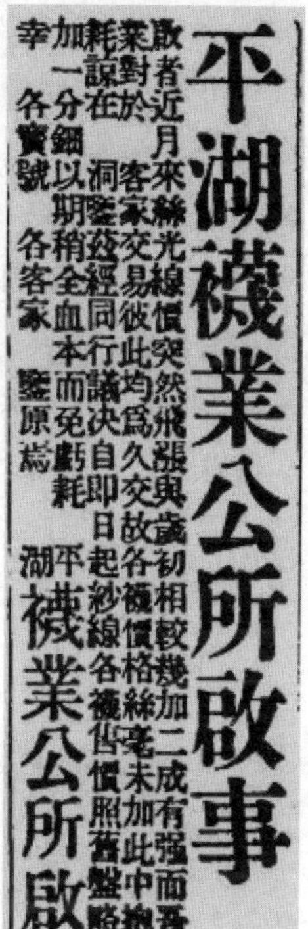
平湖襪業公所啟事

啟者近月來絲光線價突然飛漲與歲初相較幾加二成有强而吾業對於客家交易彼此均爲久交故各襪價格絲毫未加此中抱耗諒在洞鑒茲經同行議決自即日起紗線各襪售價照舊盤賠加一分錙以期稍全血本而免虧耗幸各實號各客家鑒原諒

平湖襪業公所啟

图 2-3 平湖袜子因原料价格上涨而提高销售价格的报道(《新闻报》1926 年 5 月 10 日)

此外，一些袜厂为了增加袜货生产与销售，往往通过借贷资金来扩大生产规模，或通过发行债券等筹募资金。由于这部分资金需要支付利息或派发红利，一旦遭遇资金中断的风险，往往会引起连锁反应。值得说明的是，袜货生产往往注重式样、花色，每年流行款式不同。如果因为交通运输等原因而导致当年所产袜货滞销，来年就不得不削价出售，从而导致袜厂收入降低，乃至赔本销售。

在平湖县，当年春季开市后生产及销售的袜子，照例须于每年正月初十左右开机出货。1927 年 2 月，因为受到国民革命军北伐战争的影响，浙江、福建、江西、湖南、湖北等平湖袜子销售市场受时局动荡影响，交通运输不畅，销售渠道多有中断。这些造成市场阻滞的因素对平湖产生直接影响，即各家袜厂袜货销售骤减，出货萎缩，甚至造成生产停顿。为此，当年 2 月 15 日，光华、当湖、公大等袜厂经理在袜业公所邀请同行，商量开机日期。决定开机日期延后至正月二十日之后，以应对因交通运输中断而造成的销售困难问题。[1] 造成平湖袜货滞销的这一因素，在其他的袜子产地也有类似的情况。

20 世纪 20 年代初，嘉兴县已经有一百余家针织袜厂。嘉兴袜业的产品大

① 《因产品滞销而使织袜工厂缓期开工》，《时报》1927 年 2 月 16 日。

部分销往江西九江、湖北汉口,以及上海、江苏、安徽等地,获利颇丰。[①] 1921年7月,因为棉纱价格上涨,袜子的生产成本畸重,而袜货的销售价格又因受到上海袜子经销商的操纵而趋于下降。成本增加,价格下跌,导致嘉兴袜业亏损。面对亏损的问题,嘉兴少数袜厂提议全行业暂行停机。停机虽能保护袜产利益,但却导致织袜工人失业。袜业面临两难选择。为此,嘉兴各家袜厂代表齐集烟雨楼,召开谈话会,商议维持办法。经过讨论,做出下列决定。其一,设立堆栈,放置滞销的产品。其二,设立抵押所,接受袜业同业抵押袜货。其三,在上海设立销售处,专门销售嘉兴当地袜厂生产的产品,以免被上海袜货经销商垄断和操纵。该决议经过与会代表签订,并筹备实施。[②]

可见,为了缓解袜业面临的危机,嘉兴县的袜业商家也曾集议办法。但相关措施均未见成效,嘉兴袜业陷入一蹶不振的境地。1922年春,作为主要织袜原料的棉纱价格继续飞涨,而线袜的销路却更加呆滞,以致袜子价格继续下跌。同时,又因直奉战争的影响,东北、华北等地的交通运输又受到阻碍,各家袜厂的产品无法运销。至5月份,每打线袜的价格已经降至0.93～0.94元。每销售一打袜子,大约亏蚀成本0.05～0.06元。各家袜厂都面临亏损的压力,其中资本较为薄弱的袜厂更难以维持,大部分袜厂不得不停机停织。[③] 20世纪30年代初的调查发现,滥觞于1912—1921年的海宁、嘉兴两地针织袜业,曾经“风起云涌”,“颇称发达”,至30年代初,已经渐趋衰落。[④]

松江的针织袜业也面临同样的困局。松江的袜厂也因销路萎缩而导致生产减少,乃至袜厂停工停业。20世纪初,松江的袜厂营业旺盛,各家袜厂获利颇丰。因而,各界相继开办袜厂,接踵开办的袜厂大概已经达到数十家之多。自1920年夏季起,先是长江流域各省袜子销路疲滞,以致各家袜厂的产品积储甚多,难以脱销。其中,尤其以单袜头之纱袜最难脱售。在产品滞销的情况下,各家袜厂将发给织户的纱袜机收回,停止织造新的产品。在松江袜业中历史最久的履和袜厂不得不于5月8日起,完全停止生产纱袜,决定等3个月之后视市场需求状况决定是否继续织造。履和袜厂骤然停织纱袜,直接影响到专织纱袜的

---

① 《纱袜市况》,《新闻报》1922年5月19日。

② 《机袜之整顿》,《时报》1921年7月17日。

③ 《纱袜市况》,《新闻报》1922年5月19日。

④ 实业部国际贸易局:《中国实业志·浙江省》第七编,实业部国际贸易局1934年版,第55—74页。

数百位男、女织工的个人及家庭生计。[①]

同一时期，江苏省镇江袜业也因类似的原因出现亏损。位于镇江的针织袜厂，所出产品大都销往山东、河南、河北等省，20世纪初，袜货市场扩展较快，各家袜厂获利较为丰厚。自1922年春，由于作为织袜原料的棉纱价格迅猛上涨，而线袜和纱袜的销路反而陷入停滞。6月份，又受到战事的影响，镇江所产袜子的销路受到阻碍，以致价格大幅下降，每打线袜的价格仅1.2元。每销售一打袜子，大约亏损0.12元。因此，资本相对薄弱的袜厂大都停机。[②]

武汉袜业在20世纪20年代中后期一度衰落，与平湖、镇江等地袜业衰落有相同的原因。据当时的报道，20年代中期，大约在1925—1926年，武汉机织袜业发展迅速，各家袜厂获利甚厚。销售收入减去袜厂所有开支后，还可以得到约二成的净利。1926—1927年，由于受到战事的影响，不仅武汉之外地区的袜货销路中断，武汉本地的袜货交易也陷入萧条。同时，受到物价上涨的影响，工资随之增加，袜厂的成本也相应猛增，以致生产成本迅速增长。袜货销路中断叠加生产成本增加，导致1927年年初武汉袜厂经营困难，大约占全部厂家总数三分之一的袜厂因而停业。[③]

因为战争、时局动荡等原因造成的交通中断，影响到袜货的运输，从而导致袜子销售数量锐减，进而影响袜厂生产，给整个袜业带来经营危机。不过，一旦战争结束，或时局趋于平稳，交通恢复，运输重归畅通，袜货的销售也就相应恢复，袜业的生产经营也即回归正常。20世纪20—30年代，平湖袜业数度经历此类危机，但都化险为夷，而且恢复增长，原因正是如此。对平湖袜业衰落构成长期影响的因素，是袜货销售市场的长期变化趋势，即袜货销售空间范围的缩小，以及由此引起的市场需求的萎缩，这一因素才是引起平湖袜业趋于衰落的根本因素。如前所述，创设之初的平湖袜业产品，销售主要局限于平湖县域内的市镇乡村，随后扩展到与平湖相邻的旧嘉兴府属各县，到20年代中期，平湖袜货的销售市场已经远达黄河流域。至30年代初，平湖针织袜货的产品市场更远及华南及南洋一带。然而，在平湖袜业衰落的30—40年代，其袜货销售市场也呈现萎缩态势。九一八事变后，平湖袜货在华北市场的销售逐步减少。经过华北事变

---

① 《袜厂停织纱袜》，《新闻报》1921年5月13日。
② 《镇江》，《时报》1922年6月28日。
③ 《武汉织袜业之概况》，《中外经济周刊》第199期，1927年2月12日，第51—53页。

后,平湖袜货在华北各地的销售遭受严重阻滞,在长江流域的销售市场也因局势日趋紧张而越来越萎缩。事实上,受到九一八事变后日本不断扩大对华经济和军事侵略的影响,平湖袜货的销售市场一直趋于萎缩的过程中。在七七事变之前,平湖袜业整体上已经趋于衰落。其中,光华袜厂的破产倒闭只是平湖袜业命运的缩影。

九一八事变后,以东北作为主要销售市场的袜厂很快就失去了广阔的市场。次年,日军发动一·二八事变,又对上海及其周边地区的针织袜业造成重创。同时,九一八事变后,日军兵临长城一线,威胁华北。之后数年间,华北局势一直处于动荡之中。日军不断扩大对华侵略带来的军事、政治以及经济变化,使平湖袜业在华北的销售市场不断萎缩,从而影响到袜厂的生产和经营。由于九一八事变后的一系列变局对区域乃至全国经济产生了广泛影响,平湖袜业市场的萎缩并非孤例。其他各地以华北为主要销售市场的袜厂,也都因此而导致生产减少。江苏省南汇县的情况即与平湖类似。曾经在20世纪20年代中后期繁荣一时的南汇袜业,在20年代末和30年代初即进入"下行区间"。尤其是30年代初,由于市场萎缩,销售数量急剧下挫。1929年全县袜货销售数量还相当于鼎盛时期的七成,1930年仅相当于五成。至1931年底,受九一八事变以及之后时局变化的影响,南汇所产袜货销售市场急剧萎缩,当年全县袜货销售只相当于鼎盛时期的四成,袜货销售数量大幅减少,全年仅售出袜货53万打,营业总额仅726 120元。[①]

这一时期,平湖等地袜厂面临日本进口洋袜的竞争。20世纪20年代,日本织袜工业逐年发展,产品输出于其他国家。中国也是日本所产袜子的主要销售市场。20年代末,由于银价下跌,中国国内市场购买力下降,加之中国关税提高,日本对华输出袜货有所减少。1930年,日本对华出口袜子价值130万元,1931年,日本对华出口袜子价值下降为116.6万元。大阪为日本针织袜业生产重镇。20年代,由日本出口到中国的袜子,绝大部分产自大阪,袜子也是大阪工业品对华出口的大宗产品之一。进入30年代,由大阪出口到中国的袜子数量转趋下降。1930年,大阪对华出口袜子价值120.6万元,1931年下降至116.1万元。大阪及日本对华袜子出口数额减少,除银价下跌、关税提高等原因外,还与

① 《南汇织袜业现状》,《工商半月刊》第5卷第11期,第43—54页。

中国织袜工业的发展密切相关。鉴于织袜业的发展前景，作为全国织袜工业中心的上海，工商界人士决定投资50万元建设规模更大的袜厂，以便与国内及国外产品开展竞争。①

受战争以及战争引起的局势动荡造成的市场萎缩，以致袜业衰落的情形，即使像上海这样的针织袜业生产中心也不能例外。以织袜业为其主要行业的上海针织业，经过三十余年的发展，在1930—1931年盛极一时。以1931年九一八事变为转折点，之后即每况愈下，转趋衰落。原因就在于上海袜货市场的急剧缩小。经过九一八事变，上海袜货在东北的市场完全丧失。之后，各家袜厂致力于拓展华北市场，以华北为其产品的主要销售地。然而，九一八事变后，日本并未停止对中国的侵略，而是以东北为“跳板”，不断扩大对华北的政治渗透、军事侵略和经济扩张，连续制造多起事端，强迫国民政府签订不平等的协定，造成华北地区政局的动荡和经济的混乱。受到时局振荡的影响，上海袜业在华北的销售市场也逐渐失去。在鼎盛时期扩张的生产潜能不仅无法充分发挥，连继续维持生产都成为难题。其中，以华北作为销售市场的各家袜厂不得不停产歇业。东北市场因九一八事变而被侵占，华北市场因之后的一系列事变而大幅萎缩，对整个中国的袜业市场乃至全国各地的经济都有深刻的影响。长江流域因为银根收缩，对上海袜货的需求下降。例如，九一八事变之后，中华第一针织厂以东北作为其袜货主要销售市场。年产袜货约100万打，年营业额约130万元。东北沦陷后，该厂即转而开拓华北、华中市场。但因华北、华中袜货市场也陷于不景气，以致该厂袜货销售数量大不如前。而在30年代初才刚刚开拓的华南、南洋市场，需求相对较少，也不能对上海袜业克服困难有更多助益。一时之间，整个上海袜业陷于生产过剩危机。各家袜厂纷纷缩减生产规模。其中，实力较为雄厚的袜厂尚能勉强维持，而大部分资金薄弱的小厂则陆续停工。结果整个袜业陷于衰落之境，年产量急剧减少。1930—1931年，上海袜业年产量尚有600万打。至1936年，年产量减少到1万打。值得注意的是，受1935年币制改革的影响，一些商品销售市场由呆滞而趋于活跃，但袜业市场依然毫无起色，仍旧衰败停滞。可见，由于整个市场的萎缩以及整体需求的下降，即使是在金融政策的刺激下，袜业也难以摆脱困局。至1936年，上海袜业已经陷入极度凋敝的状态，尚能

① 《日本袜输入锐减　国人制袜业大活动》，《时事新报》1931年3月8日。

维持营业而不被淘汰已属不易,还能稍获薄利的厂家更是十不得一。[①]

南汇和上海袜业因市场萎缩而衰落的过程可以视作整个江苏乃至全国袜业的写照。江苏为全国袜业最为发达的省份。抗日战争之前的统计显示,不包括上海市,全省针织厂有200余家,其中绝大部分为袜厂,针织厂的主要产品也为袜子。每天出产大量袜货,销售于全国各地。抗日战争期间,这些针织厂的产品销售市场大幅萎缩,袜厂也相继倒闭。至抗日战争结束时,全省尚能维持生产的针织厂已不到100家,规模也较战前大幅缩小。[②]

平湖袜货市场萎缩还有一个重要影响因素,即由于农村经济凋敝,农民消费能力下降,从而导致市场萎缩。20世纪30年代平湖经济的衰退是相对于此前的发展而言的。20年代初,平湖城乡经济一派繁荣景象。"东、西两门,市廛如栉,商业殷繁。电灯也,报馆也,碾米公司也,汽油灯也。凡百俱备,茶馆也,酒肆也,客栈也,袜厂也,随在皆是。东湖滨环城一带,商务尤盛,为全邑货物集散之区。"[③]平湖县城经济之繁荣,一部分原因来自针织袜业的发展。袜厂为平湖县城最为主要的工业行业。位于平湖县城的袜厂有光华、美华、立大、当湖、仇东、振新、启新、振华、日光、乾昌、嘉禾等。当时的观察者描写平湖县城道:

> 平湖是个小小的县城,虽然比不上别的通商大埠那么繁华,但是交通便利,商贾辐辏,陆上有沪杭公路直达沪杭,水上有小汽轮数十艘,往来各乡镇,一切的一切,都具着相当的繁盛。市中心区汉水桥一带,层楼高耸,电炬通明,照样有大商店,有大旅社,大自鸣钟照样奏着都市特有之音。[④]

平湖经济的繁荣并不限于县城一隅,四乡的市镇也因农村经济的发展而呈现商市兴旺景象。"乍浦地处海滨,通商最早,远自日本,近自瓯闽,海秀争集于此。距今百年前,商业极盛。自清道光通商后,商业虽渐为上海所夺,然鱼、盐等业,发达如故。""虎啸桥为东湖进黄姑塘东行二十七里之镇,输出土货、棉花极盛。""全公亭为东湖进黄姑塘东行三十六里之镇,东界金山,南滨海,鱼鲜满市,

---

① 《上海国货工业概况》,《南洋商业考察团专刊》1936年第7期,第80—81页。
② 《江苏针织业概况》,《人报》1948年9月11日。
③ 田庆霓:《平湖县商况概略》,《浙江省立甲种商业学校校友会杂志》1920年第5期。
④ 落寞:《平湖织袜业之一斑》,《上海报》1937年2月28日。

乡民多以渔为业。”“新仓为东湖出洁芳桥东南行三十六里之镇，居民稠密，市肆繁盛，为平邑东乡诸镇之冠。”“新埭为东湖出吕公桥东北行三十里之镇，镇东西长三里，富庶不亚于新仓。”[①]

20世纪20年代末30年代初，受到江南区域经济，以及全国乃至世界经济衰退的影响，平湖农产品的价格下跌。同时，平湖又遭遇水灾、旱灾及农作物的病、虫灾害。受灾情影响，水稻、棉花、杜豆等农作物产量大幅减少。在遭受严重的农业歉收之时，又因经济危机而引起的农产品价格下降，结果导致农户家庭收入数量大幅减少。水稻是平湖主要的粮食作物，也是平湖向外县输出的大宗农产品。30年代前半期，因为受到进口稻米数量增加的影响，米价大幅下跌。1926—1927年，平湖米价每石平均为14～15元，至1936年，已经下跌至7元左右，跌幅超过50%。棉花是平湖向外输出的另一种大宗农产品，这一时期，也因棉花进口数量的大幅增加，而导致平湖棉花价格下降。[②] 在平湖蚕桑种植区域，因受到土丝、蚕茧、桑叶等蚕桑业产品价格下跌的影响，农户收入因此大幅减少。20年代中期，茧价最高每担可售80元以上，30年代初，每担价格已经降至10～20元。[③] 结果，“素常靠育蚕收获来调剂一家生活的人家，现在都是哭丧着脸，感着亏本的苦恼，因此，把育蚕事业也就放弃不顾了。满野绿油油的桑地，就任它自生自灭”。[④] 茧价下跌，导致桑叶价格下降，以及整个蚕桑业的衰落。而蚕桑业的衰败，又是平湖农村经济崩溃的主要原因。

除了稻米、棉花、蚕茧等主要农产品外，平湖其他各种次要农作物的价格也都大幅下跌。在因为水、旱、病、虫灾害而导致歉收，农产物的产量减少的情况下，价格也趋于下跌，以致农村经济枯竭。[⑤] 20世纪30年代上半期，由于平湖“农村经济破产，农民购买力薄弱，城市商业日见萧条，商店之倒闭者，时有所闻。城厢内外虽商肆栉比，而营业甚为零落，颇呈外强中干之象。据调查，自民国十九年至二十二年，粮行、布店、杂货铺数逐年减少。在十九年，共计店数有九十

---

① 田庆霓：《平湖县商况概略》，《浙江省立甲种商业学校校友会杂志》1920年第5期。

② 地政学院：《平湖之土地经济》，中央政治学校地政学院、“平湖县政府”1937年版，第202页。

③ 段荫寿：《平湖农村经济之研究》，成文出版社有限公司、（美国）中文资料中心1977年版，第22754页。

④ 骆俊夫：《平湖农民生活素描》，《晨光周刊》第6卷第26、27、28期，1937年8月1日，第44—47页。

⑤ 地政学院：《平湖之土地经济》，中央政治学校地政学院、“平湖县政府”1937年版，第202页。

五,至二十二年已减至七十九"。[①] 两个年份相较,店数减少 16 家,降幅约为 16.84%。平湖经济由繁荣转向衰败,由"金平湖"一变而为"贫平湖"。[②]

农村经济的衰退对袜业的影响是直接的。20 世纪 30 年代中叶,平湖袜业由鼎盛转趋停滞。由于原料供给不足及价格上涨,袜业资金缺乏以至周转失灵,加之行业内部竞争日趋激烈,袜业厂商在经营上陷于困境。正如当时的调查者所言:"内地商业,其重要主顾,端赖农村,故农产之丰歉,影响各业甚大,如前数年农村破产,各业因之俱见萎缩,迩来略有昭苏之机,各业营业,即多活跃而能获利,即其例证。"[③]

抗日战争期间,平湖袜业市场大幅萎缩,运销通道中断,原料来源断绝,袜货产量缩减,质量大幅下降,大部分袜厂破产倒闭,残存的袜厂受资金、原料、销售等因素制约,生产断断续续,开工无有定时,苟延残喘。抗日战争胜利后,平湖袜业原有市场逐步恢复,袜业整体上呈现出复苏现象,重开或新开的袜厂数量增加,袜机架数也较抗日战争期间有增长。但好景不长,受通货膨胀、市场萎缩、原料缺乏以至产品单一等因素制约,平湖袜业再度陷入衰落。至 1949 年初,平湖袜货的销售范围限于浙江、江苏、安徽和上海,已由鼎盛时期所涵盖的黄河流域、长江流域、珠江流域以至南洋地区,收缩至长江下游一隅,规模较战前大为缩小。[④]

当时关注平湖经济的学者已经注意到当地织袜业衰退的景象:

> 自从受着不景气冲洗之后,工商业都入于挣扎时期中,完全是外强中干了。工业在平湖,根本谈不到,只有织袜厂,比较有着相当悠久的历史。七八年前,真是该业的黄金时代,那时节销货容易,利息又好,所以很有许多人,起先只筹集了一二百元资本,置一二打袜机,由小放大,依此起家,厂中的伙友们,当然也有丰厚的红利可派……现在袜厂业是没落了,清理的清理,关闭的关闭,素以资本雄厚、营业兴盛见称的光华厂,也不免关门大吉。虽然还有照常营业的,可是大多数在挣扎状态中。[⑤]

---

① 同上书,第 53—54 页。
② 邹德蕙:《金平湖》,《浙光》第 1 卷第 1 期,1935 年 1 月,第 83 页。
③ 《平湖商业概况》,《兴业邮乘》第 57 期,1937 年 3 月 10 日。
④ 平湖市工业志编纂委员会:《平湖市工业志》,中国文史出版社 2013 年版,第 60 页。
⑤ 落寞:《平湖织袜业之一斑》,《上海报》1937 年 2 月 28 日。

除了平湖本地以及平湖所在的旧嘉兴府属地区之外，平湖袜货的广大销售市场都出现了农村经济凋敝的现象，它们也对平湖袜货的销售造成消极影响。以云南为例。20世纪20年代中期，云南经济较前发展迅速，社会经济活动呈现繁荣景象，加之社会风尚之转变，针织袜货的需求增加，昆明袜业获利颇丰，吸引工商业者纷起投资，袜厂数量也相应增加。1934—1935年，昆明袜业达到鼎盛时期，针织袜厂数量增加至90余家，袜机数量达到800余架，织工数量约2 000人。产品数量增加，销售旺盛。自1935年起，云南农村经济转趋衰败，袜货需求随之下降，袜子的销售也陷于停滞，袜业生产也受到影响。自1936年下半年起，昆明袜厂陆续停业倒闭。1937年初，袜厂数量已经减少至63家，开工袜机数量也下降为500余架，织工数量骤减至1 000余人。较一年多前减少约一半。全民族抗日战争爆发后，因为征兵征捐，农户负担沉重，农村经济陷于困顿，农户收入骤减，袜货的销售更为迟滞。原计划由上海法租界、南市等地迁往昆明开工生产的明艺、安迪、华成等针织厂也因云南本地袜货滞销而暂时搁置。[①] 再如奉天。当地织袜业的兴起始自20世纪初，经过近20年发展，已经具有一定规模。至30年代初，受到农村破产，农户购买力下降的影响，各家袜厂的产品销路减少。[②]

上面所分析的只是平湖等地袜业衰落的外因。此外，平湖袜业市场萎缩，也不能忽视袜业发展过程中自身形成的因素，其中就包括各地袜厂为占据市场而展开的激烈竞争——即造成平湖袜货市场萎缩的另一个原因是平湖袜货销售市场所在地袜业的兴起，导致本地产品对平湖袜货的替代。这又可分为多种原因。其一在于本地袜货在竞争中具有的优势。其二在于平湖等袜货生产厂家因恶性竞争而导致自身袜货质量下降。例如，1926年平湖袜业遭遇新的困难。由于“时局不靖，金融奇紧，商货停滞”，致使平湖各家袜厂出品难以销售，“堆积如山”。平湖袜业为了及时周转资金，不得不忍痛低价销售袜货，结果导致袜子价格大幅下跌，各家袜厂均遭亏损。亏损数额之巨大，为历年来所未有。对此，平湖袜业同业公会决定限制各家袜厂的产量，减少出品，以图稳定袜货价格。经过讨论，议定当年2月1日开工，并统一降低袜货销售价格。[③]

---

① 陈建棠：《战时昆明市之针织业》，《经济动员》第3卷第4期，1939年7月31日，第1064—1070页。

② 《奉天针织业之现况》，《盛京时报》1936年11月19日。

③ 《平湖袜业公会公议红盘通告》，《申报》1927年2月16日。

表 2-3 平湖袜业限价表

品　　种	价格(元)
大号纱童	0.34
大号纱条	0.52
纸包尖放女	0.85
二号纱童	0.28
二号纱条	0.42
纸包新长女	0.98
三号纱童	0.22
三号纱条	0.32
四号纱童	0.20
新新长女	0.84

资料来源:《平湖袜业公会公议红盘通告》,《申报》1927 年 2 月 16 日。

针织袜业属于所谓“本轻利重”的行业,因为所需投资不大,故易于设厂开工。织袜所需主要设备为手摇织袜机。随着国产织袜机产量的增加,织袜机的价格也相应下降。每架织袜机的价格低至 20 余元,即使普通的工商业者也能够购机设厂。一些织户若能够有所积累,或者通过借贷,购置 1～2 架袜机,即可开工生产,实现自产自销。在袜业处于“供方市场”的发展时期,袜厂或织户所产袜货易于销售,拥有较大的利润空间,因而吸引工商业者纷纷投资设厂。上海袜业的兴起如此,平湖袜业的兴起亦是如此。同样,随着袜货销售市场的扩展,作为平湖等袜业生产中心销售市场的内地,也群起仿效,产生了本地的袜厂,并不断扩大,拥有了自己的织袜行业。这些属于本地的袜业产品与外来袜货形成竞争关系,并在一定程度上排挤了外来袜货在当地的销售。例如,大约在 20 世纪 10—20 年代,扬州当地的袜货需求还主要依赖上海袜货,由上海输入的针织袜货供给了扬州当地的几乎所有消费需求。20 年代中期,随着扬州本地袜厂数量增加和袜业发展,扬州本地袜厂所产线袜、丝光线袜已经完全取代上海等地输入的产品。同时，扬州各家袜厂所产袜子不仅供给城内居民的消费，还销往扬州附近各县，并在这些地方挤占了原属于上海等地袜厂的袜货市场。上海等地能够在扬州维持的销售市场，仅限于扬州本地袜厂未能生产的丝袜。[①]

在湖南省，袜业市场同样也存在着本地袜货与外埠袜货之间的消长关系。20世纪20年代，随着湖南本地袜业的发展，由上海、武汉等地销往湖南的袜子数量下降。1933年初，由于日本所产棉纱在上海、武汉等地低价倾销，上海、武汉等地的线袜和纱袜成本降低，价格随之下降，并以价格低廉的优势在湖南市场上倾销。相对而言，湖南省所产纱袜和线袜不仅失去了外省市场，即使在湖南省内也出现滞销，难与上海、武汉等地输入的产品竞争。由于本地袜厂出产的产品市场萎缩，各家袜厂也陷入困境，不得不歇业甚至倒闭。连带从事织袜业的女工失业，丧失生活来源。至当年秋冬季节，湖南袜业市场需求转趋旺盛，袜货开始畅销，而上海、武汉等地输往湖南的袜货数量减少。趁引外埠来货减少的时机，湖南本地袜业获得喘息之机。[②] 湖南本地袜厂兴衰与上海、武汉等地袜货销售之间的关系，显示出产地袜厂与销地袜厂之间因袜货销售而形成的紧密关系。平湖袜货的主要销售市场，也都有本地织袜业。尽管这些地方的织袜业兴起时间往往晚于平湖袜业，袜业的生产规模也远不能与平湖相比，在产品的种类、规格上也不如平湖所产袜货丰富，但这些由本地出产的袜货具有平湖袜业产品所未有的"本土优势"，它们不必通过远距离运输，而是本地生产、本地销售，因而不会受到交通运输影响，不会出现平湖袜货面临的销售渠道中断问题；同时，也可节约袜货运输成本，在与外来袜货竞争中往往具有价格低廉的优势。虽然一些本地所产袜货在式样、花色等方面不能与平湖袜货相比，但这些本地产品在当地农村市场上仍然具有很大的竞争优势。

为了与价格低廉的当地袜货竞争，维持自身的袜货销售，平湖的袜厂不得不降低产品价格。各家袜厂为了维持自己的客户，竞相降低价格，结果造成各家袜厂之间的恶性竞争。这一现象也出现在上海袜业中。20世纪30年代中期，面对袜子市场上激烈的竞争，上海袜业所售袜子的价格甚至已经跌到成本以下。即使如此，面对市场需求下降的不景气，为了解决自身生产过剩的问题，各家袜厂变本加厉，竞相降低袜货售价。在各家袜厂竞相压低价格之时，袜子的主要生

① 《扬州针织业近况》，《中外经济周刊》第198期，1927年1月29日，第39—40页。
② 鼎焜：《湖南针织业之近况》，《工界》第1卷第2期，1933年11月，第22页。

产原料即棉纱的价格却在上涨,这更加重了袜厂亏损的数额。为了解决各厂竞相压低价格的问题,袜业同行设立评价会,希望刹住袜厂之间的贬价销售风潮。但各厂为了自身的生存,相互倾轧,以致亏损累累。①

表 2-4 天津袜子价格前后对比表

品　种	1912年价格(元/打)	1930年价格(元/打)	下降(元/打)	降幅(%)
长筒男袜	5.0	3.2	1.8	36.0
缠足女袜	3.0	2.4	0.6	20.0
天足女袜	5.0	3.2	1.8	36.0
童袜	2.8	1.8	1.0	35.7
毛袜	7.0	4.0	3.0	42.9
半丝袜	9.6	6.0	3.6	37.5
纯丝袜	12.0	9.6	2.4	20.0
平均	6.3	4.3	2.0	32.0

资料来源:《天津之针织业》,《益世报》1930年4月21日。

由于压低价格以扩大销售,为了维持利润,一些袜厂不得不降低成本,在工资、设备、原料价格降无可降的情况下,往往通过以次充好,或者降低产品质量而达到降低成本的目的,结果导致袜货质量下降。在绍兴县,由于袜货用纱太粗,加工织工不够精细,所产袜子容易破损,加以染色不佳,所出袜货质量不高。②

除了降低原料成本,从而降低袜货价格外,一些地方的袜业还可以通过改进设备,提高劳动生产率而增强自身的竞争力。例如,在江苏省各县中发展针织袜业较早、规模较大的南汇县,利用地近上海而便于采购原料及销售产品、采用织户包工制以降低管理成本和织工工资等优势,而不断扩大袜业规模,并在袜业生产经营中多有获利。然而,至20世纪30年代初,由于袜业整体发展,以及各地袜货的竞争,南汇袜业已经失去自身原有的优势,袜厂利润也大幅下降。面对这

① 《上海国货工业概况》,《南洋商业考察团专刊》1936年第7期,第80—81页。
② 施鑫泉:《绍兴之棉织工业》,《上海法学院商专季刊》第10期,1936年5月1日,第31—33页。

一困局，有识之士认为南汇针织袜业应该适时调整，将正在使用的手摇织袜机普遍改为电力织袜机；将主要生产和销售产品即纱袜和线袜，改为价格更高、更具市场竞争优势的长筒丝光袜或真丝袜。认为通过这样的改变，南汇袜业可能摆脱利润减少、经营困难的局面。可惜的是，这样的建议并未被南汇袜业经营者所采纳。[①] 或者说，南汇袜业尚未来得及在设备、技术以及产品上做出改变，抗日战争就将整个袜业推入了衰落的深渊。就像南汇一样，平湖袜业也未能在鼎盛时期"居安知危"，适时转向工业生产，而是在等待中挣扎，在挣扎中失去了改变的良机。

三、袜货捐税及其征收

平湖袜货的税率经过了由轻到重的变化。平湖袜业初创时期，规模较大的袜厂通过申请，使自己的产品按照机制仿造洋货税则纳税，得以避免内地厘卡的重征，因而税负较轻。20 世纪 20 年代中期以后，随着印花税加重，袜业的税负也相应增加。及至开始征收统税，平湖袜业的商品税负担更为沉重。

平湖较早的一批袜厂，如光华袜厂、当湖袜厂都曾呈请财政部、农商部核准，将所产袜子作为机制仿造洋货纳税。纳税之后，在外地的运销途中免予重征。由于税率征收简便，税率较轻，因而平湖袜货行销区域逐年扩展。1916—1917 年，平湖针织工业所产袜货销售范围还主要局限于浙江境内。1918 年以后，平湖袜货的销售范围已经扩展到长江流域各省。至 20 世纪 20 年代中期，平湖各家袜厂生产的袜子已经销售到黄河流域。

1928 年初，国民政府财政部再次咨请各省省政府，并通令各关局，严饬所属各征收机关，"嗣后遇有此项机制仿造洋货核准免税有案者，查其业经完纳附、正出价税，单货相符，立予放行，不得再行重征，以示保护"。[②] 袜货按照机制洋货则例完纳正税，可使袜厂的产品在纳税外免于重复纳税，即之后经过各地关卡不再重复征税。但这一政策对于袜厂来说，还有两个弊端。其一，按照机制洋货税则完纳税收的资质需要袜厂向财政部、农商部注册。这一规定对于资本较为雄

---

① 《南汇织袜业现状》，《工商半月刊》第 5 卷第 11 期，第 43—54 页。
② 《部批机制仿造洋货不得重征》，《申报》1928 年 2 月 13 日。

厚、规模较大的袜厂更为有利,因为这些袜厂往往可以自行申请注册,而对于那些规模较小、资金薄弱的小厂,不能自行向财政部、农商部注册的袜厂较为不利。对于这些产品未经注册的袜厂来说,其袜货的销售就面临运销过程中重复征税的压力,其产品的销售困难重重。其二,不论是已经向财政部、农商部注册的袜厂,还是未曾申请按照机制洋货则例守纳正税的袜厂,面临着一个共同的问题,即"税则估本之于例不当"。对此,上海等地的袜商打算联络同业到北京请愿,甚至呼吁完全免除对袜货的征税。①

不过,这些请愿和呼吁并未导致袜业税收负担的减轻。实际上,随着各地袜业的发展,对袜货税费的征收还有加重的趋势。如在江苏省袜业重镇南汇县,20世纪初年,袜厂数量增加较快,吸引成都、武汉、天津等地的客商前来采购袜货。1920年,由于受到时局的影响,上述这些地方的客商停止办货,南汇县线袜销售陷于停滞。恰在此时,闸港厘卡开始对经过的袜货加征重税。厘卡开征重税遭到南汇县城内的各家袜厂一致反对。新晋昌、维新、百利、震兴、信华、丽和、华纶等各家袜厂开会集议,通过丰昌轮船公司、大通转运公司等转函告知厘卡:"袜业一道,本重利薄,现值销路呆滞之际,厂家损失浩大,何堪横加苛税之举,暴敛无度,惶骇实甚,烦即据函转知该厘卡,绝对否认,如不见谅,当由敝同业呈请农商部暨实业厅立案办理。"②

1928年,江苏省又开征产销税,拟于7月21日开征。这一政策遭到上海针织业界的反对。7月16日,上海针织业公会召开紧急会议,专门讨论产销税。对于江苏省丝织品产销税总局将于当月21日开征产销税一事,认为此税开征之后,纯丝袜每打需要交纳印花税0.5元,杂织丝袜以及人造丝袜每打则须交纳印花税0.4元,将加重袜业的负担。与会代表100余人,都认为之前袜业按照财政部制定的办法,生产的袜子按照机制洋货税则征税,仅征收一道正税,即可通行各省,沿途一概免予征收厘金。如果产品出口,还可全部免税。而江苏省丝织局产销税局所征产销税,不仅仅是加重作为国货的针织袜业产品的税收负担,结果可能导致整个针织袜业因税负过重而崩溃。会议代表认为这种产销税是一种"变相厘金",并决议电请政府取消此税。③

① 《袜业要求改善规则》,《新闻报》1920年1月9日。
② 《南汇袜业反对增税》,《申报》1920年9月16日。
③ 《针织业反对产销税》,《国民日报》1928年7月17日。

平湖袜业也面临同样的税费负担问题。在正税之外，还需要负担印花税。1927年6月7日，平湖袜业公所发布通告，通知机工、烫工、缝工、踏工等各道工序的从业工人，从当天起前往各厂，补缴印花税。之前贴有2分印花税章的账簿，自当年5月份起，全部需要补贴8分。对于延期未到厂补贴印花税的工人，将予以处罚。由这则通告可知，当年5月份起，印花税额由之前的2分增加到8分，即增加了3倍。①

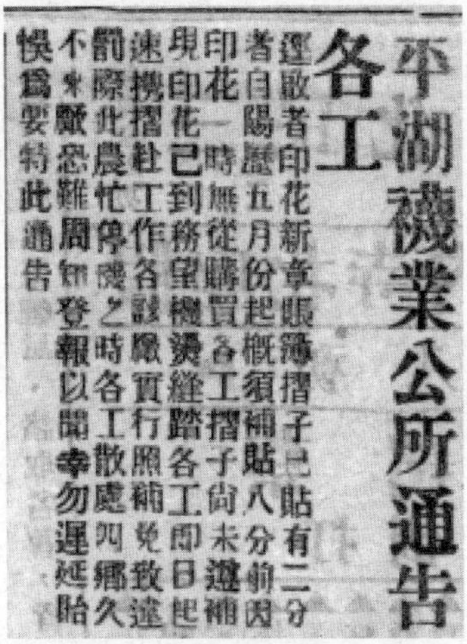
平湖襪業公所通告
各工
逕啟者印花新章賬簿摺子已貼有二分者自陽曆五月份起概須補貼八分前因印花一時無從購買各工摺子尚未遵補現印花已到務望機燙縫踏各工即日起速攜摺赴工作各廠實行照補免致違罰際此農忙停機之時各工散處四鄉久不[illegible]敷恐難周知登報以聞幸勿遲延貽悞爲要特此通告

图2-4　《平湖袜业公所通告各工》(《晨钟报》1927年6月7日)

为了保障本厂产品的正常运销，光华袜厂等反复申请注册，并由财政部向各地方征收局发布训令，一再重申光华袜厂所制出品准予按照机制洋式货物税现行办法办理。1930年3月，光华袜厂再次向财政部提出申请，认为本厂制造的丝袜、毛袜等产品，都属于机制洋式货物。该厂所使用的双马、洋房等商标，都已经按照规章予以注册。因此，申请按照机制洋式货物税现行办法，办理纳税。财政部经过审核后，准予光华袜厂按照机制洋式货物税办法办理纳税事务。之后光华袜厂的相应产品在国内市场上销售时，由所经过的第一关局征收出口正税及“二五”附税一道，之后即免予重征税厘。如果光华袜厂的产品运销海外市场，则税收一概免征。财政部还饬令关务署并转令总税务司遵照，并开列光华袜厂设立地点、货物种类、商标等，要求各地遵行。②

在平湖县，规模较大的日新昌袜厂也通过申请注册，使其产品获得按照机制洋式货物税办法办理的资格。1931年5月，财政部发给各关监督的关字第二八四二八号训令称，日新昌袜厂生产的袜子等产品确实属于机制(仿造)洋式货物，所使用的海马牌商标已经按章相关章程注册，应该按照机制洋式货物税办法办理，以方便产品销售。但对于该厂生产的棉制袜子等，则规定行销国内时，应该遵照完纳统税办法纳税。③

---

① 《平湖袜业公所通告各工》，《晨钟报》1927年6月7日。

② 《训令各征收局奉财政部令光华袜厂所制出品准予按照机制洋式货物税现行办法办理文》，《浙江财政月刊》第27期，1930年3月，第27页。

③ 《财政部训令(关字第二八四二八号)》，《财政公报》第48期，1931年8月1日，第50—51页。

20 世纪 30 年代初,税制发生变化。国民政府决定裁撤厘金,并于 1931 年 1 月 1 日开征统税。对于针织品而言,即在货物出厂运输时"就厂而征",之后货物即可通行全国,不再重征。按照政策设计的意图,统税是在货物出厂之时缴纳的税金,自出厂时缴纳统税的货物,运销各地不再缴纳其他各种税金。主要目的是简化原来厘金逢卡征税的繁琐弊端,既简便征税手续,也减轻货物税的负担,但开征之后,中央财政即因入不敷出而提高统税税率。

表 2-5　平湖县袜厂捐税表(1932 年统计)

工厂名称	销　　路		应纳何种捐税	近三年营业状况
	地　　点	数量(打)		
光华	上海长江及南洋群岛各埠	50 000	统捐	略有盈余
日新昌	上海长江及南洋群岛各埠	24 000	统捐	平
一新	上海及本省	36 000	统捐	平
轮新	上海及本省	61 000	统捐	亏
明华	上海及本省	11 000	统捐	盈
裕华	上海及本省	4 000	统捐	平
叶粹记	上海及本省	6 000	统捐	平
蓉记	上海及本省	20 000	统捐	平
永华	上海及本省	4 000	统捐	平
勤余	上海及本省	4 000	统捐	平
成康	上海及本省	2 600	统捐	亏
华商	上海及本省	5 000	统捐	平
民生第一厂	上海及本省	3 200	统捐	亏
华錩	上海及本省	2 800	统捐	亏
万丰昌	上海及本省	7 200	统捐	亏
恰和永	上海及本省	未定	统捐	初办

续 表

工厂名称	销　　路		应纳何种捐税	近三年营业状况
	地　　点	数量(打)		
立盛	上海及本省	未定	统捐	平
震丰	上海及本省	8 000	统捐	亏
振大	上海及本省	11 000	统捐	亏
久和	上海及本省	11 000	统捐	亏
民强	上海及本省	4 800	统捐	亏
同益	上海及本省	8 400	统捐	平
同源	上海及本省	9 400	统捐	亏
裕成	上海及本省	2 800	统捐	亏
成隆	上海及本省	8 100	统捐	亏
顺丰	上海及本省	10 000	统捐	平
安余	上海及本省	7 200	统捐	亏
鼎成	上海及本省	7 000	统捐	平
义成	上海及本省	5 500	统捐	平
大铭	上海及本省	4 700	统捐	亏

资料来源:《浙江省平湖县工厂调查表》,《工商半月刊》1932 年第 4 卷第 1 期,第 51—54 页。

在 1932 年统计的平湖 30 家袜厂中,怡和永袜厂因刚刚创办,盈亏状况尚未明确。仅明华袜厂 1 家有盈余,规模最大的光华袜厂仅略有盈余。此外,有 13 家袜厂仅能收支持平,14 家袜厂出现亏损。盈余的袜厂占全部统计袜厂总数的 0.07%,持平的袜厂占全部袜厂的 43.33%,亏损的袜厂占全部袜厂的 46.67%。[①] 在各家袜厂绝大部分没有盈余,袜业整体上不景气的情况下,纱捐及袜税的增加对于平湖的袜业来说,无疑是雪上加霜。

① 《浙江省平湖县工厂调查表》,《工商半月刊》1932 年第 4 卷第 1 期,第 51—54 页。

由于税收提高而使袜业负担增加,以致整个行业每况愈下的情形,平湖并非特例。在其他袜业较为发展的地区也是如此。例如,重庆袜业由盛转衰的原因之一即在于税收沉重。重庆袜业初创于 1912 年,起初只有一两家袜厂,产品数量极少,生产的袜子质量不佳,因而销路狭隘。20 世纪 10 年代后期,袜厂数量增加。至 1923 年,重庆的袜厂数量已经达到 80 余家,产品也逐渐得到改良。不过,各厂生产的袜子种类相对单一,主要限于普通粗袜。销售的地区除了四川省内各县外,省外主要销售区域为云南、贵州等省。由于销售范围扩展,重庆袜业产品甚至呈现供不应求的态势,因而各家袜厂获利颇丰。鉴于袜货供不应求的情况,工商业者纷纷投资设立袜厂。1928 年,甚至有集资数万元,开办规模较大的袜厂者。其中,大同电机厂开设后,专门织造丝光线男、女袜;大中袜厂专门织造蚕丝、麻纱、丝光线等各种男袜、女袜及跳舞袜,产品甚至可以与进口同类货物竞争。此外,还有民德、二一、成德等袜厂,资本也较为雄厚,设备较为完善。至 20 年代末,重庆针织袜厂的数量已经增加到 150 余家,工人数量也增加到 1 万余人,为初创之时的 100 余倍。自 1933 年起,重庆袜业产品的销售转趋下降,市场疲滞。此时,重庆也开始征收营业税等,这些新开税种增加了袜厂厂商的负担。而外来的袜货又因为已经缴纳了统税,可以免征地方税,形成外来袜货与重庆本地袜货之间的相互竞争。由省外输入重庆的袜货充塞重庆市场,而重庆当地袜厂的产品销售更加迟滞。同时,重庆袜厂的资本较这些向重庆输入袜货的厂家薄弱,重庆袜业无法与外地袜厂竞争,因而相继停业。至 1937 年 6 月,尚能勉力支撑,继续营业的袜厂仅剩 30 余家,而破产倒闭、停业停工的袜厂超过 120 家,当地因此失业的工人数量达到 8 000 余名。[①]

20 世纪 40 年代后期,平湖等地袜厂的税收也不断提高,尤其是各种苛捐杂税,对袜业的恢复和发展产生了消极影响。这一时期平湖袜业骤兴骤衰,袜业税收负担的沉重是其原因之一。

在平湖袜业由兴盛到衰落的过程中,不仅需要交纳的印花税、统税等商品税额增加,还面临棉纱捐等织袜原料税收加重的问题。原料税率的提高与商品税率的增加一样,都导致平湖袜业生产、销售成本支出的增长,从而导致袜货价格的上涨以及袜货的滞销。在 20 世纪 20—30 年代平湖针织袜业产品市场萎缩,

---

① 《重庆袜业概况》,《四川月报》第 10 卷第 6 期,1937 年 6 月,第 112 页。

袜货普遍滞销的情况下，主要织袜原料——棉纱税额的提高，加重了袜业的危机，是平湖袜业走向衰落的因素之一。

1926 年，平湖布商龚哲卿向浙江省财政厅呈文，请求认办平湖县纱线捐，提出每年缴纳正、附税 3 600 元。浙江省财政厅认为平湖县袜厂、布厂总计不下 100 家，需用纱线数量巨大，而纱线捐为地方财政利薮，应由统捐局稽征，而不是假手于商人，因而驳回了龚哲卿的申请。[①] 不仅驳回商办申请，针对平湖袜业所采购的原料，统捐局还采取了严厉的稽征措施，甚至对袜厂采购的棉纱和棉线采取扣押的办法，以达到征收纱线捐的目的。1929 年 8 月 4 日早晨 6 点，由上海返回的庆记夜班轮船到达平湖县城，船上装载的平湖多家袜厂购买的纱线十余大件(500 余包)，全部被统捐局扣留。得知消息后，袜业代表前往统捐局交涉，要求发还。[②]

由于苛捐杂税的沉重，平湖袜业甚至决定一致休业。其时，平湖针织袜业所受的影响是多方面的。产品销售方面，1930 年又受到华北战事的影响，各家袜厂营业"一落千丈"，主要原因在于黄河流域为平湖袜业重要销售区域。受发生在黄淮地区的中原大战扰攘，黄河流域各省的袜货销路突然中断，以致平湖各家袜厂产品滞销。为了应对产品销售数量减少、各厂库存堆积的危机，平湖大多数袜厂都减少织袜机数，勉强维持经营。正当平湖各家袜厂设法补救之时，苛捐重税相继而来。自 1930 年 5 月 1 日征收袜子本省出口捐后，袜业公所随即召集同业开会，但未提出具体的解决之策。正当各家袜厂想方设法，试图脱困之际，5 月 20 日，又接到浙江省财政厅的来电，通知取消纱线认捐，而由统捐局接收。根据得到的消息，统捐局接收后，所订捐额较之前大幅增加。之后数日，经各家袜厂购买而输入平湖的原料纱线都被统捐局扣押。为此，平湖袜业公所又于 22 日下午召集各厂代表紧急会议，由临时主席朱蓉伯报告情形，讨论结果，所有代表都认为无力负担税捐。决定自当日起，停止购进原料。但为了继续维持 5 万织袜工人的生计，仍将各家已有的库存棉纱做完。同时，会议还决定推举叶粹安为代表，到旧嘉兴府属其他五县征求同业意见，打算联合各县袜业同行共同前往浙江省财政厅请愿。甚至有袜厂代表提出，全行业一致休业，以作为前往省城请愿的后盾。除了纱捐，这次会议还针对袜捐进行了讨论。决定召齐无免税运单的

① 《批复》,《申报》1926 年 12 月 1 日。说明：此文标题为编者所加。
② 《袜业纱线被扣》,《时报》1929 年 8 月 5 日。

袜厂之后,再做出决议。[①]

同时,平湖袜业界还推举代表前往浙江省政府请愿。鉴于平湖数家袜厂被统捐局扣留大批纱线,5 月 23 日下午,袜业公所再度召齐拥有免税运单的各厂代表,共计 31 家。除讨论纱线被扣问题外,还同时讨论机捐、纱线捐问题。关于袜捐问题,经主席朱蓉伯提议,正式决定派遣代表前往浙江省财政厅请愿。各厂代表认为,袜捐属于统捐局管辖,没有前往浙江省财政厅请愿之必要,决议改推朱蓉伯、薛如山,于 24 日前往统捐局请愿。[②]

在统捐局的稽征措施下,包括平湖在内,整个旧嘉兴府属各县袜业均遭到重税压迫。原因在于旧嘉兴府属各县原有纱线捐为包商制。每件平均征捐数额为 3～4 元。自包商制取消后,纱线捐改由统捐局征收。1930 年,浙江省财政厅又将纱线捐率提高,改订捐率为照值百抽七二五,另加三六附税,每件洋纱进口征捐金额达到 10 余元,双股洋线征捐更达到 40 余元,与之前纱线捐负担相比,增加数倍之多。旧嘉兴府属各县的袜商因为无力负担如此沉重的捐税,组织请愿委员会,联合海宁硖石等处袜商,呈请浙江省财政厅体恤。提出的要求并不是减少当时已经实施的纱线捐额,只是要求按照"现行捐率"征收,不再提高。[③]

由于纱线捐的征收,一些袜厂已经因为负担过重而倒闭。例如位于平湖县城的怡和袜厂,由嘉兴严哲卿独资创办。创办后,历年营业发达。1930 年,受到中原大战等战事的影响,当年生产的各种丝袜、线袜和纱袜大都无法向外推销。正当该厂遭遇产品销售困难之时,纱线捐额又突然增加。该厂资金一时周转不灵,于 1930 年 6 月 29 日宣布倒闭。除该厂原有资金外,共计亏空庄款 4 万余元,并导致男、女工人 1 000 余人失业。[④]

棉纱及袜货捐税的增加对平湖的袜业产生广泛的影响。20 世纪 20—30 年代,平湖袜业虽有所发展,但由于时断时续的社会动荡,地方不靖,盗匪不时骚扰,稍有资产者大都迁往上海等城市居住。因此,像平湖这样的内地市镇,工商业有日趋衰落之势。同时,受到二三十年代接连发生的内战影响,原来由城市而来的投资也往往逐渐抽离,来自城市的新资本也因地方治安混乱,无利可图而裹

---

① 《平湖袜业将一致休业　苛捐杂税相继而来　五万工人生计濒危》,《时事新报》1930 年 5 月 24 日。说明:平湖县无免税运单的袜厂占总数的 70%。

② 《平湖袜业重推代表请愿》,《时事新报》1930 年 5 月 25 日。

③ 南独:《重税压迫下之嘉属袜业》,《民众生活》第 1 卷第 5 期,1930 年 6 月 30 日,第 30 页。

④ 同上。

足不前，不敢轻易尝试投资，这也使内地工商业资本变得极为缺乏。正当平湖袜业处于这一宏观趋势而逐步陷入窘境之时，统捐局等又开征苛税新捐，这无疑是对本来已经十分脆弱的袜业沉重一击。前述严哲卿创办的怡和袜厂，自创办以后，历年营业尚称发达，即因捐额陡然猛增，以致资金无法周转，最终歇业倒闭。如果说怡和袜厂的倒闭算是特例，那么其他各家袜厂因此而产生的亏空则是普遍现象。难怪各家袜厂连续数日召集会议，不惜以休业抗争。正如当时的观察者所言："苛税新捐，直接足以使工商业停顿，影响工人之生计，驱民于死途。"[①]显然，30 年代初平湖袜业面临的困局，与捐税的增加有直接的关系。

纱线捐税率及征收办法的变化对浙江省的整个袜业都有影响。在旧嘉兴府属六县，即嘉兴、嘉善、桐乡、崇德、平湖、海盐，自从纱线捐取消包商制，改由统捐局征收后，浙江省财政厅又提高捐率，每件洋纱征捐 10 余元，双股洋纱征捐 40 余元，与之前每件平均征捐 2 元、4 元相较，分别增加了 4 倍、9 倍。[②]

因此，嘉兴府属的其他地方袜商也决定请愿，请愿的诉求即呼吁不要加重纱捐的征收。此时原嘉兴府属各县以及海宁的织袜业已经远非昔日可比，又加上纱捐收归官办，规定捐额为值百抽七二五。与官办之前的捐额比较，洋纱增加 3 倍，丝光纱增 10 余倍，这更加重了袜业营业艰难。为此，嘉兴、嘉善、桐乡、崇德、平湖、海盐六县袜业同行，在硖石组织六县请愿委员会，通过议案，拟向浙江省财政厅请愿，织袜业用纱勿暴增捐率，至高以江苏现行纱捐定率为准。其中，嘉兴县袜业同业态度更为坚决，决定在请愿未达到目的以前，停止机织，停购用纱。[③]

旧嘉兴府属六县的袜厂联合海宁硖石等处纱线商，组织请愿委员会，呈请浙江省财政厅体恤袜业的困难，决定在未达目的之前，暂停进货，以示抵制。平湖县袜业公会于 1930 年 6 月 13 日下午，也特别召开紧急会议，出席代表有高琴泉、朱玉书、陆觉民、朱蓉伯、薛如山等 30 余人，推定高琴泉、朱蓉伯为七县纱线捐请愿委员会平湖袜业请愿代表，决定 15 日赴杭州加入请愿委员会，16 日向浙江省政府及财政、建设两厅分别请愿，要求"勿暴增捐率，以纾商困，否则惟有休业三月"，同时请求各界援助。除袜业公会派遣代表向浙江省政府请愿外，旧嘉兴府属六县及海宁县商会，也组织请愿活动。平湖县派遣袜业公会的叶粹安作

---

① 南独：《重税压迫下之嘉属袜业》，《民众生活》第 1 卷第 5 期，1930 年 6 月 30 日，第 30 页。
② 《袜业联合请愿》，《时报》1930 年 6 月 15 日。
③ 《嘉兴袜业吁请免加纱捐》，《时事新报》1930 年 6 月 11 日。

为代表,于 6 月 16 日前往杭州,会齐其他各县代表,17 日向浙江省政府及建设、财政两厅请愿。①

捐税征收从多个方面影响近代平湖袜业的发展。一方面,近代捐税税率和税额决定着平湖袜业产品的价格,以及各家袜厂的收益状况;另一方面,捐税征收方式也对袜厂的经营形成制约,纳税程序的简繁变化也在无形中影响着袜厂的经营和管理成本。20 世纪 10—20 年代,平湖针织袜业产品按照机制仿造洋货纳税,税率较低,税负较轻,而且一经纳税,袜货即可行销内地,不必重复缴纳厘金等税费,这使平湖的袜货市场范围不仅很快遍及平湖、旧嘉兴府属各县以及长江下游各省,还逐步扩展到华北、东北等地。纳税手续简便,税收负担较低,正是平湖袜货得以不断扩大销路的税收制度保障,也是将平湖袜业推向鼎盛时期的重要因素。在平湖袜业主要原料的税收方面,这一时期的税率也较低,征收方式也堪称简便。因为实行包税制,各家袜厂实际用于支付原料捐税的支出较低,尤其是各家袜厂通过包税商交纳捐税,程序简捷。因此,平湖袜业因购买棉纱、棉线等原料而支出的资金较低,即生产成本较低。这也有利于平湖针织袜业产品以较为低廉的价格在袜货市场上与进口洋袜竞争。20 世纪 30 年代初,平湖袜业开征统税,而且税捐负担远远高于按照机制仿造洋货纳税的税率,这无疑提高了平湖各家袜厂的成本,为了维持袜厂的生产利润,平湖袜业公会尝试订定袜货的最低价格,但各家袜厂为了推销产品,竞相降低产品价格,以致收支不能相抵,陷于亏损境地。而对最低价格的规定,又使遵循价格限定的平湖袜厂难以以低廉的价格获得市场竞争优势,因而产品陷于滞销境地,资金难以周转,最终破产倒闭。同时,纱捐税率的提高以及征收手续的繁琐,也给平湖袜业造成沉重的负担。纱捐由商人包税制改由统捐局统一征收后,税率大幅上升,平湖各家袜厂的原料支出相应增加。为了抵制纱捐的税率上涨,以及统捐局的横征暴敛,平湖袜业曾经多次组织请愿活动,以图维护各家袜厂的利益,但这些努力均无果而终。20 年代末 30 年代初,因纱捐税率上涨而导致的织袜原料支出增加,以及因统税等产品税提高而导致的商品税负担加重,都是造成平湖袜业由盛转衰的原因。

---

① 《袜业联合请愿》,《时报》1930 年 6 月 15 日。

小 结

近代平湖袜业的兴起、发展以至鼎盛取决于多重因素,既有袜业乃至针织业等行业发展的共性,也有平湖袜业自身的特点,它是国际、国内袜业整体变化与平湖地方因素相互作用的结果。近代袜业的兴起肇始于进口洋袜输入对中国布袜业的破坏,以及对国内洋袜市场的开拓。包括平湖在内,苏浙两省其他袜业产地针织袜业的兴起,都是这一市场变化的结果,天津、武汉、南昌、九江等华北、华中地区的袜业也是如此。但与其他地区的袜业不同,平湖袜货的销售市场范围远远超过其他地区。平湖袜业市场遍及华北、华中、华南,形成了一个全国性市场,而且已经开拓了南洋市场。与其他针织袜业较为发展的城市相比,平湖袜货的销售范围更为广阔,其市场规模更加广大。杭州所产袜货主要销售于钱塘江上游地区,绍兴袜业产品较远的销售市场在浙赣边界一带,华北袜业重镇天津的主要销售市场是华北及东北地区,武汉所产袜子的销售地主要在湖北省内及周边各省……这些城市的袜业产品销售范围都局限于区域市场,而不扩大至全国范围。相较而言,平湖袜业拓展了更为广大的市场,这是其生产规模超过国内诸多袜业产地的主要原因。

平湖针织袜业的发展、繁荣以及衰落与捐税数额及其征收方式的变化关系密切。在平湖针织袜业的初创和快速发展时期,袜子按照机制洋货标准纳税。纳税后,在各地销售不再缴税。这一制度不仅简化了平湖所产袜货的纳税手续,也使袜货税率较轻,因而有利于平湖袜货销售市场的拓展。自20世纪20年代起,袜业原料开征纱捐,平湖袜业所用原料费用因而增加。30年代初,袜货的捐税征收数额增加,商品流通税率也较前大幅提高。原料捐税数额增加,产品税率提高,增加了平湖袜业的经营负担。同时,由于税额增加,平湖各家袜厂生产的产品价格不得不相应提高,也不利于袜货的推销。较低的原料纱和商品税率曾经有利于平湖袜业生产的发展,但原料和商品税收提高后则导致平湖袜业衰落。

多重因素造成了平湖袜业的衰落。九一八事变之后,平湖袜货的销售市场逐步缩小。受九一八事变和一·二八事变的影响,先是黄河流域各省的销售市场萎缩,接着平湖袜子在长江流域的销路也陆续缩减。对于以外埠销售为主要业务的平湖袜业来说,华北、华中各地销售数量的大幅下降是致命的。由于所产袜子无法销售,平湖各家袜厂生产陷于停滞。季节性的停工逐步变为全年停工,以至停业倒闭。歇业倒闭由规模较小的袜厂逐步蔓延到规模较大、信誉较著的袜厂,由袜业中的个别厂家的经营困难扩展至袜业整个行业,导致全县袜业的整体衰落。1937 年 11 月,日军侵入平湖,全县袜厂全部倒闭。1938 年以后,袜业陆续恢复,但规模狭小,销售范围限于平湖及旧嘉兴府属地区。之后,袜货销售范围虽有所扩大,但直到 1949 年,平湖袜子的销售范围大致未超出江南地区。市场萎缩是平湖袜业衰落的主要原因。

第三章
织袜原料

近代针织袜业在平湖的兴起，除了得益于袜类产品市场需求的增长，还受到其他多重因素的影响。平湖织袜业所用设备始终为手摇织袜机，而且品牌相对单一，长期缺乏变化，各家袜厂所产袜货的数量和品质主要取决于织袜女工的技术熟练程度。因而，设备和技术等因素对袜业的影响并不显著。相较而言，生产袜子所使用的原料及其变化对袜业具有更大的制约作用。平湖近代针织袜业的产品包括棉袜、丝袜、毛袜等，其中，又以棉纱和棉线作为原料的棉袜为主要产品，因而，平湖袜业深受棉纱和棉线市场状况的影响。市场上供给的棉纱和棉线的种类、数量、质量、价格等变化，都直接制约着平湖针织袜业产品的生产、定价、销售以及利润。

一、供给及其变化

近代平湖袜业发展主要得益于织袜原料种类、数量和价格的变化。一方面，平湖袜业所用生产原料种类不断增加，由初创时期的棉纱和棉线，逐步增加了真丝、人造丝、毛线、毛绒等。织造袜子所用纱、线、丝、绒等的规格也日渐丰富，由起初的十支、十二支，发展为三十二支、四十二支等。另一方面，原料的市场来源也发生重大变化，由起初完全使用日本进口或日商在华纱厂生产的棉纱和棉线等原料，逐步发展到进口原料和国产原料兼用，以至实现织袜原料完全国产化，相应地，织袜业原料价格也随之有所下降。

首先,平湖袜业使用的主要制袜原料种类、规格都有所增加。以光华袜厂为例。20世纪初,光华袜厂处于始创时期,产品相对单一,对原料的需求也较为有限。经过十多年的发展,至20年代初,光华袜厂的规模已经较初创时期扩展数十倍,产品种类也增加到数十种,对原料的需求大为扩展。1921年,该厂所用原料即包括三十二支、四十二支双股线,以及十五支、十六支、廿支棉纱。这些原料都是中国的棉纱厂商所产,全部购自上海。当湖织袜厂使用的织袜原料也是国货,包括三十二支、四十二支、六十支等规格的丝光线。中华兄弟袜厂所用织袜主要原料也包括三十二支、四十二支丝光线。振华织袜厂出品包括毛绒袜、丝光线袜,其原料主要使用三十二支、四十二支丝光线及中国第一毛线厂所出国货毛绒。仇东袜厂所用原料主要为三十二支、四十二支丝光线。日新昌袜厂则主要使用四十二支双股线作为原料。恒丰袜厂所用原料主要购自上海,包括三十二支、四十二支丝光线等。[①] 与平湖县类似,绍兴县织袜业的主要原料也是棉纱、棉线、毛绒三种。[②]

其次,平湖袜业所用的各种原料来源趋于多样化。由最初完全依赖进口原料到逐步增加国产原料,最终变为以国产原料为主,甚至完全使用国产原料。在国产原料中,也因为国内各地棉纺、缫丝及毛纺工业的发展,发生了原料供给地的变化,大体上呈现为由上海等沿海主要工业城市向内地等其他工业城市转移的趋势。

在平湖县,各家袜厂生产的主要产品包括各种规格的男袜、女袜和童袜,另外还有一部分绒衫、绒帽等。其中,袜子又区分为使用棉纱、棉线、毛绒、蚕丝及人造丝等不同原料的不同品种。因而,平湖袜业原料需求涵盖棉纺业、缫丝业、毛纺业等不同工业行业的产品。由于平湖袜业以棉袜为其主要产品,因而所需原料以棉纱、棉线最为重要。曾有学者统计了平湖各家袜厂所用原料棉纱的来源和数量。如下表。

1932年发表的这份调查显示,平湖袜业每年产出男袜、女袜、童袜等共计101 900打,使用棉纱数量为1 008件——这些棉纱全部购自上海。[③]

---

① 章镛堂:《浙省平湖县工厂调查录》,《中华实业丛报》第5期,1921年7月。
② 施鑫泉:《绍兴之棉织工业》,《上海法学院商专季刊》第10期,1936年5月1日,第31—33页。
③ 《浙江省平湖县工厂调查表》,《工商半月刊》1932年第4卷第1期,第51—54页。

表 3-1 1932年平湖县袜业原料来源及数量表

工厂名称	产品名称	产品数量(打)	原料产地	原料数量(件纱)
光华	男、女袜等	50 000	上海	100
日新昌	男、女袜等	24 000	上海	50
一新	男、女、童袜	36 000	上海	70
轮新	男、女、童袜	61 000	上海	120
明华	男、女、童袜	11 000	上海	30
裕华	男、女、童袜	4 000	上海	80
叶粹记	男、女、童袜	6 000	上海	20
蓉记	男、女、童袜	20 000	上海	45
永华	男、女、童袜	4 000	上海	18
勤余	男、女、童袜	5 000	上海	19
成康	男、女、童袜	2 700	上海	10
华商	男、女、童袜	5 000	上海	20
民生第一厂	男、女、童袜	3 200	上海	17
华锠	男、女、童袜	2 800	上海	20
万丰昌	男、女、童袜	7 200	上海	20
怡和永	男、女、童袜	未定	上海	10
立盛	男、女、童袜	4 000	上海	18
震丰	男、女、童袜	8 000	上海	30
振大	男、女、童袜	11 000	上海	32
久和	男、女、童袜	11 000	上海	32
民强	男、女、童袜	4 800	上海	19
同益	男、女、童袜	8 400	上海	30

续　表

工厂名称	产品名称	产品数量(打)	原料产地	原料数量(件纱)
同源	男、女、童袜	9 400	上海	31
裕成	男、女、童袜	2 800	上海	20
成隆	男、女、童袜	8 100	上海	30
顺丰	男、女、童袜	10 000	上海	30
安余	男、女、童袜	7 200	上海	24
鼎成	男、女、童袜	7 000	上海	24
义成	男、女、童袜	5 500	上海	20
大铭	男、女、童袜	4 700	上海	19
合　计		101 900		1 008

资料来源：《浙江省平湖县工厂调查表》,《工商半月刊》1932 年第 4 卷第 1 期,第 51—54 页。

在上海,至抗日战争前夕,全市袜厂共计 280 余家。1936 年,全市营业额约计 100 万元左右。这些袜厂所用的制袜原料主要是棉线,其次为人造丝和真丝。其中,除了十二支、十六支、二十支、三十二支这些规模的棉纱出自中国纱厂外,其余如三十六支、四十二支、六十支、八十支、一百二十支、一百四十支线都依赖进口,其中,四十二支及六十支线最多。随着上海等地棉纺工业技术的进步,尤其是 20 世纪 30 年代开始,位于上海的申新、福新、永安等纱厂,已经开始生产四十二支及六十支棉线,可以供给袜厂所需。不过,八十支至一百四十支棉线,仍然需要仰赖于进口。[①] 原因在于,上海各家袜厂虽然对八十支以上的棉纱有较大需求,但国产棉纱和棉线大都不超二十二支,只有永安纱厂生产少量六十支棉纱。由于国产棉纱供给不足,直到 30 年代中期,上海各家袜厂所需八十支以上的纱线,仍不得不依赖进口。[②]

在杭州,织袜业所用原料主要包括棉纱、棉线、蚕丝、毛线、人造丝等。其中,棉纱有自日本进口者,也有国产者。不过,国产棉纱与进口棉纱相比,在匀度和光滑程度上稍为逊色。与棉纱类似,各家袜厂使用的棉线也是进口与国产兼有。

① 《袜衫业概况》,《大公报》1937 年 4 月 26 日。
② 叶抱襄:《津沪针织业概况》,《商业月报》第 14 卷第 4 期,1934 年 4 月 30 日,第 1—3 页。

进口棉线主要来自日本。20世纪20年代后期，随着中国棉纺工业的发展，国产棉线的质量相应提高，杭州当地袜厂使用国产棉线的数量增加，至1929年，杭州袜业使用国产棉线的比重已经达到进口棉线的70%。杭州所造各种真丝袜子所用原料——蚕丝，全部产自江苏、浙江两省。此外，杭州袜业还使用一定数量的人造丝，这些人造丝全部由英国进口。①

在扬州，直到20世纪20年代后期，各家袜厂所用的棉纱主要为十支、十二支、十六支、三十二支，大多由上海趸购。所用丝光线主要是三十二支、四十二支，也都由上海趸购，其中原因在于扬州城内尚无染丝光线的厂家。由于棉纱供给充分，扬州织袜业发展迅速。1920年前后，扬州当地居民所穿机织袜还有赖于上海等地输入。20年代前半期，随着袜厂数量猛增，产品数量增加，并很快占领本地市场，至1927年，扬州市场上所售线袜、丝光线袜，全部为本地袜厂所产，已经完全排挤了外地的产品。不仅如此，本地袜厂所产线袜和丝光线袜，不仅供给城内消费者，还销售于扬州附近各县。②

在昆明，织袜业原料包括棉纱、毛线、颜料等，最为重要的是棉纱。棉纱的种类按照色泽区分，有丝光、本色纱、染色纱等多种。以棉纱类别区分，则有单股和双股之分，又以单股为多。以粗细规格区分，则有六支、八支、十支、十六支、二十支等多种。十支以下粗纱用于织造冬袜，十支以上的棉纱用于织造夏袜用。③

织袜业所需的棉纱、棉线等主要原料由进口产品向国产产品的转变，也同样发生在昆明织袜业中。在九一八事变以前，昆明织袜业所需的棉纱，主要从日本进口。九一八事变以后，各家袜厂抵制日货，所用日产棉纱急遽减少。至抗日战争前夕，昆明织袜业已经全部采用国产棉纱，产地主要在上海、南通。

表3-2　昆明针织业棉纱来源表

纱　支	牌　号	来源地	纺制工厂	备　注
十六支	双鱼	上海	勤丰	战后断绝来源
十六支	双喜	上海	申新六厂	战后断绝来源

① 《杭州市工业调查录·袜业》，《市政月刊》第5卷第7期，1932年7月31日，第11—12页。
② 《扬州针织业近况》，《中外经济周刊》第198期，1927年1月29日，第39—40页。
③ 陈建棠：《战时昆明市之针织业》，《经济动员》第3卷第4期，1939年7月31日，第1064—1070页。

续　表

纱　支	牌　号	来源地	纺制工厂	备　注
十支、廿支	金城	上海	永安	
十支、廿支	金鸡	上海	统益	
十支	三羊	上海	鼎鑫	战后断绝来源
十支	宝彝	上海	鸿章	
十支	魁星	南通	大生	
十支、廿支	地球	上海	新裕	
十支	织女	上海	广勤	战后断绝来源
十支	三鹿	上海	纬通	战后断绝来源
十支、廿支	双马	上海	申新九厂	

资料来源：陈建棠：《战时昆明市之针织业》,《经济动员》第3卷第4期,1939年7月31日,第1064—1070页。

其他一些袜子原料的产地与平湖类似。在杭州,织袜业所用棉纱主要向上海的棉纺厂、商号采买,少部分则由杭州当地的统益公纱厂提供。①

在江苏省的袜业重镇南汇县,各家袜厂主要生产纱袜,包括男袜和女袜,所用原料包括单线和双线,四十二支纱在全部原料中所占的比重最高。由于南汇当地缺乏棉纺工业,南汇袜业生产所需要的纱线由上海的商家提供。其中,进口棉纱由洋行供给。估计这类纱线每年约需近3万件。由于南汇部分袜厂是承接上海袜厂的加工业务,具有代工性质,而所需的棉纱等原料,也由上海袜厂直接提供,不必南汇的袜厂自备。如果加上这类纱线,则南汇县袜业全年需要的纱线总计为5万件,几乎全部依赖上海纱线供应商供给。②

在江西九江,由于当地缺乏棉纺工业,当地袜厂所需纱线主要依赖外地输入,由于购货渠道不足,袜厂所需原料常有不足之虞。1926年,九江西门外绸缎店利用这一商机,经销棉纱。由于没有专事染纱、抛光等纱线加工的工厂,各家

① 《杭州棉织针织业概况》,《工商半月刊》第1卷第17期,1929年9月1日,第10—12页。
② 《南汇织袜业现状》,《工商半月刊》第5卷第11期,第43—54页。

袜厂自设染坊或染纱车间，对纱线进行染色等加工。[①]

第三，随着国产原料在袜业生产原料中比重的增加，以及袜子生产原料来源的日益多样化，作为主要生产原料的棉纱价格呈下降趋势。20世纪初，由于棉花价格下降，棉纱价格也随之下跌。1913年，由于美洲棉花和中国棉花丰收，产量增加，棉纱价格也相应下降。[②] 1914年初，包括印度、日本进口的棉纱，价格都较前有所下降。[③] 至夏季，由于棉花遭受风灾，市场预料当年棉花收成不佳，因而棉花价格飞涨，宁波棉花大包价格已经售至33～34元，安昌棉花大包增至16.8元。相应地，机制棉纱价格也随之上涨，每箱上涨4元。和惠纱厂所产十六支纱价格涨至每箱124元，通久源纱厂所产十支纱每箱价格也达到120元，通惠公纱厂所产十支纱每箱价格达到117元，而且全部为现盘交易。[④] 同样，8月份，无锡棉纱价格也经过了数次上涨。不过，棉纱价格的上涨为时不久，即因第一次世界大战爆发的影响，中国棉纱价格随即下跌，每件下降12元左右。9月上旬，棉花价格下降，棉纱价格再度下挫，而且"积货甚多，销路难恃"。[⑤]

原料价格下降的主要原因在于国产原料较诸进口原料价格较低。平湖等地织袜业原料使用最多的是十六支棉纱，以及三十二支、四十支棉线，[⑥]较日本进口产品具有价格低廉的优势。

需要说明的是，除部分国产棉纱棉线在织袜原料中占有一定比重外，其他如人造丝、染料等，几乎全部依赖进口，主要产自德国、美国、英国和日本。20世纪30年代初，天原化工虽能供给部分袜厂所需棉纱漂染剂、漂白粉等，可以替代德国、日本所产相应产品，但由于国产染料等产量有限，袜业所需染料仍主要依赖进口。[⑦]

二、种类和来源

由初创经过发展而至鼎盛，平湖袜业产品种类齐全，规格日益丰富，但始终

① 《九江织袜业之近况》，《兴华》第23卷第46期，1926年11月24日，第21—22页。
② 《最近棉花及棉纱市情》，《时事新报》1913年6月10日。
③ 《一星期棉纱市况》，《时事新报》1914年3月24日。
④ 《棉花棉纱价格飞涨》，《时事新报》1914年7月13日。
⑤ 《无锡棉纱市情每况愈下》，《时事新报》1914年9月17日。
⑥ 施鑫泉：《绍兴之棉织工业》，《上海法学院商专季刊》第10期，1936年5月1日，第31—33页。
⑦ 叶抱寰：《津沪针织业概况》，《商业月报》第14卷第4期，1934年4月30日，第1—3页。

以线袜和纱袜为其主要产品,因而作为纱线袜原料的纱、线对袜业具有决定性的影响。纱线供给的数量和质量都对袜业形成制约。及时而充分的纱线供给是平湖袜业按时开工生产的前提,纱线供给数量的变化又与价格有关,因而直接决定着平湖袜业的成本以及产品价格。而纱线的品种、规格以及质量,则直接影响着平湖袜业产品的种类、规格以及质量。袜子式样是否精美,穿着是否舒适,质量是否优良,除了设备、生产技术和工艺外,主要取决于纱线的规格和质量。袜子的产品质量固然受到织袜机针数多寡的影响,但也直接取决于纱线的粗细。织造精细的袜子,必须使用针数较多的织袜机,以及匀细而坚韧的纱线。而要生产细匀坚韧的纱线,则需要棉纺厂生产符合要求的棉纱。[①] 由于平湖本地不能生产袜业所需的棉纱,平湖袜业所用的棉纱全部来自外埠,这部分原料的采购、输入等过程也对平湖袜业的发展具有决定作用。

前文曾经提及,20 世纪 10—20 年代为平湖袜业的发展时期,但这一发展时期是与三四十年代的衰落时期相较而言的。正如衰落时期的袜业有过恢复和发展,发展时期的袜业也一度经历危机和停滞。在平湖,20 年代初就曾经历过袜业生产的危机,引起袜业生产停滞乃至袜厂倒闭风潮,其中关键的原因就是棉纱供给短缺和价格上涨。如果从整个近代平湖袜业的历史观察,可知原料价格和供给状况一直是制约平湖袜业的要素。以 1921—1922 年平湖袜业遭受的危机为例。此次危机即由棉纱价格上涨所致。1921 年冬季,棉纱价格逐步上涨,以致平湖各家袜厂成本骤然增加。因为此次棉纱价格上涨的时间临近年终,平湖各家袜厂不得不“忍痛”按照高价购进棉纱,希望年后纱价回跌,弥补亏损。1922 年春节过后,各家袜厂准备开工生产,但棉纱价格较 1921 年冬有增无减。经过核算,平湖袜业认为纱价过高,以往年袜货价格衡量,生产势必亏本。因而各家袜厂代表集中讨论提高袜货价格。此次决定提高袜货价格的袜厂包括瑞丰、兴业、久和、振华、当湖、协记、立大和、日新昌、启新、中华、长源、怡和、日光、仇东、谢鑫等,都是平湖规模较大的袜厂。[②]

提高袜货销售价格固然能够使平湖各家袜厂不致亏损,但袜货价格的上涨则不利于平湖针织袜厂产品的推销。对此,平湖袜业厂商也深知其中的利害,因而对于提高袜货销售价格十分谨慎。此次通过提高袜货销售价格度过危机后,

---

① 陈兆龙:《敬告吾国制袜业之同胞》,《申报》1915 年 5 月 2 日。
② 《平湖袜业公所紧要启事》,《申报》1922 年 2 月 8 日。说明:该文标题为编者所加。

1923年，纱线价格继续增加。按照前一年所定销售价格，各种袜货价格都已不敷成本。面对亏损，各家袜厂原打算待之后纱线价格下跌，成本下降，利润恢复，弥补此次亏损。不料当年纱线价格不断上涨，至秋季，纱线价格上涨迅猛，9—10月，纱线价格上涨幅度达到20%。平湖袜业公会只得于阴历十月一日邀集同业开会，决定统一提高各种纱袜和线袜的销售价格，将价格提高10%，以保障收回成本。此次会议还决定，之后将根据纱线价格的涨跌变化，再行集议，决定是提高还是降低袜货价格。平湖袜厂提高产品销售价格，直接影响到平湖袜业销售商的利益。因而，平湖袜业公会登报发表回盘声明，希望客商予以谅解。[①]

表3-3 1922—1931年上海国产棉纱价格表

年份	每包平均价(元)	指数
1922	137.000	97.9
1923	158.000	112.9
1924	173.333	123.8
1925	169.167	120.9
1926	139.958	100.0
1927	139.740	99.8
1928	160.604	114.8
1929	171.271	122.4
1930	161.146	115.1
1931	172.222	123.1

说明：1. 每包价格以上海规银计算。2. 均为华商纱厂出产的十六支纱价格。
资料来源：方显廷：《中国之棉纺织业》，商务印书馆2017年版，第134页。

1922—1931年，国产棉纱价格大致趋于上涨态势。平湖袜业所用棉纱绝大部分购自上海，因而，上海棉纱价格的变化直接决定着平湖袜业生产成本的高低变化。1922年，上海市场上每包棉纱平均价格为137元。1923年，每包棉纱的

① 《平湖袜业加盘声明》，《申报》1923年11月6日。

平均价格增加到158元。1924年进一步上涨至173.333元。1925—1927年,上海国产棉纱价格连年下跌。1928—1931年,上海国产棉纱价格呈上涨、下跌、再上涨的起伏变化。至1931年,上海国产棉纱每包平均价格已经上涨到172.222元。与1922年相比,价格上涨了25.71%。按照指数衡量,以1926年为100,则1922年为97.9,1931年上涨至123.1。

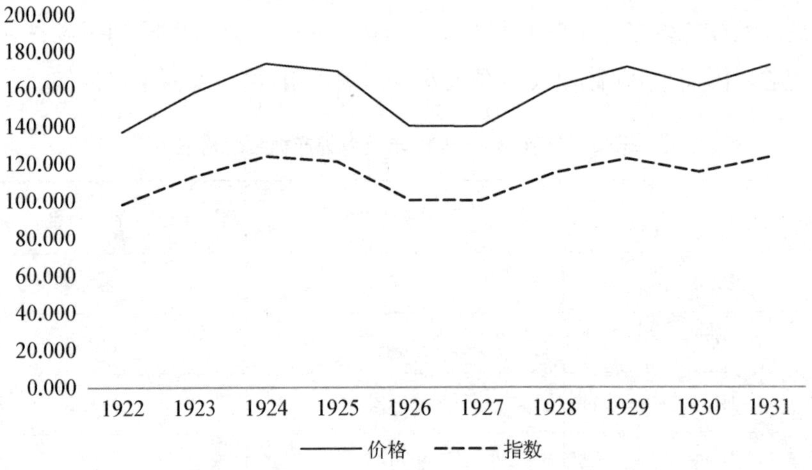

图3-1　1922—1931年上海国产棉纱价格表

资料来源:方显廷:《中国之棉纺织业》,商务印书馆2017年版,第134页。

平湖各家袜厂用作织袜原料的棉纱中,还有部分依赖进口,或者由外商纱厂生产。尤其是支数较大的细纱,主要依赖进口日本的洋纱,或者由设在中国的日商纱厂供给。

表3-4　1922—1931年上海日商纱厂棉纱价格表

年　份	每包平均价(元)	指　数
1922	138.833	97.8
1923	157.292	110.8
1924	176.333	124.2
1925	171.369	120.7

续表

年　份	每包平均价(元)	指　数
1926	141.927	100.0
1927	141.594	99.8
1928	160.667	113.2
1929	167.042	117.7
1930	162.292	114.3
1931	172.917	121.8

说明：1. 每包价格以上海规银计算。2. 均为日商纱厂出产的十六支纱价格。
资料来源：方显廷：《中国之棉纺织业》，商务印书馆 2017 年版，第 134 页。

1922—1931 年，上海日商纱厂所产棉纱价格也呈上涨态势。1922 年，上海日商纱厂所产棉纱每包平均价格为 138.833 元；1923 年涨至 157.292 元，较前一年上涨了 13.30%；1924 年再涨至 176.333 元，环比上涨 12.11%。1925—1927 年，日商纱厂所产棉纱平均价格连年下降；1928—1929 年连续两年上涨。1930 年与 1929 年相比，日商纱厂所产棉纱价格略有下跌，次年即转趋上涨，由前一年的每包平均 162.292 元上涨至 172.917 元，涨幅达到 6.55%。

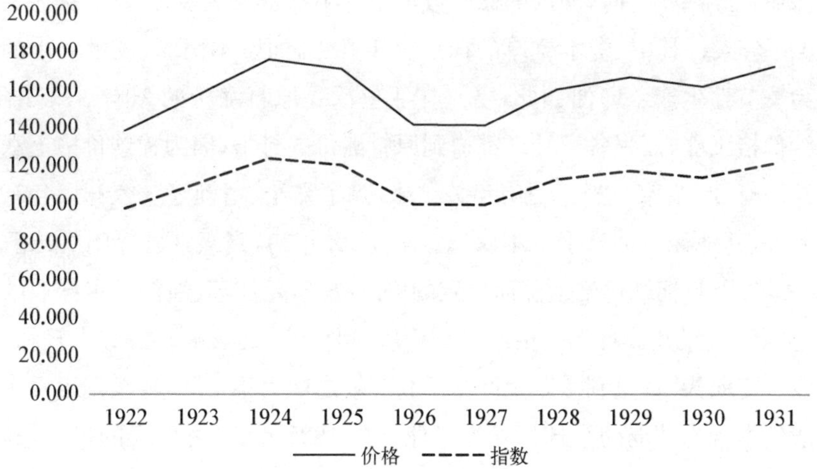

图 3-2　1922—1931 年上海日商纱厂棉纱价格表
资料来源：方显廷：《中国之棉纺织业》，商务印书馆 2017 年版，第 134 页。

自1922年至1931年,前后十年间,上海日商纱厂棉纱价格虽有涨跌变化,但大体上呈现为上涨趋势。1931年与1922年相比,平均每包棉纱价格上涨了34.084元,涨幅达到24.55%。日商纱厂所产棉纱价格的涨跌变化还可从指数的变化加以观察。以1926年日商纱厂所产棉纱每包平均价格为100,则只有两个年份的棉纱价格指数低于100,即1922年的价格指数为97.8,1927年的价格指数为99.8,其余年份的棉纱价格指数都超过110。

原料价格上涨一直是困扰平湖袜业的问题,直到1926年上半年,由于丝光线价格的上涨,平湖袜业生产再度受到影响。1926年5月与1月相比,丝光线价格上涨约20%。尽管原料价格上涨,但平湖各家袜厂考虑到采购平湖袜货的客商绝大部分为多年往来的商户,因而并未提高对这些客商的供货价格。然而,随着纱线价格不断上涨,平湖各家袜厂集议自5月8日起,将各种纱线袜的价格提高10%,以免各厂亏损。[①] 此举虽然暂时保障了平湖袜业的利益,但供货价格的不断提高,对于平湖袜业的长期发展是不利的。由于袜货价格一再上涨,经销商势必相应提高平湖袜子的销售价格,平湖所产袜子在外地市场的竞争优势就会下降,从而影响这些产品的销售数量,导致平湖袜业市场的萎缩。这正是20世纪30年代初平湖袜业转趋衰落的原因所在。

除了通过提高价格而免致亏损,得以继续维持经营的袜厂,还有一些袜厂则因原料价格的上涨而导致入不敷出,最终因为亏损而停歇。1920—1921年,嘉兴织袜业曾经兴盛一时,城内的袜厂数量已有100余家之多,以从事袜业为生者达5 000余人。其中,资本雄厚的袜厂全年开工,而资本薄弱、规模狭小的袜厂大多为季节性生产。即便如此,嘉兴袜业也深受原料涨价的影响。1921年,因为棉纱价格飞涨,嘉兴各家袜厂都遭到原料涨价的打击,因为棉纱价格上涨而停工的袜厂有30余家。当年阴历年关结账,除了嘉纶、精勤等3家袜厂各有盈余数千元外,其他袜厂都处于亏本状态。至1922年初,嘉兴宣告停闭的袜厂已有10余家。[②] 因为棉纱价格上涨而导致的停工停产,是江苏、浙江两省袜业的普遍现象,平湖、嘉兴并非特例。由于受到棉纱价格上涨的影响,之前“本轻利重”的织袜业一变而为“本重利微”,生产袜子利润较之前大幅下降,甚至发生亏本。结果一般资本较为薄弱的小袜厂相继停业。据1921年10月发表的报道,其时江

① 《平湖袜业公所启事》,《申报》1926年5月8日。

② 《织袜业盈亏概况》,《新闻报》1922年2月5日。

苏、浙江两省因为棉纱价格上涨而停业的袜厂已占袜厂总数的40%左右。那些继续维持经营的袜厂，也因为棉纱价格上涨而减少产量。那些兼织棉袜、丝袜的袜厂，也因纱、丝价格双双上涨而不得不停织丝袜。由于停织丝袜，同时减少袜货产量，整个袜业也由之前数年的迅速发展而陷于停滞乃至倒退。[①]

1922年，因为受到棉纱价格上涨的影响，嘉兴尚存的织袜厂陆续停工。原因就在于当年春、夏两季，棉纱价格不断上涨，导致袜子成本继续上涨，袜厂无利可图，不得不提高袜子售价。但市场上的袜子价格又连续下跌，以致嘉兴各家袜厂生产的产品壅积不销，以致资金无法周转。至5—6月，宣告闭歇的袜厂已经达到20～30家，尚未停闭的袜厂不及总数的50%。[②] 1924年，受到棉纱价格上涨影响的并不只织袜业，以棉纱为其主要原料的布厂等也有停工倒闭者。只有那些资本充足、实力雄厚的袜厂，才在棉纱价格上涨的周期中渡过难关，继续维持其生产经营。[③] 事实上，在这一轮原料上涨的周期中，织袜业所受到的影响是持久的，直到1925年，嘉兴袜业仍然受到原料涨价的困扰。当年，由于棉纱价格继续上涨，而线袜和纱袜的价格反趋低落。即使价格降低，仍然难以销售，各家袜厂的产品销路呆滞。价格下跌伴随着销售数量减少，结果嘉兴各家袜厂都陷于亏本经营的状态。中秋节之后，资本数额偏低的袜厂都打算停歇，等待袜货销路扩展后再行复业。资本较为雄厚的袜厂，也计划压缩生产数量，以降低开支，渡过难关。[④]

受纱价上涨影响而导致袜厂经营衰落的还有江苏省松江县的袜业。松江袜业肇始于20世纪初，自1917年以后，发展较为迅速。袜业在该县得以较快推广的原因，与平湖袜业在10年代后期快速发展相似，都因第一次世界大战期间国产袜货市场的不断扩大。到20年代初，松江袜业已经具备一定的规模。除了那些依托大厂包销的袜厂外，自主设置商标，并独自推销的袜厂共计9家。但松江袜业的发展亦受到棉纱价格上涨的制约。例如，1920—1921年，由于棉纱价格涨落不定，松江多家袜厂因而亏损。至1921年春夏之交，棉纱价格再度飞涨，但以棉纱作为原料的纱袜销路却未见增加，各家袜厂生产的纱袜在厂中囤积，无法

---

① 《袜业盛极而衰　无限制自由竞争之结果》，《申报》1921年10月23日。
② 《袜业不振之原因》，《时报》1922年7月14日。
③ 《纱价影响袜业布厂》，《新闻报》1924年7月21日。
④ 《禾城袜业之近讯》，《时事新报》1925年10月3日。

脱销。位于松江城内的履和袜厂不得不将织造纱袜的袜机全部停工。[①]

多重因素导致织袜原料棉纱价格上涨。从内部因素来看,作为织袜原料的棉纱价格上涨在于袜厂数量的增加,织袜业对棉纱需求总数不断增长。随着消费者对纱袜、线袜需求数量的增加,织袜业随之兴起和发展。再者,由于投资袜业所需资本较轻,筹集少量资本,即可购入袜机、棉线、棉纱等,开工生产。更由于袜子市场需求旺盛,袜子价格稳定,袜货易于销售,因而除了工商界纷纷投资外,一些手工业者乃至农户也购机自织,因此袜业在短短数年间迅速发展。尤其是地处东南沿海的江苏、浙江两省,袜厂开设尤其普遍。在袜业兴起及快速发展的时期,作为织袜原料的棉纱价格便宜,织袜机的价格也逐步下降,因此从事袜子生产的厂家获得了丰厚的利润。然而,由于袜厂愈开愈多,袜业对棉纱的需求也不断增长,棉纱、棉线的价格也转趋上涨。[②]

棉纱、棉线价格上涨,意味着生产袜子的成本增加。如果袜货价格保持不变,生产袜子的利润即会相应下降,个别袜厂甚至有可能因此而亏损。为了缓解棉纱价格上涨给袜业带来的压力,各地袜子生产厂家设法保障自身的利益。在上海,面对棉纱价格的上涨,织袜同业联合会决定提高袜子价格。在该联合会所发布的通告中说明了提高袜价的理由,即作为袜厂原料的人造丝价格上涨。同时,袜厂之间又因相互竞争,各厂生产的产品又不断下跌,对整个织袜行业产生不利影响,甚至有可能导致袜厂亏损,以致无法继续维持经营。为此,袜厂同业开会集议提高袜子价格。具体提价办法为:半丝统每打袜子增加 0.2 元,全丝统每打增加 0.3 元。并要求各家袜厂遵守。[③]

从外部因素来看,由于袜业所需原料部分依赖日本进口棉纱,在提倡国货、抵制日货风潮的影响下,进口棉纱原料来源减少乃至中断,故而袜业原料价格上涨。[④] 自 20 世纪 10—30 年代,抵制日货而导致的原料供给短缺一直是影响平湖机织袜业生产的因素。例如,1919 年 6 月,平湖机织袜厂同业就曾公议不用日货。在一则公告中,平湖规模较大的袜厂,如光华、当湖、华兴、振华等共同发出抵制日产棉纱、袜机,改用国产棉纱、袜机的呼吁。平湖光华、当湖、华兴、振华、

---

① 《松江各厂停织纱袜之原因》,《民国日报》1921 年 5 月 14 日。
② 《袜业盛极而衰　无限制自由竞争之结果》,《申报》1921 年 10 月 23 日。
③ 《袜业实行增价》,《时事新报》1925 年 3 月 24 日。
④ 《袜业盛极而衰　无限制自由竞争之结果》,《申报》1921 年 10 月 23 日。

勤业、启新、立大、美华、久和瑞记、利华等袜厂，决定由上海达丰、鸿章两家染织厂向鸿裕、厚生、大生、德大等华商纱厂购买纱线，作为织袜原料。[①]

九一八事变后，平湖各界抵制日货的行为更加严厉。[②] 对于私自购进日货的袜厂，抗日救国会还采取了没收货物、罚款、游街等惩治措施。1932年，平湖一新袜厂因为私自购进日货而遭到惩罚。[③] 平湖袜业禁止使用日本棉纺厂所产棉纱的结果，即造成生产原料缺乏。这种现象在当时的织袜业以及针织业中具有代表性。当时的报纸多从抵制日货的角度加以报道，可以看出抵制日货对织袜业的影响。以上海为例。九一八事变后，日军侵占中国东北，关内各行各业掀起又一轮抵制日货的浪潮。之前使用日本产品作为生产原料的工业和手工业，拒绝购置日货。上海针织业纱线来源因此中断，以致400余家针织厂停工，其中绝大部分为专营或兼营袜业的厂家。造成这种原料短缺现象的原因，除了此次激烈抵制日货的举措外，还与九一八事变之前袜业所用棉纱等原料的构成有关。针织袜厂使用的原料以纱线为主，其中棉线又以四十二支、六十支双股为多，其次为一百支、一百二十支棉线；棉纱则以二十支单股为最多。上海各家袜厂使用的棉纱和棉线，约有70%为日本棉纺厂所产，约有30%为中国棉纺厂所产。受抵制日货的影响，日本棉纱及棉线的供给骤减，而中国各家纱厂所产棉纱和棉线又不能满足织袜业的需求。面对供不应求的市场状况，中国纱厂又趁机提高棉纱价格，从而加重了织袜业的经营困难，其中又以家庭经营的小规模针织厂为最多。[④] 因为原料缺乏以及涨价，约占总数30%的上海针织厂暂时停业。另有占针织厂总数约40%的厂家改为织造毛织品和丝织品。尽管面临重重困难，但针织业厂家为了抗日救国，坚持抵制日货。[⑤]

为了解决停止进口日本棉纱后面临的原料匮乏问题，一些袜厂决定转而采用英国进口的棉纱，并向英商洋行定购棉纱。1931年12月初，经由上海英商德记、和记、美最等洋行定购的英国所产四十二支、六十支、八十支等纱线，已经陆续装运来沪。此前停业的上海部分针织厂相继复业。[⑥] 但因英国进口棉纱供给

---

① 《平湖机织袜厂同业公议紧要广告不用日货》，《申报》1919年6月18日。
② 《平湖袜厂罢市》，《时报》1932年2月16日。
③ 《私进日货限交游街》，《时报》1932年6月8日。
④ 《上海针织业原料之恐慌》，《世界与中国》第2卷第3期，1932年1月1日。
⑤ 《英纱线抵沪后针织业复业》，《民国日报》1931年12月3日。
⑥ 同上。

不足,上海约有三分之一的针织厂只能等待英国棉纱等织袜原料的输入。至1931年12月,已经定购13 000件,以每件40包,每包10磅计算,总计约520万磅,12月之后可陆续运抵上海。至于那些依赖原有的纱线原料维持生产的袜厂,由于存货有限,至12月底若进口英国棉纱未能运抵,也将陷于原料不足而停业的窘境。①

在增加进口英国棉纱以替代日本棉纱的同时,各家袜厂还尝试增加国产棉纱的供给。在上海市,针织业同业公会为彻底摆脱对日本纱线原料的依赖,曾召集全市同业讨论筹备设立细纱工厂,预计投资100万元,规模达到纱锭100万枚,专纺针织业急需的纱线。然而,这一方案因为投资数额过大、技术人才不足等原因,未能在短期内实施。② 为了拓展原料来源,平湖袜业也曾尝试解决原料替代,以满足需求。例如,1936年,平湖袜业同行就曾派遣代表前往无锡寻求棉纺业改进原料。③

由于国产棉纺技术相对滞后,棉纺工业所产棉纱种类、规格、质量等,不能满足袜业原料需求,限制日货等进口产品的销售给平湖袜业造成限制。这在抵制日货的风潮中成为袜业共同面临的问题,因而平湖袜业面临的原料短缺以及纱价上涨等,在全国袜业中都具有一定的代表性。

表3-5　浙江省针织业原料使用数量表

县　别	棉纱(件)	棉线(件)	毛绒(件)	丝(两)
杭州	2 950	530	300	650
海宁	3 200	640	448	
嘉兴	700	163	15	
嘉善	300	30		
平湖	3 000	450	20	
鄞县	540	70	120	15 000

① 《上海针织业原料之恐慌》,《世界与中国》第2卷第3期,1932年1月1日。
② 同上。
③ 《禁用仇货派代表来锡　接洽改进原料　推代表十一人昨日下午抵锡　今日上午首赴申新庆丰等厂》,《新闻汇报》1936年11月26日。

续 表

县 别	棉纱(件)	棉线(件)	毛绒(件)	丝(两)
绍兴	460	130	100	
黄岩	20			
天台	10			
金华	380			
兰溪	110			
东阳	350			
义乌	20			
永康	150	30		
衢县	30	5		50
永嘉	2 900			
总计	15 120	2 093	1 033	

说明：海宁所用 3 200 件棉纱，包括自八支至四十二支多种不同规格。

资料来源：实业部国际贸易局：《中国实业志 · 浙江省》第七编，实业部国际贸易局 1934 年版，第 55—74 页。

从浙江全省来看，针织业的生产原料以棉纱居多，全年需要使用的数量达到 15 120 件，其次为纱线和毛绒。人造丝虽也有使用，但数量极少。由于包括袜厂在内的针织厂几乎全部都使用人工动力，所用织袜机均为手摇织袜机，使用电机作为动力的工厂不过 1～2 家，每年生产丝袜数量很少，因而作为织袜原料的蚕丝数量也较少。除个别县份外，其余各地甚至未统计作为原料使用的蚕丝数量。浙江省虽为织袜业大省，包括袜货在内的针织品产量在全国各省中占有较高比重，但无论是棉纱、棉线还是毛绒，各家袜厂所需的原料都需要从上海和无锡两个地方采购。其中，最粗的棉纱规格为八支，最细的也不过六十支，二十支棉纱几乎全部产自华商纱厂，而二十支以上以至六十支纱线，全部使用日本进口产品，以及日商纱厂产品。主要品牌为日光牌和彩球牌两种。由于二十支以上的细线缺乏华商的竞争,这些种类的棉纱在浙江省内袜业中十分畅销。[①]

对于平湖等地的袜业生产来说,最为严重的原料短缺发生在抗日战争期间以及战后袜业恢复时期。以海宁县硖石镇为例。硖石为沪杭铁路线上的站点,由于水陆交通便利,硖石的袜业兴起时间较早,规模也颇为可观,一度与平湖袜业并驾齐驱,同为浙江袜业的翘楚。在抗日战争以前,常年开工生产的织袜机达到1万架,每天产量超过3万打,每年外运的袜子数量达到1 200万双。硖石各家袜厂产品销售的地区除浙江省内的金华、衢州,还有江西省上饶,以及陕西、山东、河北、河南,江苏、安徽等长江南北各埠。抗日战争期间,由于日伪实施统制经济政策,织袜原料断绝,加之产品销路中断,硖石袜业急剧衰落。抗日战争胜利之后,工商界有意恢复袜业,硖石袜业也一度有所发展,复业后的最盛时期,袜厂达到60余家,但因"外货倾销,成本昂贵,购买力低弱",战后恢复或新建的袜厂大多昙花一现,销路也仅限于浙江、江西、安徽、福建等省,较诸抗日战争以前,袜货市场已经大幅萎缩。[②] 其中,影响硖石袜业的关键因素就是棉纱价格的上涨。[③]

综上所述,作为针织袜业主要原料的棉纱和棉线的供给及价格波动,关乎平湖袜业的兴衰。平湖袜业的兴起得益于进口棉纱的大量输入以及中国棉纺工业的发展,而平湖袜业快速发展的时期也正是棉纱和棉线市场供给充足的时期。20世纪10年代中后期开始,受到抵制日货、提倡国货等风潮的影响,平湖袜业时常受到生产原料短缺的困扰。通过进口英国棉纱替代日纱,同时扩大对国产棉纱的采购,平湖袜业在蹒跚中达至鼎盛。然而,受到国产棉纱不敷袜业需求,以及棉纱价格持续上涨等因素的影响,平湖袜业的利润下降,以致资金周转困难,部分厂家因而歇业倒闭,整个袜业趋于衰落。抗日战争期间日伪的经济统制政策、交通运输中断导致的原料紧缺,以及抗日战争之后棉纱等袜业原料价格的飞涨,都制约着袜业的恢复以及发展。与二三十年代袜业的发展和全盛时期相比,平湖袜业陷入衰退和停滞阶段,而棉纱和棉线等织袜业原料的供给不足、价

---

① 《禁用仇货派代表来锡 接洽改进原料 推代表十一人昨日下午抵锡 今日上午首赴申新庆丰等厂》,《新闻汇报》1936年11月26日。

② 阿洵:《低落中的手工业——硖石针织厂近貌》,《工商新闻》第83期,1948年,第6页;义:《海宁织袜业的危机 纱昂捐重成本激增 产销日减已濒崩溃》,《新闻报》1948年5月25日。

③ 义:《海宁织袜业的危机 纱昂捐重成本激增 产销日减已濒崩溃》,《新闻报》1948年5月25日。

格上涨为其主要原因。尽管平湖等地的袜业同仁尝试与棉纺工业界合作，以获得稳定的棉纱供给，但受到资金、技术、人员等内因的制约，这些努力都付诸东流。而日本不断扩大对华军事侵略，不仅阻断了平湖袜货的销路，还导致织袜原料供给不足及价格上涨，而日军侵入平湖，更使平湖的袜业遭遇没顶之灾，原料供给完全中断，袜厂相继倒闭破产。抗日战争胜利后，平湖袜业未及全面恢复，就再度陷于原料短缺、物价飞涨的困局。不仅发展无望，就连维持生存已成难题。

由于棉纱价格上涨，袜厂为了保障袜货利润，不得不提高产品销售价格。在上海，针织业同业公会因为纱线、毛绒等生产原料价格上涨，针织产品成本增加，于1936年10月17日召集同业会议，讨论结果决定，自当日起，提高产品销售价格，并全部实行现款交易。同时还做出决定，如果针织原料价格继续上涨，针织同业将再次召开会议，继续提高产品价格。按照同业集议，此次上海针织业产品涨价办法包括：六支至十六支纱织品价格提高25%，二十支至四十支纱织品价格增长20%，四十二支线织品的价格增加20%，三十二支线织品价格提高15%，六十支线织品价格上涨20%，纯羊毛织品价格提升10%。上述价格提标准是就整个针织业而言，自然也包括以棉线、棉纱、绒线等作为原料的针织袜业。平均计算，整个行业的产品价格平均提高18%。其中，价格提高幅度最大的是粗纱织品，达到25%；其次为细纱织品，也达到20%。[①] 平湖的主要袜子种类，也正是这些类别的针织品。

松江振和袜厂也因原料价格上涨而提高产品价格。该厂为松江创设最早的袜厂之一，生产的各种男、女线袜都以金虎牌作为商标，主要在本地销售。因为行销有年，价格低廉，因而销量较大。然而，自1923年起，织袜原料价格上涨，振和袜厂为维持本地市场份额，坚持原价销售。及至1924年初，由于棉纱价格不断上涨，振和的产品一直未曾提高价格，因而亏损严重。为了减少损失，以便维持生存，振和袜厂遂决定自阴历二月一日起提高产品价格，拟每打袜子价格提高0.007元，以减少亏损数额。[②] 与保持低价的策略相似，提高产品价格也存在风险——随着袜子价格的提高，袜厂的产品极有可能转为滞销。这同样会导致袜厂收入减少，乃至亏损。

---

① 《针织业通告出口涨价》，《神州日报》1936年10月20日。
② 《振和厂之新袜价》，《申报》1924年3月1日。

上海、松江等地发生的袜厂亏损,以及为了减少亏损而提高产品销售价格等现象,具有一定的普遍性。当时的报道专门讨论了纱价上涨对嘉兴袜业的影响。与上海、松江等个别袜厂通过提高价格挽回损失,并继续维持营业不同,嘉兴的织袜厂因为受到棉纱价格上涨的影响,已经陆续停机。还有一些袜厂更为不幸,至 1924 年 7 月,已经因为亏损过巨而停业倒闭。①

棉纱价格上涨对织袜业的影响一直持续到 20 世纪 30 年代初。持续数年的棉纱价格上涨趋势,对包括袜业在内的针织业造成严重的影响,成为各地袜业衰落的主要原因。即使是生产效率远远高于手工织袜业的电机线袜厂也难逃厄运。20 年代末至 30 年代初,上海各家使用电力织袜机的袜厂因为受到棉线价格飞涨的影响,成本日益提高,虽经过两次提高产品价格,但由于作为原料的棉线价格一涨再涨。1931 年 2 月 25 日晚,针织业同业召集会议,决定再度提高产品销售价格。②

小　　结

平湖袜业以线袜和纱袜为主要产品,织造纱袜和线袜的主要原料——棉纱的供给及价格变化对平湖袜业形成制约。棉纱供给数量的变化以及价格的波动,直接导致了平湖袜业的兴衰。平湖袜业的数次危机都与原料供给有关。由于中国棉纺工业不能给平湖袜业提供所需的棉纱,平湖袜厂所需棉纱主要依赖进口,其中又以日本纱厂所产棉纱为主。20 世纪 20 年代,针对日本棉纱的抵制活动时常影响平湖袜业的生产。九一八事变后,抵制日货的风潮更导致进口棉纱来源中断,同时引起棉纱价格大幅上涨。原料价格上涨叠加袜货销售市场萎缩,以及袜子销售价格下降,致使平湖各家袜厂陷入经营困难,纷纷停工停产,歇业倒闭,酿成整个行业衰落的结局。

20 世纪 30 年代中叶,平湖袜业由鼎盛转趋停滞。由于原料供给不足及价格上涨,袜业资金缺乏以至周转失灵,加之行业内部竞争日趋激烈,袜业厂商在经营上陷于困境。抗日战争期间,平湖袜业市场大幅萎缩,运销通道中断,原料

---

① 《纱价影响袜业布厂》,《新闻报》1924 年 7 月 21 日。

② 《针织业议决加价》,《时事新报》1931 年 2 月 26 日。

来源断绝，袜子的产量缩减，袜货的质量大幅下降，绝大部分袜厂破产倒闭，残存的袜厂也受到资金、原料、销售等因素制约，生产断断续续，开工无有定时，可谓“苟延残喘”。抗日战争胜利后，平湖袜业原有市场开始逐步恢复，受需求增加的影响，袜业整体上呈现出复苏现象，重开或新开的袜厂数量增加，袜机的架数也较抗日战争期间有所增长。但好景不长，受通货膨胀加剧、市场严重萎缩、织袜原料缺乏以及产品单一等因素制约，平湖袜业再度转向衰落。至1949年初，平湖袜货的销售范围仅限于浙江、江苏、安徽和上海，已由30年代初所涵盖的黄河流域、长江流域、珠江流域以至南洋地区，收缩至长江下游一隅。受到销路减少的限制，平湖袜业的生产规模也大为缩小，全县袜厂数量、袜厂平均资本数额、年产量等，都不能与鼎盛时期相提并论。①

平湖袜业以线袜和纱袜为主要产品，织造纱袜和线袜的主要原料——棉纱的供给及价格变化对平湖袜业形成制约。棉纱供给数量的减少以及价格的上涨，直接导致了平湖袜业的危机和衰落。平湖袜业的数次危机都与原料供给有关。由于中国棉纺工业不能给平湖袜业提供所需的棉纱，平湖袜厂所需棉纱主要依赖进口，其中又以日本纱厂所产棉纱为主。20世纪20年代，针对日本棉纱的抵制活动时常影响平湖袜业的生产。九一八事变后，抵制日货的风潮更导致进口棉纱来源中断，同时引起棉纱价格大幅上涨。原料价格上涨叠加袜货销售市场萎缩，以及袜子销售价格下降，致使平湖各家袜厂陷入经营困难，纷纷停工停产，歇业倒闭，酿成整个行业衰落的结局。

① 平湖市工业志编纂委员会：《平湖市工业志》，中国文史出版社2013年版，第60页。

第四章
资金、设备和产品

从全国以及世界范围来看，近代针织袜业经历了由手工业到工业的技术革命。织袜业的生产设备由平机发展为圆机，动力设备则由人力发展为电力。平湖针织袜业肇始于手摇袜机以及生产技术的引进，其时电力袜机已经发明并产业化。第一次世界大战期间以及战后，平湖袜业迅速发展。此时，上海、杭州等地先后输入电力袜机，部分袜厂开始使用电力袜机。但直到20世纪40年代末，平湖各家袜厂并未采用电力袜机从事生产。近代平湖袜业始终停留在手摇袜机时代。不过，这并不意味着平湖织袜业无所进步。尽管在动力设备上未曾发生革命性的进步，但平湖袜业使用的袜机经过了明显的技术改进，生产工艺也因之提高，产品种类相应丰富。

一、固定资金和流动资金

平湖袜业的兴衰受到资金状况的制约。由于袜业生产所需投资较少，购置袜机一台，买进少量棉纱，即可开工生产。即使缺乏购买袜机的资本，通过租进织袜机也可开工生产，同时还省却了购进棉纱等原料的投资。所需投资较少，易于袜业的发展，这是对袜业有利的方面。由于开设袜厂所需资本较少，大部分袜厂资本数额都较低，储备的流动资金数额也较有限，因而一旦遭遇市场波动，袜厂极易陷入资金周转困难，进而导致歇业倒闭。20世纪前半期平湖袜业的兴起与发展，得益于开设袜厂所需投资较少，而一些袜厂的衰落乃至倒闭，则与其资本不足关系密切。

平湖袜业普遍采用织户包工制，即由厂商购置织袜机等设备，购买棉纱和棉线等生产原料，以租借袜机、发放原料的方式从事生产经营。通过租借袜机，收取押金和租金，厂商可以回笼部分投资，转作流动资金。当时调查硖石袜业的记者，记录了硖石织袜业前辈的回忆：

> 过去的袜厂，每日生产，除了在厂中开工一部分袜机外，其余的大量发下乡间去，发下乡间的袜机，每架可得5元的保证金，一家厂中只要有500架袜机发出，便可得到2 500元保证金，在那时的货价，棉纱每件平均仅100元，有若大一笔款项周转，自然灵活了。[①]

因而，在原料价格平稳、袜货销售顺畅的时期，大部分袜厂生产经营稳定，甚至因为市场需求的增加而有所盈余。即使是在原料价格上涨，或者销售出现困难的情况下，袜厂也能够维持正常经营。例如，受到20世纪20年代上半期抵制日货的影响，平湖袜厂大都在原料、设备等的购置方面受到制约，但对于那些资金相对富厚的袜厂而言，这些政治活动几乎对其没有产生决定性的影响。1925年，因为袜业厂家相互激烈竞争，纷纷降低产品销售价格，以便扩大自身所产袜货的市场，以致盈余的袜厂不多。面对行业激烈竞争的形势，1926年初，平湖袜业公会召集袜厂厂商开会，要求各厂提高各种规格产品的价格，不准低价贱卖，[②]以便袜厂保障一定的利润，维护全县袜业的整体利益。然而，由公会统一限定袜货价格的后果，就是平湖各家袜厂的产品滞销，以致已经支出的设备和原料投资、工人和管理人员工资等费用无法收回，袜厂要继续维持，还需要支付房租、人工费用等。在袜业整体上因销路中断而陷入经营困难的情形下，袜厂自有资金不敷使用，也难以通过借贷获得资金，因而无法继续维持经营。以中兴袜厂为例。该厂之前因为向上海丰泰洋行借款，而将袜货抵押，货值共计2 000元。但因陷入经营困难，抵押的袜货已经过期。丰泰洋行屡次催促中兴袜厂还款赎货，无奈中兴袜厂因为资金缺乏而无法支付，至1926年7月初，借款的本金和利

---

① 义：《海宁织袜业的危机　纱昂捐重成本激增　产销日减已濒崩溃》，《新闻报》1948年5月25日。

② 《袜业公会开会纪》，《中国报》1926年2月24日。

息、存放袜货的栈租、保险等费用，也未付分文。丰泰洋行无计可施，决定再予宽限10天。要求中兴袜厂在宽限期内将借贷款项归还，赎回袜货。如果宽限期满后中兴袜厂仍无法赎回抵押的袜货，丰泰洋行即将袜货变卖，以抵借款。[①] 中兴袜厂经历的抵押借贷以及因资金不足而难以还贷的情形，在平湖袜业中具有一定的代表性。当袜厂需要资金而自有资金不足之时，往往通过抵押袜货而获得贷款。如果未来经营顺利，获得预期利润，袜厂即可按期归还贷款。但像中兴袜厂这样，如果因为种种原因而无法归还所贷资金，袜厂抵押的袜货就会被债权方变卖。可见，在资金匮乏之时，类似中兴袜厂的情形，在平湖袜业中就具有一定的共性，而这也正是袜业衰落的直接诱因。

朱玉書啓事

图4-1　《朱玉书启事》(《平湖公报》1928年9月28日)

多重因素引起袜业经营陷入困境，以致资金无法周转，最终引起袜厂的倒闭。其中，频繁发生的战乱曾一度直接导致平湖袜业整体陷于绝境。如前所述，平湖袜厂产品销售市场涵盖华北、华中、华南，地跨黄河流域和长江流域。袜货的运销高度依赖远距离的交通运输，且以上海为中转贸易中心。袜子由分散于市镇及乡村的织户家中集中于袜厂，经过整理、包装后，由水路运往零售市场，或者先集中到位于上海的行号中，再批发、零售给商户。无论哪种销售渠道，都需要顺畅的交通运输，以及正常运转的商业活动。一旦交通或正常的商业活动因战事而中断，平湖袜货的销路相应萎缩、迟滞乃至完全断绝，袜厂所产的袜子就会因此滞销。袜子滞销导致资金无法回笼，而袜厂需要继续支付借贷利息、货栈租金等。尤其是借贷资金到期而无法偿还，极易导致袜厂倒闭。受一·二八事变影响，平湖袜子销售数量锐减，而金融波动又使平湖

① 《平湖中兴袜厂骆桂荣鉴》，《申报》1926年7月2日。

袜业借贷困难。至1933年春季，各家袜厂既无款可垫，又告贷无门，难以继续维持经营。4月27日下午，平湖袜厂业同业公会召开全体代表会议，谋划行业救济办法。平湖县规模较大的袜厂代表出席，包括光华、华盛、同鑫、裕华、一新、顺丰、明华、民生、民强、振和、日新昌、勤工、蓉记、恒久、振兴、鼎成、裕成、同沅、久和、大华、协兴、勤余、轮兴等，各厂代表一致认为，在袜货销售停滞，而各厂无法继续维持的情况下，应该暂时停工。各家袜厂存有的纱线在短时期内用完后，应不再添买纱线，整个行业全部停产。[①]

袜厂资金来源除股东投资外，在营业旺季，袜厂往往还向钱庄、商号等借贷，以购置袜机、买进原料、扩展织户数量。此外，实行织户包工制的袜厂还需要一定规模的栈房，以存储设备、原料、产品等，因而也需要支付一定数量的租金。这些开支均需要袜厂及时补充资金，以便支付相应的开支。平湖振大袜厂在开设之时，曾租赁钱耕道栈所属西大街房屋，并有租契，约定租金为每月8元，另付有押金80元。订立租约后，振大袜厂陆续交房租至1931年10月底。自1932年2月起，振大袜厂因陷入资金不足的困境，无法继续支付钱耕道栈的租金。截至1933年8月底，已经拖欠钱耕道栈租金176元。钱耕道栈将振大袜厂此前交纳的押金抵销租金后，还须向振大袜厂收取租金96元。自1932年3月起，钱耕道栈反复催促振大袜厂交纳租金，无奈振大袜厂因资金困难，一直无法支付房租。9月1日，钱耕道栈决定登报通告，要求振大袜厂5日内到钱耕道栈支付租金。如若不然，钱耕道栈将对出租房屋内的物品行使留置权，以补偿所欠房租。[②] 对于陷入经营困难而一再拖欠房租的振大袜厂而言，筹措资金以继续交纳房租，还有可能保留一线生机。如果袜厂中的物品全部被钱耕道栈变卖，袜厂即无法继续经营，只有倒闭一途。

可见，不论是产品销售数量减少，还是原料价格上涨，其直接的后果都是袜厂入不敷出，陷入亏本状态。此时的袜厂往往需要资金挹注，以渡过最为困难的时刻。然而，对于大多数袜厂来说，由于资金数额有限，经营规模不大，筹措资金以渡过难关的能力也相对有限，因而一旦遇到经营困难，往往无法继续营业。以当湖袜厂为例。1929年秋，当湖袜厂发生资金不足的困难。经各钱庄续借资

---

① 《维持为难——用款路断 告贷无门——势难维持》，《平湖商报》1933年4月28日；《平湖线袜厂一律停工》，《申报》1933年4月30日。

② 《钱耕道栈警告振大袜厂经理陆寿椿》，《平湖商报》1933年9月4日。

金，以及各股东添设本金，进行改组。改组后，钱业代表因袜厂内部情形复杂，决定改变原有决定，后经钱业方面与股东方面直接谈判，决定将该袜厂尚余钱业欠洋 5 万元按七折归还，于当年阴历年底和次年 3 月底，分两期偿还。袜厂存货、机器、生财等，分别变卖召盘，待有新的股东入股，再行开业。至此，开设已逾二十年的当湖袜厂宣告倒闭。[①] 再以华盛袜厂为例。该厂于 1934 年初陷入经营困境，由于营业亏本，无法继续维持，不得不宣告停业，并委托律师事务所对袜厂债务进行清算。2 月 19 日，发布通告，通知债权人携带债权凭证前往袜厂登记，参加债权人会议，讨论债务清偿问题。[②] 3 月 3 日，华盛袜厂的生财、袜机等推盘给华盛荣记为业。之后，又确定 3 月 15 日召集债权会议，以便清算债务，并对各债权人做出补偿。[③]

在 20 世纪 30 年代上半期袜业衰落的周期中，不仅仅是振大、华盛这样的袜厂，即便是平湖历史最为悠久的光华袜厂，也未能逃过因为资金不足而破产倒闭的结局。光华袜厂创始于 1911 年，以 6 架手摇织袜机起家，经历了创业之初的艰难困顿，渡过了原料上涨、销售萎缩等难关，筚路蓝缕，风风雨雨，终于成长为平湖规模最大的袜厂。然而，受到 30 年代初袜货市场萎缩的影响，光华袜厂也逐步陷入经营困难。至 1936 年，面对袜货销售市场进一步萎缩，光华袜厂经营难以为继，资金周转陷于停滞，无法继续维持经营，不得不于 1937 年 3 月宣告破产清算。在平湖的业务委托罗显承律师宣布清算通告，平湖袜厂驻上海发行所则委托陈邦亮律师宣告清算，并将上海全部货物运回平湖汇总，以便清算全部资产。决定破产清算后，由两家律师事务所分别在上海、平湖发布公告，请所有债权人在一个月内持相关债券等债权凭证，前往律师事务所登记、汇算、清偿。[④] 据当时的相关报道，光华袜厂为平湖袜业中最具代表性的工厂，其经理高琴泉、协理周剑青先后担任平湖袜业公会主席委员。因此，光华袜厂在平湖袜业中具有一定的号召力，即使在平湖工业界也具有一定的影响。因为实力雄厚，信誉卓著，光华袜厂虽然仅有 4 万元资本，但每年通过筹措资金，扩展生产，长年营业额高达 30 万元左右。然而，受到销售市场萎缩的影响，光华袜厂的投资难以收回。

---

① 《平湖当湖厂倒闭》，《时事新报》1929 年 12 月 18 日。

② 《律师殷国骥代表华盛袜厂宣告清算》，《平湖商报》1934 年 2 月 26 日。

③ 《律师殷国骥代表华盛袜厂推华盛荣记袜厂受盘声明并召集华盛袜厂债权会议通告》，《平湖商报》1934 年 3 月 15 日。

④ 《罗显承律师代表平湖光华袜厂宣告清算通告》，《平湖商报》1937 年 3 月 4 日。

至 1937 年初，亏蚀数额已经达到 19 万元，相当于其资本总额的 4.75 倍。由于资不抵债，光华袜厂不得不于 2 月 7 日停业，并延请律师清理资产。①

值得注意的是，光华袜厂不仅向银钱业等借贷，还同时向银钱业投资。如 1930 年 6 月宣告停顿的湖州永成钱庄，高琴泉即为其股东之一。该钱庄的股东还包括湖州巨商徐礼堂、湖州西南湾巨绅沈蔚霞等，至该钱庄停顿之时，共计延欠苏州银钱业资金 5.4 万余两。当年 6 月份起，仅湖州一地先后歇业的钱庄还有福昌、义成、大生、协和、宏丰、永达等，各庄拖欠苏州各家钱庄的资金数额不等，其中，以高琴泉任股东的永成钱庄所欠银两最巨，超过上述 7 家钱庄总欠银两总额的四分之一。这些钱庄停顿之际，"湖州同行每先着手划取账款，而亲友存户亦大都掠取现金先行偿付，及苏地债权人驰至，非惟现金点滴无余，即账款亦仅存糟粕，甚至全系疲烂之户，无从催索"②。高琴泉在永成钱庄的股金数额不详，永成破产倒闭也对高琴泉的光华袜厂造成影响。

由光华袜厂破产倒闭这一案例可知，袜厂在资金运用上存在双重风险。一方面，由于袜厂资金数额较小，抵御市场波动的能力相对较弱，一旦遭遇袜货滞销，即易陷入资金周转的困难。对于大多数资金数额偏低的袜厂来说，一次由销路中断而导致的袜货滞销，就可能致使其停产歇业。这是 20 世纪 10—20 年代平湖各家袜厂浮沉变化的原因之一。另一方面，在袜业快速发展时期，各家袜厂占据卖方市场的优势，整个行业呈现出"本轻利重"的特点，从而吸引工商界、金融界，以及普通民众的投资，使得袜业吸纳了数量庞大的资金。尤其是规模相对较大、信誉较为优异的袜厂，更易获得资金的挹注。数量相对充足的资金固然能够使这类袜厂抵御袜业原料市场和产品市场的波动，从而在行业内部的竞争中占据一定的优势，但也同时给这些袜厂带来巨大的风险——在市场需求相对不足，袜货供过于求的大背景下，整个袜业都陷于困境。数额巨大的借贷资金，以及相应的借贷利息，都会成为这类袜厂的巨大负担。

观察平湖袜业变迁的轨迹可知，这种由资金断裂而导致的袜厂倒闭一直伴随着平湖袜业的历史。在平湖袜业整体上趋于发展的时期，袜厂因为资金不足而倒闭只是个别现象。而在平湖袜业整体上趋于衰落的时期，因为资金周转陷于困难而闭歇就成为普遍现象。平湖袜业兴衰与资金供给之间的关系，在整个

---

① 《平湖光华袜厂停业》,《时报》1937 年 2 月 15 日。

② 《苏州钱业对湖州钱业绝交宣言并通告各埠》,《申报》1931 年 3 月 6 日。

杭嘉湖地区的近代袜业中具有一定的代表性，其他各地的袜业兴衰过程也存在出同样的因素。在嘉兴县，怡和袜厂即因资金难以周转而倒闭。该厂原设于嘉兴县城仓弄，后迁至西门小桥堍，一向营业发达，因而较有商业和金融信誉。为了扩大营业，它既从钱庄借款，也向社会各界吸纳存款，借贷资金远远超过资本数额。1930 年上半年，怡和袜厂生产的丝袜、线袜及纱袜，都因为袜货市场萎缩而无法向外销售。同时，棉纱和棉线的捐额又突然增加，致使怡和袜厂陷入亏损。此时，需要资金的怡和袜厂又告贷无门，在走投无路的情况下，6 月 14 日，怡和袜厂宣布倒闭，共计亏空庄款及存款 4 万余元，致使男、女工失业达千余人。①

怡和袜厂并非特例。在嘉兴袜业界，由于类似原因而致使袜厂停业乃至倒闭者，时有发生。1919 年 10 月，上海某商号前往嘉兴、平湖收购丝光袜，共计 4 000 余打，并运往上海销售。当时言明每打价格 1.25 元，货款共计 5 400 余元，并订于当年阴历 9 月付款。不料，当供货的各家袜厂届时到上海收账时，该商号已经倒闭。此次因为商号倒闭而未能收入付款的袜厂包括华兴、沈天裕、同济等，另外，平湖一家所受损失最为沉重。②

平湖、嘉兴袜业因为资金供给盈绌而兴衰起伏的变化，与袜货销售市场的扩展与收缩相一致。在袜货需求超过生产供给的年份，各地需求旺盛，各地客商催促袜厂供货。此时袜业亟需大量资金购买原料，并增加放机织户。甚至为了迅速增加生产，袜厂还要提高织工工资，鼓励加速生产，以满足各地对袜货的需求。扩大原料购买、增加放机织户、增加织工工资……都需要袜厂增加资金投入，这正是袜厂借贷资金往往大幅超出资本数额的原因。一旦市场对袜货的需求减少，以致供过于求，袜厂的出品就会出现滞销。此前袜厂付出的原料、袜机、工资等成本在短期内无法收回，而为了扩大生产而借贷的资金及利息又不得不按期偿付——如果袜厂资金较为雄厚，即可以还贷付息，维持经营。但对于资本规模较小，而又借贷数额巨大的袜厂，此时已经陷入资不抵债的困境，更无法继续依靠借贷以维持经营，结果只能是倒闭停业。③

可见，资金数额的多寡是袜厂应对袜货市场波动的关键因素。这种波动首

---

① 《怡和袜厂倒闭》，《新闻报》1930 年 6 月 15 日。

② 《袜厂被沪商倒欠》，《申报》1919 年 11 月 22 日。

③ 《织袜业形势转佳》，《民国日报》1928 年 2 月 23 日。

先是季节性变化。例如，1925 年春季，嘉兴县各家袜厂因应市场需求旺盛的机会，大量生产袜货。由于销售通畅，因而各家袜厂获利颇为丰厚。进入夏季以后，原来旺盛的市场需求即变为销路停滞，客商对于袜子的需求大为缩减。由于供过于求，导致袜子销售价格不断下降。至当年 10 月份，每打女袜的价格已经降至 0.6 元，仅相当于春季销售旺季女袜价格的一半。袜价大幅下降给嘉兴袜业带来巨大冲击，资本薄弱的袜厂停止发料及收货。而资本较为雄厚的袜厂，也不得不应对袜子价格下跌的市场状况，设法通过降低成本从而避免亏损。其办法是更换织袜机的机筒，减少针数，以便节省织袜所用原料数量，从而达到减少成本的目的。①

整个袜业的一般状况是，当春季各地袜商定货增加，袜厂生产随之增加。由于供不应求，价格上涨，各家袜厂因应市场趋势，纷纷增购袜机，增加放机数量，甚至通过提高工资而吸引织户领机，以便增加生产和销售数量。但市场的需求并不会持续增加。进入夏季之后，袜货的销路即会趋于停滞，袜子的销售价格也会随之下降，此时袜厂出货往往亏本。那些资金较为雄厚的厂家，可以通过调整生产和经营，降低成本，继续盈利。而资金薄弱的袜厂，往往暂停发料和收货，即停工歇业，以等待袜货价格回升。② 由于资金数量不同，规模大小不同的袜厂在面临袜货需求市场萎缩、袜货价格下跌的局面时，所采取的应对措施是不同的。规模较小的袜厂大都停业，以待市场状况好转；而资金较为雄厚的袜厂，往往还能维持经营。

市场状况与资金数额这一对要素对袜业的影响，是各地袜业普遍面临的问题。在江苏省的袜业重镇松江，大约在 20 世纪初，织袜业已经进入极盛时期，袜厂数量迅速增加，织袜女工数量达到一万余人。由于整个消费市场对袜货的需求旺盛，各家袜厂都有盈余。然而，到 20 年代初，松江针织袜业产品的销路即转趋萎缩，尤其是长江流域等地的消费市场，对松江袜子的需求减少，各家袜厂产品销售停滞。同时，棉纱价格不断上涨，一些袜厂难以继续经营。受此影响，松江各家袜厂不得不逐月减少产量，以减少亏损，维持生存。③ 由于袜子价格下跌，而成本又因棉纱上涨而居高不下，一些袜厂甚至不时停工，④以致整个松江

---

① 《织袜业之衰落》，《时报》1925 年 10 月 10 日。
② 《织袜业之失败》，《时事新报》1925 年 5 月 29 日。
③ 《松江袜业悲观》，《时报》1921 年 11 月 21 日。
④ 《袜业前途之悲观》，《时报》1921 年 8 月 19 日。

袜业陷于衰落状态。

无锡针织袜业与资金的关系与松江类似。20世纪20年代末30年代初为无锡织袜业的鼎盛时期。其时,无锡袜厂数量达到70余家,袜工数量多至2万余人。由于袜业产品销售顺畅,各家袜厂营业旺盛,年营业额超过200万元。之后,接连受到九一八事变、一·二八事变影响,无锡袜货的市场萎缩。尽管棉纱价格不断下跌,但无奈袜货滞销,袜业整体上陷入不景气的状态。无锡袜业因之衰落,资本薄弱的袜厂相继倒闭。至1934年,整个无锡仍然开机的袜厂仅剩34家,约为九一八事变前的一半。1935年,无锡袜货在外埠的销售数量继续减少,各家袜厂的出品堆积如山,资金无法周转,资金较为雄厚的袜厂也无法维持经营,多数袜厂相继宣告倒闭清算。1936年2月,在无锡袜业中规模最大的袜厂之一——大华袜厂也因为亏损巨大而破产。之后,复兴袜厂也宣告破产清理。剩余的袜厂为了减少亏损,也在3—4月相继宣布停工。截至5月,无锡袜业中仍然开工者仅有中华、裕康、和丰3家袜厂。不过,此时袜子价格再度降低。之前每打定价为0.35元的袜子,此时已经下降为0.17元,降幅达到51%。为了降低成本,避免倒闭的命运,这3家袜厂也都裁汰职工、削减工人工资。①

整体上,织袜业的兴衰受到资金数额的制约。浙江省各地袜厂资本构成以独资居多。全省174家针织袜厂中,除兰溪11家、东阳4家、永康8家,共计23家资本构成未详,其余151家针织厂中,独资者有98家,占总数64%;合股者有53家,占总数35%。还没有袜厂以公司形式构成资本和组织经营。② 在平湖县,袜厂的资本组织形式均为独资。

表4-1 平湖县袜业资本构成状况表

厂 名	组 织	资本(元)	工人(人)	地 址
光华	独资	20 000	110	仓弄
日新昌	独资	8 000	70	西大街
一新	独资	8 000	55	西大街

① 《无锡针织业衰颓 鼎盛时代袜厂达七十余家 现仅三家尚在从事紧缩中》,《益世报》1936年4月8日;另参《无锡织袜业》,《国际劳工通讯》第20期,1936年5月,第5页。

② 实业部国际贸易局:《中国实业志·浙江省》第七编,实业部国际贸易局1934年版,第55—74页。

续 表

厂 名	组 织	资本(元)	工人(人)	地 址
轮新	独资	2 000	106	仓桥
明华	独资	5 000	33	东门外
裕华	独资	300	23	西小街
叶粹记	独资	500	33	大南门
蓉记	独资	1 500	46	水洞桥
永华	独资	500	22	书院街
勤余	独资	1 000	24	西大街
成康	独资	500	13	大南门
华商	独资	300	13	仓浜
民生第一厂	独资	500	26	西大街
华锠	独资	300	38	小街
万丰昌	独资	1 000	65	大街
恰和永	独资	1 000	33	西门
立盛	独资	300	13	西大街
震丰	独资	1 000	26	西大街
振大	独资	1 000	22	三登桥
久和	独资	1 000	48	三登桥
民强	独资	400	20	仓西弄
同益	独资	500	11	西小弄
同源	独资	1 000	48	书院弄
裕成	独资	300	16	汤家浜
成隆	独资	1 000	43	东门外

续 表

厂 名	组 织	资本(元)	工人(人)	地 址
顺丰	独资	1 000	33	东门外
安余	独资	2 000	60	方桥
鼎成	独资	2 000	45	小街
义成	独资	500	20	东门
大铭	独资	500	21	汤家浜

资料来源：实业部国际贸易局：《中国实业志》第七编工业第二章纺织工业第五节针织业，实业部国际贸易局1933年版，第55—70页。

对表4-1中所列的平湖30家袜厂所有资本数额作分析，可得到下列统计结果。

表4-2 平湖袜厂资本数量分析表

个案数(家)	有效	30
	缺失	0
平均值(元)		2 096.667
中位数(元)		1 000.000
众数(元)		1 000.000
标准差(元)		3 924.853
方差(元)		15 404 471.264
偏度		3.728
偏度标准误差		0.427
峰度		15.496
峰度标准误差		0.833
最小值(元)		300.000
最大值(元)		20 000.000

资料来源：实业部国际贸易局：《中国实业志》第七编工业第二章纺织工业第五节针织业，实业部国际贸易局1933年版，第55—70页。

统计 30 家袜厂所有资本情况，可知资本最大值为 20 000 元，最小值为 300 元。各家袜厂所有资本平均值为 2 096. 667 元，中位数和众数都是 1 000 元。再对平湖整个袜业的资本分布作进一步统计。如表 4 - 3。

表 4 - 3 平湖袜业资本分布表

资本(元)	数量(家)	百分比(%)	有效百分比(%)	累计百分比(%)
300. 00	5	16. 7	16. 7	16. 7
400. 00	1	3. 3	3. 3	20. 0
500. 00	7	23. 3	23. 3	43. 3
1 000. 00	9	30. 0	30. 0	73. 3
1 500. 00	1	3. 3	3. 3	76. 7
2 000. 00	3	10. 0	10. 0	86. 7
5 000. 00	1	3. 3	3. 3	90. 0
8 000. 00	2	6. 7	6. 7	96. 7
20 000. 00	1	3. 3	3. 3	100. 0
总计	30	100. 0	100. 0	

资料来源：实业部国际贸易局：《中国实业志》第七编工业第二章纺织工业第五节针织业，实业部国际贸易局 1933 年版，第 55—70 页。

平湖各家袜厂中，资本数额为 300 元者有 5 家，占全部统计袜厂总数的 16. 7%。资本额 400 元者仅 1 家，占全部袜厂数量的 3. 3%。资本额 500 元者 7 家，占袜厂数量的 23. 3%。资本额 1 000 元的袜厂 9 家，占全部袜厂数量的 30. 0%。合计资本额 1 000 元以上(含 1 000 元)的袜厂数量为 17 家，占全部统计袜厂数量的 56. 7%。平湖袜业的资本分布如下图：

平湖织袜业资本分布情况在浙江省具有一定的典型性。从浙江全省来看，资数额 100 元的袜厂为 4 家，资本数量 101～500 元的袜厂有 53 家，资本额 501～1 000 元的袜厂 37 家，资本额 1 001 元以上的袜厂 80 家，占统计袜厂总数的比重分别为 2. 30%、30. 46%、21. 26%、45. 97%。①

① 实业部国际贸易局：《中国实业志 · 浙江省》第七编，实业部国际贸易局 1934 年版，第 55—74 页。

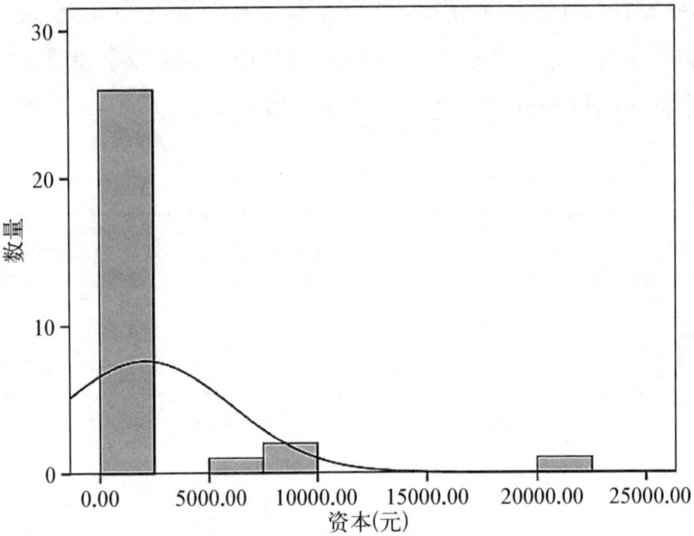

图 4-2 平湖县袜厂资本分布图

资料来源：实业部国际贸易局：《中国实业志》第七编工业第二章纺织工业第五节针织业，实业部国际贸易局1933年版，第55—70页。

表4-4中仅统计了所有资本数额100元以上的袜厂。实际上，还有为数不少的袜厂，所有资本数额低于100元。这些规模狭小的所谓"袜厂"，大都采用匠人雇主制经营方式，也未加入同业公会，其资本数额缺乏记载。

表 4-4 浙江省针织业资本数额表

县市＼资本(元)	100	101～500	501～1 000	1 001～5 000	5 001～10 000	10 001～50 000
杭州		1	1	12	2	1
海宁		3	7	17	5	
嘉兴			3	4	1	
嘉善				2		
平湖		13	9	5	2	1
鄞县		1		8		
绍兴				4		1

续　表

县市＼资本(元)	100	101～500	501～1 000	1 001～5 000	5 001～10 000	10 001～50 000
黄岩				1		
天台			1			
金华		3				
兰溪		2	6	3		
东阳		3	2			
义乌		1	1			
永康	4	2		1	1	
衢县					1	
永嘉		24	7	7	1	
总数	4	53	37	64	13	3

资料来源：实业部国际贸易局：《中国实业志·浙江省》第七编，实业部国际贸易局 1934 年版，第 55—74 页。

在平湖，袜厂与银钱业关系密切。袜业与银钱业的资金往还，并不限于平湖当地的银钱业。以光华袜厂为例。该厂向平湖的钱庄借贷。1926 年阴历腊月，光华袜厂向位于平湖县城的同益钱庄兑到十二月十二期票洋 150 元。[①] 同时，平湖的袜厂还向上海的钱庄借贷。例如，履成公司曾向怡春钱庄借贷 1 000 元。[②] 当然，平湖的袜厂也利用自己的资金投资于银钱业。例如，光华袜厂曾经作为股东，在湖州投资开设钱庄。

因此，袜业与银钱业的关系，主要受到当地钱庄业发展的影响。平湖钱庄业发达，因而与织袜业有密切的关系。平湖金融业中，钱庄业最为发达。在平湖钱庄业的鼎盛时期，全县最多有 18 家钱庄，大部分位于平湖县城。后因经济不景气，钱庄业也随之式微。至 1937 年初，平湖县城的钱庄仅剩余 4 家，新仓镇的钱

① 《遗失支票声明》，《申报》1927 年 2 月 10 日。
② 《支票被窃》，《申报》1927 年 11 月 17 日。

庄还有2家,全县钱庄数量仅有6家,较鼎盛时期减少三分之二。钱庄的主要业务是信用放款,分为往来透支和长期放贷两种。此外,钱庄还设有仓库,从事抵押贷款业务。平湖钱庄的贷放额度介于10万元至40万元之间。利率又分为存息和欠息两种。存息为0.006～0.007元。欠息又分为透支和欠息两种,其中,长期欠息约0.011～0.012元,随银根松紧呈现季节性波动。与钱庄业相比,平湖的银行业相对滞后。1936年,大沪银行曾在平湖开设支行,但因缺乏信用,业务未及展开,即因上海大沪银行停业,平湖大沪银行也宣告倒闭。另外,浙江地方银行也在平湖设有办事处,并附设有仓库。该行除代理县金库外,主要开展抵押借贷业务。平湖县立农民银行资本数额更小,主要贷款给农村合作社,与袜业并无业务往来。①

表4-5　平湖钱庄一览表

庄　名	经　理	资本(万元)	备　　注
同裕增记	陆镜心	5	设有库仓,受押农产品及各种商品,向中国银行领用钞票。放款额往来约二三十万,长期约五六万,信誉甚佳。
同裕赓记	徐筱如	5	与增记相仿。
志成	胡叔雍	5	未设仓库,余与上列两家相仿。
新盛	陈仲篪	5	同上。
崇裕新记	马仿眉	3	开设于新仓,放款额约十余万。
同兴	干凯军	3	同上。

资料来源:《平湖商业概况》,《兴业邮乘》第57期,1937年3月10日。

有学者曾经比较了芜湖与上海、无锡等地的织袜业。认为芜湖织袜工业由于资本不足,因而袜货品种、颜色不及上海、无锡袜货丰富,且袜子的价格又低于上海、无锡输入的袜货。② 在蚌埠,袜业的发展也受制于资金之不足。由于资本不足,织袜户无法改进设备和技术,所产袜子质量较劣,无法与外地输入的袜子

① 《平湖商业概况》,《兴业邮乘》第57期,1937年3月10日。

② 《芜织袜业贸易概况　全埠大小袜厂约三十家左右　所织之袜均不敌沪锡厂价高》,《经济建设半月刊》第10期,1937年3月1日,第21页。

竞争。[1] 在昆明，正是因为袜业资金的减少，导致袜业的衰落。抗日战争以前，昆明袜厂中资本较多者达 2 万元，至抗日战争期间，袜厂中资本最高者不过 5 000 元。大部分袜厂的资本数额为 200～300 元，资本最少者不过数十元。全行业资本总额不过 3～4 万元。[2] 资本短缺制约了当地织袜业的发展。

一项有关嘉兴织袜业的调查，分析了袜厂资本薄弱的局限。1921 年，嘉兴袜厂共计 70～80 户，这些袜厂中，规模较大、销售范围较广、营业相对发达者不过 20 余家。其他 50～60 家袜厂，规模大都很有限，所有袜机数量不过一二十架。因为资本较为薄弱，袜厂规模狭小。在春、夏两季袜货销售旺季，只能“随出随销”，即生产的袜子要在短期内尽快销售，以便收回成本、赚取利润，保证持续的生产。而这些厂家的产品，也主要在当地的洋广货商号、杂货店销售，既受到零售业务的限制，又不能通过价格优势而获得更高的利润，全年销售数量也受限。这些资金薄弱的厂家，所获销售收入能够支付所有开销，已经算是经营有方。那些经营不善的小袜厂，每至年底，往往停工停业。如果与那些资本雄厚的袜厂比较，此类小规模袜厂的局限性就更明显了。资本相对丰裕、规模较大的袜厂，除在本地门店中销售外，还以苏州、无锡、上海、武汉等地为主要销售市场，“按月出货，销往各地”。即使处在各地客商进货较为清淡的冬季，这些袜厂仍能照常出货销售。除了常年袜货销售稳定外，在棉纱价格下降而导致袜货利润增加，抑或是袜货市场销售旺盛而导致需求大幅增加的情况下，这些规模较大、产品数量较多的袜厂往往能够获得巨额利润，因而其资本积累更为充实，并在一定程度上有实力抵御一时的袜市波动。[3]

在平湖县袜业中，那些资本雄厚的袜厂规模甚至超过嘉兴，因而也较资本薄弱的袜厂具有更大的竞争优势。相反，规模较小、缺乏资金的袜厂，在市场波动中就处于更加不利的地位。这种袜厂因资本不足而导致的由盛转衰，也发生在松江。据 1926 年 4 月发表的调查，1912 年松江创办履和袜厂后，袜货销售旺盛。看好袜业发展前景的松江工商界人士集资创办泰和袜厂。这两家袜厂相互竞争，产品行销到长江沿岸各个主要城市。受到这两家袜厂的影响，松江先后产

---

① 《蚌埠织袜业》，《检验月刊》第 3—4 期，1934 年 5 月 1 日，第 44—45 页。

② 陈建棠：《战时昆明市之针织业》，《经济动员》第 3 卷第 4 期，1939 年 7 月 31 日，第 1064—1070 页。

③ 《嘉兴织袜业之发达》，《农商公报》第 7 卷第 10 期，1921 年 5 月 15 日，第 24 页。

生大小袜厂100余家。在此期间,由于"女子天足"运动的推行,松江县各家袜厂先后投资生产丝光女袜,产品销路扩展至位于长江上游的四川、位于华北的北京,以及东北地区。松江袜业也因此达到"全盛时代"。至20世纪20年代初,泰和袜厂因为产品销路萎缩,导致资金周转中断,以致歇业倒闭。1924年秋冬时节,发生两次兵燹,松江地当战争前线,遭受严重破坏,袜厂也未能幸免。其中,资本数额较小的袜厂,资金周转不灵,纷纷宣布闭歇。至1926年4月,只有振和、履和、晋和等袜厂还可以继续营业。但因为仍处于兵灾之后的恢复时期,也不得不缩小经营范围,勉强维持经营。[①]

就全国范围来看,浙江、江苏为近代工商业资本较为充裕的地区,尤其是工商业更为发达的苏南、浙西地区,工商业资本尤为集中,而近代袜厂也主要集中在这一区域。与这些地区相比,内地工商业资本相对不足。这也正是内地近代袜业发展不足的主要原因。例如,湖南省袜业就面临投资不足的问题。长沙等地的袜业肇始于20世纪初,一度发展较快,袜厂数量增加至200余家,从业者多达4 000余人。1916年,因为产品销售数量减少,有90余家袜厂停工。1918年,又有60余家袜厂将存货廉价出售,宣布歇业。长沙等地袜厂大量倒闭的原因之一,即"市面银根奇紧,生意减色"[②]。

可见,近代袜业发展与资金数额关系密切。从整个行业来看,投入袜业的资金数量决定着当地袜业的整体规模。与其他地方的袜业相比,平湖袜业的资金相对充裕。以资金规模较大的袜厂衡量,平湖袜业中资金雄厚的袜厂也较其他袜子产地为多。这是平湖袜业的优势所在——平湖袜业受到钱庄、商号乃至"游资"的青睐,不仅可从银钱业借得资金,还大量收储散户的存款,因而可以运用较为充裕的资金。正因如此,平湖袜业也受到金融波动的制约。银根的紧缩、借贷利息的增加都会影响到平湖袜业的经营。尤其是在袜货销售疲软,乃至销路中断的情况下,超过本金数倍的借贷资金往往成为袜厂的沉重债务负担。对于短期的、季节性的袜货销售市场波动,资金较为雄厚的袜厂还能够艰难应对。20世纪30年代初,受到持续数年的袜货需求下降的影响,即使是资金相对充裕的平湖袜业,也因为资金周转困难而陷于困境,并迅速趋于行业性的整体衰落。

① 《松江袜业之近况》,《兴业杂志》第1卷第3期,1926年4月10日,第184页。
② 《湘省袜业历年起落之调查》,《实业杂志》第152期,第5页。

二、织袜设备及工艺

近代织袜业的主要设备——织袜机因其动力差异可分为两大类,即手摇织机和电力织机。其中,手摇袜机经过了由进口到自制的转变——织袜业初兴之时,手摇袜机大都为国外厂家制造,由洋行输入。其后,上海等地袜机业发展,通过仿制和改造,自主生产手摇袜机,并以低廉的价格优势,实现了对进口袜机的替代——这也是织袜业迅速发展的原因之一。由于电力袜机设备技术复杂,近代中国袜机工业未能形成产业化的电力袜机生产,织袜业所用电力袜机均依赖进口,从而增加了织袜工业的成本,这也是工厂生产制在近代织袜业经营方式中不占主导地位的原因,也是制约家庭匠人制、织户包工制向工厂生产制转变的主要障碍之一。此外,部分袜厂发生了由工厂制向织户包工制的"逆向"变化,电力袜机的高昂成本是诱因之一。

近代织袜机械经过了由手摇平机、手摇圆机、电力平机、电力圆机的变化,袜机的机械化、自动化水平随之提高,也由人工动力发展为机械动力,劳动生产率因之大为提高。但自初创、发展、鼎盛以至衰落,平湖袜业的主要织袜设备均为手摇织袜机,电力袜机始终未有推广。从设备的特点来看,平湖袜业还不能称之为"工业",而只能视之为"手工业",只是与之前的布袜生产不同,平湖袜业采用了从西方国家引进的人力针织机械,生产工艺改用针织技术,在经营方式上也有新的变化,在经营管理的个别环节采用工厂制,因而在技术上可视之为近代新兴的手工行业,而在经营管理上又可称之为工业。

近代袜业织造技术肇始于英国,传播至德国、美国、日本,织袜技术不断革新,织袜机械亦逐渐改良,袜机的生产效率随之提高,所织袜子的品质也不断改善,不断在中国市场拓展销路。在西方各国所产袜子逐渐挤占国产布袜销售市场之时,中国工商业界也注意到洋袜畅销的市场潜力,有意开设袜厂,并开始引进织袜设备。大约在光绪末叶,上海茂盛、天祥等洋行已经开始销售由西欧国家进口的织袜机,另有恒泰公司出售由日本进口的织袜机。这些进口的织袜机都是手摇织袜机。[①]

① 杨德惠:《上海商业特写》,《商业月报》第19卷第12期,1939年12月31日,第2—3页。

此外,比较早引入中国的织袜机是德国制造的手摇织袜机,由德商捷足公司引进到上海。为了推广袜机的销售,捷足公司实施了一些营销策略。其给袜机用户发放织袜原料,并派遣技术精熟的织工教授袜机的使用方法,并教授织袜技术。为了拓展袜机用户,捷足公司推销袜机的地点逐渐由上海深入内地。[①] 20世纪初年,由于中国织袜业发展迅速,各地纷纷开设袜厂,对袜机的需求不断增加,美国、日本等国家出产的织袜机也扩大在中国的销售。不过,进口袜机数量有限,不能满足国内织袜业兴起对袜机日益增长的需求。更为主要的是,进口袜机价格高昂,不能适应中国城乡各地袜业资金薄弱的现实。袜业发展亟需价格低廉且供给充足的织袜机——这为中国袜机制造业的发展提供了契机。

图 4-3　手摇织袜机(由平湖金象纺织品有限公司提供)

中国厂家最初制造的袜机是由仿制外国袜机起步的。由于最初开办的袜厂大多为家庭匠人制,在家中从事生产,不需要自备厂房;以家人为劳动力,也不需要招募工人。因此,开办袜厂主要的投资即购买织袜机的费用。因中国纺织机械工业尚不能制造织袜机,袜厂不得不依赖进口袜机。但进口袜机价格高昂,非普通的织户所能承担。即使素有积累的工商业者,要想投资兴办袜厂,也需要设法另外筹措资金。同时,国内工商业者注意到进口袜机利润丰厚,为了解决资本不足的困局,因而决意自制国产袜机,以满足袜厂所需,获得高额收益。在上海,首先出现了仿制袜机的厂家。之后,由于袜机需求增加,制造袜机的厂家由上海

① 陆仁隣:《漫谈我国袜业》,《上海特别市棉织厂业同业公会会务月报》第7期,1943年12月15日,第3页。

外溢到其他通商口岸城市，尤其是织袜业相对发达的城市乃至市镇。在海宁县，针织袜业初创时期，各袜厂所用袜机多由日本、美国等国家进口。1916—1917年，硖石振兴袜机厂开设仿制，出现了最早的袜机制造业。此时距离当地出现最早的织袜工厂尚不到10年。在杭州，1921年前后也开设了第一家袜机厂——隆昌袜机厂。该厂开设于城隍牌楼之兴业闹市口。继隆昌之后，又有多家袜机厂相继投产。至1932年，杭州市所有袜厂使用的织袜机，均由杭州市各家袜机厂生产。而且，杭州市各家袜机厂还能够生产不同规格的织袜机，价格最高者每架达320元，价格最低者仅7元。其中，最低价格仅相当于进口袜机最低价格的三分之一。[①]

由于国产袜机相对于进口袜机的价格优势，针织袜业对国产袜机的需求不断增加，这反过来又推动了袜机制造业的发展。国产袜机制造业者因应中国针织袜业发展的需要，也不断对所产针织袜机加以改进。例如，高昌机器工厂以生产织袜机器为主要业务，其产品深受各家袜厂的欢迎。但高昌机器工厂也注重对所制袜机的技术改进，早在1917年就发明了自动机器，不仅运行灵活，而且能够自动挑织袜跟，效率远远高于普通织袜机。[②]

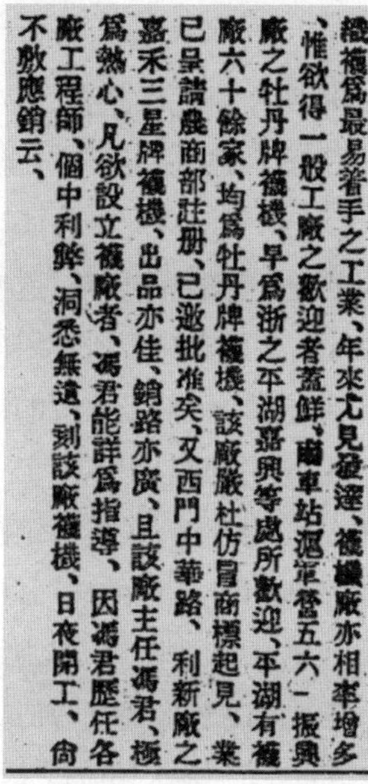
織襪爲最易着手之工業、年來尤見發達、襪機廠亦相率增多、惟欲得一般工廠之歡迎者蓋鮮、南車站滬軍營五六一振興廠之牡丹牌襪機、早爲浙之平湖嘉興等處所歡迎、平湖有襪廠六十餘家、均爲牡丹牌襪機、該廠嚴杜仿冒商標起見、業已呈請農商部註册、已邀批准矣、又西門中華路、利新廠之嘉禾三星牌襪機、出品亦佳、銷路亦廣、且該廠主任馮君、極爲熱心、凡欲設立襪廠者、馮君能詳爲指導、因馮君歷任各廠工程師、個中利弊、洞悉無遺、則該廠襪機、日夜開工、尚不敷應銷云、

图4-4 平湖袜厂大都使用上海生产的牡丹牌袜机(《申报》1923年5月9日)

得益于袜机制造工业的发展，以及袜机制造技术的改进，平湖袜业也得以降低购置袜机的成本，同时，不断提高生产技术水平。平湖各家织袜工厂所用织袜机主要来自上海南车站沪军营五六一振兴厂，均为该厂所产牡丹牌袜机。平湖全县60余家袜厂都使用这一品牌的袜机。[③]

国产手摇袜机对进口手摇袜机的替代是一个渐进的过程。直到中国针织袜业达至鼎盛的20世纪20年代中期，仍有一定数量的手摇袜机进口。例如，位于上海三茅阁桥爱多亚路口的傅祥记商号，主要经销

① 《杭州市工业调查录·袜业》，《市政月刊》第5卷第7期，1932年7月31日，第11—12页。
② 《工商会鼓励自动袜机》，《时报》1917年11月8日。
③ 《平湖各厂所用袜机品牌》，《申报》1923年5月9日。说明：标题为编者所加。

德、美等国生产的针织袜机和袜针,规格达十余种之多,这些产品颇受织袜工厂的欢迎。[①] 值得提及的是,不论是进口袜机还是国产袜机,袜针主要依赖进口。如这里提到的傅祥记商号,其主要业务之一即经营进口各种规格的进口袜针。

相对于进口织袜机,价格低廉的优势是杭州厂家所产袜机得以替代进口袜机的主要原因。在杭州袜机制造业兴起约10年后,杭州各家袜厂使用的袜机多为当地所产手摇织袜机。除了萃隆袜厂使用少量进口的电力织袜机外,其他各厂受到资本数额的局限,都采用手摇织袜机。规模较大的振兴、华通、恒义兴、德生等袜厂,每家工厂所有袜机数量为60～120架。其他规模较小的工厂,每家工厂所有袜机数量为10～20架。至于其他采用家庭匠人制经营方式从事生产的织户,总计所有袜机数量没有统计。[②] 可以肯定的是,至20世纪30年代初,杭州本地所产袜机已经全面替代之前的进口袜机。[③]

国产袜机对进口袜机的替代还发生在其他织袜业较为发达的城市。在这些地方,由于织袜业的发展,袜机需求增加,也出现了袜机制造业。而且,受织袜业规模迅速扩大的影响,这些城市的袜机制造业也有所发展。20世纪20年代后期,武汉各家袜厂所使用的手摇织袜机全部购自汉口的织袜机器公司。1927年的调查显示,位于汉口的织袜机器公司有6家,包括天录、邓顺锠等,都可以生产多种规格的织袜机,每架袜机的价格自20元至40元不等。由于武汉城乡等地袜厂纷纷开设,袜机的销路颇佳。除了武汉各家袜厂使用这些工厂制造的袜机,其腹地各处开设的袜厂,也有赖于汉口的袜机公司提供织袜机。[④]

在华北地区,天津为织袜机的主要产地。天津袜机业兴起和发展的契机与上海、武汉等地类似,都是由最初依赖进口袜机,转而创设袜机工厂,在本地生产袜机。天津袜厂初创之时,使用的袜机由日本进口。原价一架45元的袜机,往往以250元的高价出售。由于袜机价格昂贵,投资袜厂需要巨额资金,因而自天津第一针织厂创办后,继起创办袜厂的工商人士甚少,袜业发展滞缓。1913年,天津老生记袜机厂成立,并从上海运来中国袜机厂生产的袜机,在天津市场上出售。尽管每架袜机的价格仍高达200元,但较日本进口袜机价格低约20%。由于袜机价格下跌,再加上袜货畅销,工商业者积极投资袜厂,先后在天津创办同

---

① 《傅祥记运到袜机袜针》,《时事新报》1926年7月10日。
② 《杭州棉织针织业概况》,《工商半月刊》第1卷第17期,1929年9月1日,第10—12页。
③ 《杭州市工业调查录・袜业》,《市政月刊》第5卷第7期,1932年7月31日,第11—12页。
④ 《武汉织袜业之概况》,《中外经济周刊》第199期,1927年2月12日,第51—53页。

益、精益两家袜厂。进入20世纪20年代，国内市场对线袜的需求进一步增加，而洋袜进口数量则相应趋降，国内袜厂产品供不应求，各家袜厂销售袜子数量迅速攀升，工商各界投资袜厂的热情高涨。此时，袜机制造业也相应发展，每架织袜机的价格降至160元，与1913年相比减少40元，降幅达20%。受到袜机价格下跌的影响，投资织袜业者更为踊跃，天津织袜工厂数量迅速增加，至1930年，已较初创之时增加2倍。[①]

观察各地织袜业的发展轨迹，可见织袜业自兴起以至鼎盛的过程，均与织袜机的改进关系密切。仍以天津为例。在织袜工业初兴之时，各厂所使用的织袜机绝大部分由德国、英国、日本进口，均为手摇袜机，所织袜子仅有短筒男袜，规格以一百八十针为主。之后，随着上海袜机制造业的发展，织袜机的规格愈加丰富，天津各袜厂通过购入上海所产织袜机，不仅增加了长筒袜的生产，还在原来男袜的基础上，增加了女袜、童袜等产品的生产，规格也由原来的一百八十针，增加了一百二十针、一百四十针、一百六十针、二百二十二针、二百四十针等。其中，一百二十针、一百四十针的袜机用于织造童袜，其他规模的袜机则用于织造男袜、女袜，从而使袜货品种较前更为多样。在袜机种类增加、规模扩展的同时，利用电力驱动的电力袜机也开始出现。运用电力袜机，每天每架可以生产20打袜子，而运用手摇织袜机，每天每架最多仅能生产3～4打袜子。从机器的生产效率来看，电力袜机约为手摇袜机的5～7倍。不过，电力袜机价格过于高昂，在天津各家袜厂中，采用电力袜机者仅有少数几家。[②] 天津织袜业仍以手摇袜机为主要设备。这与平湖、杭州、武汉等地类似，也被视为针织袜业的共同特征。这种以手工袜机为主的设备特点，与织户包工制相互结合，有利于织工分散生产，从而降低设备成本和劳动成本，进而降低袜货价格，有助于扩大袜子的销售市场，促进国产袜货与洋袜的竞争。

尽管电力袜机价格相对于手摇袜机价格高昂，且不得不依赖进口，但电力袜机相对于手摇袜机有诸多优势。其中，最为主要的优势是电力袜机具有较高的劳动生产效率。近代上海等地使用的电力袜机主要为K字机和B字机两种类型。直径都是3.5吋，袜机的针数与手摇袜机相同。K字机主要用于织造中、长筒袜，B字机专门用于织造短筒袜。每位女工可同时管理数架K字机或B字

---

① 《天津之针织业》，《益世报》1930年4月21日。
② 同上。

机,每架K字机10小时可织袜6～7打,B字机可织8打左右。除了织袜机,罗纹机也有电力机。当时所用电力罗纹机的直径为15.5吋,其圆周针数与手摇罗纹机相同,每个女工可管数架,每架可织25打左右。[①] 因为使用的电力织袜机不同,工人熟练程度也有差异,电力袜机与手摇袜机生产效率的差距也有不同。在武汉,"织袜机器之生产能力,电机较人力机为大,平均电机每日可出袜五打,人力机每日可出三打半"[②]。当时的调查者已经注意到:"电力织机因生产率远高于手摇袜机,所用人工较少,产品之成本大为减少,致手摇袜机难以竞争,尤以舞袜,所需之线皆在六十支以上,手袜机上需工过多,殊不经济。"[③]

相对于手摇袜机来说,电力袜机也有其缺陷。例如,袜业中生产的"花袜"如西装套袜等,乃由多色纱线织成,亦有配入若干人造丝者(普通每打含人造丝约二两左右),因电力袜机不能时常调换纱线筒管,而手摇袜机则可随意调换,此为电力袜机所不及于手摇袜机处。所以,手工业袜厂大多从事花袜生产,而用电气机械之袜厂则专事生产线袜、舞袜等之素色袜类。[④]

经过数十年的技术发展和动力革命,织袜机械已由手摇横机发展为电力圆机,但直到20世纪40年代末,手摇织袜机仍然是织袜业中采用的主要设备。电力袜机使用比重较高的织袜工业,仅限于上海一地。其他如天津、武汉、昆明、杭州等地,均以手摇织袜机为主要生产设备。平湖、南汇、海宁、嘉兴等地的织袜业也是如此。可见,以手摇织袜机为主的平湖袜业,在全国的织袜业中具有一定的典型性——它代表了全国袜业普遍的生产设备和技术水平。

表4-6 平湖县袜厂机械动力使用状况表

工厂名称	组织性质	资本(元)	原动力及机械
光华	合资	20 000	引擎
日新昌	独资	8 000	引擎
一新	独资	8 000	无

① 徐朝渊:《我国之针织业》,《纺声》第1卷第1期,1948年2月1日,第47—48页。
② 《武汉织袜业之概况》,《中外经济周刊》第199期,1927年2月12日,第51—53页。
③ 徐朝渊:《我国之针织业》,《纺声》第1卷第1期,1948年2月1日,第47—48页。
④ 同上。

续　表

工 厂 名 称	组 织 性 质	资本(元)	原动力及机械
轮新	独资	2 000	无
明华	独资	5 000	无
裕华	独资	300	无
叶粹记	独资	500	无
蓉记	独资	1 500	无
永华	独资	500	无
勤余	独资	1 000	无
成康	独资	500	无
华商	独资	300	无
民生第一厂	独资	500	无
华锠	独资	300	无
万丰昌	独资	1 000	无
怡和永	独资	1 000	无
立盛	独资	300	无
震丰	独资	1 000	无
振大	独资	1 000	无
久和	独资	1 000	无
民强	独资	400	无
同益	独资	500	无
同源	独资	1 000	无
裕成	独资	300	无
成隆	独资	1 000	无

续 表

工厂名称	组织性质	资本(元)	原动力及机械
顺丰	独资	1 000	无
安余	独资	2 000	无
鼎成	独资	2 000	无
义成	独资	500	无
大铭	独资	500	无

资料来源:《浙江省平湖县工厂调查表》,《工商半月刊》1932年第4卷第1期,第51—54页。

在平湖全县的各家袜厂中,仅有光华袜厂和日新昌袜厂2家使用引擎作为动力。但值得说明的是,它们使用引擎并不是为织袜机提供动力。实际上,这2家袜厂完全采用手摇织袜机从事袜子织造。

据《中国实业志·浙江省》记载,浙西针织业较为发达的杭州、海宁、嘉兴、平湖等县,织袜业大都是小规模的厂家。各厂所使用的袜机,全部都以人工手摇,并无电机提供动力。杭州针织业中,只有六一和萃隆2家工厂规模较大,前者创办于1924年,有电机马达40匹;后者曾在1930年购入数架电力织袜机,不久因为营业状况不佳,将电力织袜机出售,仍然使用手摇织袜机生产。海宁、嘉兴两地的织袜业虽然较为发达,但厂家规模较小,一直没有使用电力织袜机等设备。嘉善县袜厂数量远少于海宁和嘉兴,仅有的2家袜厂(汇和、业勤)都使用手摇织袜机。在鄞县袜业中,美球丰记针织厂规模最大。该厂创办之初,还只是一家"家庭工厂"。之后逐渐发展,至1921年,购置柴油引擎;1926年,装设锅炉;1929年,添置马达;1931年,购办发电机,已由"家庭工业"发展为具有近代工业性质的工厂。除此之外,鄞县其他针织工厂的规模都很小。[①] 相较之下,平湖织袜业还算是使用电力的先驱。光华袜厂购置有引擎发电机,马力为5匹。日新昌袜厂也有电机设备。在统计的平湖30家袜厂中,只有这2家采用机械动力。其中,光华袜厂装置有马力为5匹的引擎发电机,日新

① 实业部国际贸易局:《中国实业志·浙江省》第七编,实业部国际贸易局1934年版,第55—74页。

昌袜厂也有发电设备。[①] 但是是否为电力织袜机提供动力，以及这 2 家工厂是否备有电力织袜机，当时的调查并无明确说明。但据《中国实业志·浙江省》，20 世纪 30 年代初，包括杭县、海宁、嘉兴、平湖等针织业最为发达的县份在内，浙西地区的各家袜厂都使用人工手摇织袜机，并未使用电力织袜机。[②]

在平湖县以及整个浙西地区，袜厂之所以在数十年中一直采用手摇织袜机，未能实现由人工动力到机械动力的"工业革命"，原因是多方面的。

首先，手摇织袜机包括横机和圆机，平湖等地较早采用了圆机。尽管也有使用手摇横机织造袜子的织户，但针织袜业主要使用圆筒织袜机，其圆筒的针数有五十二、九十六、一百二十六、一百八十、二百、二百二十、二百六十、二百八十等数种。每架袜机由一个女工管理，女工熟练使用上述各种袜机的生产情形如表 4－7。

表 4－7 圆筒袜机袜子产量表(熟练女工操作)

袜机针数(架)	产 品	每十时产量(打)	每打重量(天平秤两)
52	童袜	4.0～5.0	10
96	粗棉毛袜	3.0	33
126	中人线袜	3.0	12～14
180	细棉毛袜	2.5	33
200	成人线袜	2.5	15～16
220	花袜	1.5～2.5	14～15
260	舞袜	1.0	18～20
280	舞袜	1.0	18～20

资料来源：徐朝渊：《我国之针织业》，《纺声》第 1 卷第 1 期，1948 年 2 月 1 日，第 47—48 页。

据 1926 年的统计，一架袜机若用于织造丝袜、毛袜，每天的产量不到 1 打；

① 实业部国际贸易局：《中国实业志·浙江省》第七编，实业部国际贸易局 1934 年版，第 55—74 页。

② 同上。

如果用于织造纱袜或线袜,则产量相应增加。假如用于织制婴孩袜,每日产量为3～4打。如果织造的是普通纱袜,每架织机每天的产量约为长、短筒袜1.5打。这是就没有家务劳动拖累,全部精力用于织造袜子,且有他人帮助纺纱的女工而言的。如果织袜女工需要自己纺制纱线,而且是在家务余闲之时从事织袜生产,则每天每架袜机能够生产的袜子数量不会超过1打。[①] 通过采用手摇织袜圆机,织袜工艺得以改进,织工的劳动效率因而提高,从而缩短了手工袜机与电力袜机之间的效率差距。

其次,电力织袜机需要稳定的电力供给,尤其是在生产旺季,电力需求增加,对于电厂开工不足,甚至时断时停、电力供给缺乏的平湖而言,普遍采用电力织袜机就存在巨大的风险。[②] 使用手摇织袜机不必依赖电力驱动,随时可以开工生产。实际上,在一些采用电力织袜机的工厂中,由于电力供应等因素影响,转而采用手摇织袜机的袜厂也所在多有。以昆明织袜业为例。在袜子畅销之时,昆明曾先后建有多家使用电力织袜机的袜厂,包括永丰、新兴、南华等,这些袜厂使用马达作为织袜机的动力,所需电力则由耀龙电灯公司提供。至1936年,南华、新兴2家袜厂相继倒闭,永丰袜厂虽然艰苦支撑,但规模也较之前大为收缩,仅剩余5部电力织袜机。抗日战争时期,受电力供给不足影响,所剩电力织袜机也处于停机状态。[③]

其三,受中国纺织机械制造技术的限制,各地袜厂使用的电力袜机及其零件设备全部依赖进口,电力袜机未能实现产业化的生产。早在1912年,上海已经开始进口电力针织机。锦兴针织厂首先购买电力机从事生产织造,为针织业中采用电力机最早的厂家。[④] 之后,上海采用电力袜机的厂家不断增加,遂成为名副其实的"织袜工业"中心。尽管对电力袜机的需求不断增长,但上海一直未能发展电力袜机制造业。尽管抗日战争期间,上海兵工厂部分技师迁移内地,曾经制造电力袜机,但并未广泛推行。与手摇织袜机实现国产化,并在与进口袜机的竞争中以价格低廉的优势取得市场相比,电力袜机因其技术复杂、价格高昂,不

---

① 《浙江平湖织袜工业之状况》,《兴华报》第23卷第7期,1926年2月10日,第25—26页。

② 索非:《平湖杂忆》,《时事新报》1923年3月12日。

③ 陈建棠:《战时昆明市之针织业》,《经济动员》第3卷第4期,1939年7月31日,第1064—1070页。

④ 杨德惠:《上海商业特写》,《商业月报》第19卷第12期,1939年12月31日,第2—3页。

得不依赖进口而难以在袜业生产中广泛运用。[①]

其四，手摇织袜机与袜业普遍采用的织户包工制经营方式相互适应，因而具有广阔的市场。在织户包工制下，织户向厂商租借织袜机，各自在家中从事分散生产。即便是在缺乏电力供给的乡村中，也能随时开展生产。手摇织袜机低廉的价格，也使其押金和租金相对较低，普通农户不难负担。分散在织户家中的手摇织袜机构造远较电力袜机简单，便于厂商加以维修，也有利于厂商降低袜机的设备维护成本。相较而言，电力袜机的价格及维护费用都远远高于手摇织袜机，而且需要技术人员长期从事设备维护，当然难以和手摇织袜竞争。

在手摇袜机最初大量输入内地的20世纪10年代初，电力袜机已经出现，也开始引进。大约在民国初年，由于习俗变迁，普通民众对服饰的需求也发生变化，针织袜货的销路大涨。一些袜厂鉴于手摇织袜机出品较为迟滞，生产效率相对较低，开始购置电力袜机，开设袜厂。当年，在松江就出现了电力袜厂。使用电力袜机的袜厂，生产效率较手摇袜厂大为提高。一家电力袜厂的出品相当于数十家手摇袜机工厂的生产量。由于采用电力袜机的工厂产品仍然供不应求，一些袜厂转而寻求引进经过技术升级的新式电力织袜机。随后，美国制造的电力圆筒袜机相继输入。[②] 1932年，上海电力袜厂总计26家，每家有电力袜机数十部至二百数十部不等，平均每家袜厂所有电力袜机数量为50余部。“其中，以机织丝袜者2家，共有普通电机240部、平机20余部。此外，24家均以丝线袜为主要产品，有电机约1 200余部，普通电机工作每部十小时可产丝光线袜5打，或丝袜3打。平机每部工作十小时可产长丝袜1打。电机袜厂大都有日夜两班工，估计年产额约四百万打上下。”[③]

除了上述电力袜厂外，在上海还有所谓“半电机袜厂”。所谓“半电机袜厂”，即织造袜子全部使用人力，而其他工序则使用电力机械作为辅助。半电机袜厂大都制造丝袜、开士米袜等高端产品，每家有织袜机数量不等。多者有300架，少者仅20架，平均每家袜厂所有袜机数量70～80架。以每架袜机每天工作12

---

① 陆仁隣：《漫谈我国袜业》，《上海特别市棉织厂业同业公会会务月报》第7期，1943年12月15日，第3页。

② 除200余家电力织袜厂外，上海还有400余家手摇织袜厂。两种袜厂合计，职工人数多达一二十万人。参见陆仁隣：《漫谈我国袜业》，《上海特别市棉织厂业同业公会会务月报》第7期，1943年12月15日，第3页。

③ 叶子休：《上海的染织业和针织业》，《纺织周刊》第2卷第18期，1932年5月13日，第452页。

个小时计算,每天可以生产1打普通丝袜。总计整个上海有这样的袜厂16家,拥有织袜机1 200架。此外,所谓“电机袜厂”也并不完全采用电力织袜机,也有少量的手摇织袜机。估计电机袜厂所有手摇织袜机数量约为400架。共计1 600架手摇织袜机,年产值约为40万打,[①]在上海针织袜业中仍占有一定的地位。

与上海手摇织袜业和电力织袜业均有较大发展不同,近代平湖袜业虽然取得快速发展,一度还曾达到鼎盛,但其主要设备大都采用人工动力,始终未能由手摇织袜机阶段发展至电力织袜机阶段,未曾发生“动力革命”。但这并未妨碍手摇织袜机对平湖织袜业发展的推动,原因概在于手摇织袜机适合平湖近代社会经济条件。它适应了近代平湖电力工业发展滞缓的状况,同时也适合平湖城乡妇女为织袜业提供廉价劳动力这一因素。同时,由于手摇织袜机价格低廉、操作简单、设备维护成本较低,也更易于在城乡织户中推广。手摇织袜机尤其适应了平湖袜业的织户包工制经营方式,采用这种机械已可使厂商及织户两得其利,故而得到长期的应用,并通过工艺的改进、技术的不断熟练而提高劳动生产效率,促进了袜业的发展与繁荣。

三、产品种类的增加与更新

近代平湖针织袜业创始时期,各家袜厂产品相对单一,主要以棉纱和棉线为原料,生产线袜和纱袜。袜子的品种和规格也相对单一,主要生产男袜。经过艰苦的创业阶段,20世纪10年代中期以后,随着平湖袜货市场的不断开拓,各家袜厂适应消费者需求的变化,逐步增加产品种类和花色,开始增加生产多个品种的女袜、童袜。在棉纱、棉线之外,也使用真丝、绒线等,生产丝袜、毛袜。随着人造丝袜的流行,平湖一些袜厂也开始制造人造丝袜。经过十余年的产品种类增加和生产原料更新,至全县袜业的鼎盛时期,平湖袜业已经形成各种规格的成年男袜、成年女袜、童袜产品系列,袜子式样逐年更新,花色丰富多彩,因而具有广阔的销路。

---

① 叶子休:《上海的染织业和针织业》,《纺织周刊》第2卷第18期,1932年5月13日,第452页。

平湖袜业发展还体现为袜子产品种类的不断增加。随着织袜机的不断改良，以及织袜技术的不断改进，平湖袜业生产技术随着规模的扩展而不断发展，各家袜厂利用原料生产技术发展、原料品种更新等条件，增加产品种类，满足甚至扩大市场需求，推动了平湖袜业的迅速发展。光华袜厂初创之时，仅能织造纱袜和线袜，品种和规格也都较为单一。至1921年，该厂已经形成了包括多个种类、多种规格、数个品牌的系列产品。其中，青岛牌袜子有长号、大号两种，洋房牌有男、女、长尖、放新、长五种，双马牌有长、大、加市三种，飞马牌有特号、大号、二号、三号、四号以及条长一、二、三号八种，公园牌有大号一种，美女牌有纯丝男大、男长、放长、放四种，月牙牌有粗大、细大、冲大、加大、中人、小中六种。当湖织袜厂出品以丝光袜为大宗，毛绒袜次之。中华兄弟袜厂出品以中国丝光线袜为大宗，商标有飞机、双象等。振华织袜厂出品以毛绒袜为大宗，丝光线袜次之。仇东袜厂出品包括前门牌三十二支丝光男袜、金猫牌四十二支丝光女袜、孩童牌四十二支丝光元、二、三号童袜等。日新昌袜厂出品商标为国旗牌，织造各种孩袜及女袜。[1] 恒丰袜厂出品以双塔牌为商标，另有双鹿、蓝鱼两种品牌的丝光线袜。[2]

图 4-5 光华袜厂洋房牌产品广告(由平湖金象纺织品有限公司提供)

到20世纪20年代中期，平湖各家袜厂生产的袜子已经涵盖了当时主要的袜子品种。以织袜使用的原料分类，包括棉纱线袜、丝线袜、毛线袜、麻纱线袜、真丝袜、人造丝袜等。其中，以棉纱线袜产量占全部产量的比重为最高，约80%。毛线袜和麻纱线袜每年合计产额约占总产额的15%。真丝袜和人造丝袜两项的产额约占全县袜子总产额的5%。在按照原料区分的基础上，又可根据纱线规格而进一步细分出不同的品种。以棉纱线袜为例，又可分为粗纱袜、细纱袜和普通袜三种。粗纱袜以三十二支纱作为原料；细纱袜以六十支纱作为原

① 章镛堂：《浙省平湖县工厂调查录》，《中华实业丛报》第5期，1921年7月。
② 同上。

料;普通纱袜所用原料为四十二支纱。同时,也可根据原料的差别,区分出不同的品种。以平湖袜业生产的毛线袜为例。有用纯毛线作为原料生产的毛袜,也有混用毛线和棉纱线生产者,因为所用原料品种和比例不同,每家袜厂生产的毛袜就有十余个品种之多。根据袜子袜筒尺寸的大小差异,又可区分为短筒袜和长筒袜。短筒袜长约 8～9 寸,长筒袜长约 14 寸。又可依据成年男袜、成年女袜、童袜区分不同品种。如同为短筒袜、长筒袜,男袜和女袜规格并不相同。短筒女袜和长筒女袜均比相应的男袜短 1～2 寸。此外,还可以根据加工技术的差异将袜子区分出不同的品种,诸如丝光、冲丝、挑尖、加长、双线、单线、夹底、罗口等。由于生产发展,平湖各家袜厂还可依据客户的要求,随时定织各种不同规格的袜子。①

当时有报道已经关注到平湖袜业在生产技术以及产品更新上的努力。据记载,平湖袜业初创之时,光华袜厂的技师主要从硖石、嘉兴聘请而来,由这些外地技师培训平湖当地的织袜女工。经过多年以后,光华袜厂织工的袜子织造技术逐渐进步。同时,继光华袜厂之后建立的各家袜厂数量增多,平湖袜业生产旺盛。为各家袜厂生产袜子的织户也在技术上不断提高。各家袜厂都对承揽本厂袜货生产的织户开展生产技术培训。为光华袜厂生产袜子的织户,大都由光华袜厂培训技能,因而在技术上精益求精,生产工艺之娴熟,更非其他袜厂所能相比。为了使本厂生产的袜子夺得市场先机,光华袜厂不仅注重产品设计,还注重设备更新。该厂历年添置的织袜机等设备,大都打样定造,因而其产品既式样新颖,又富有特色。②

在各个袜子生产较为集中的城市中,一些城市的袜业与平湖类似。例如武汉,各家袜厂生产袜子包括纱袜、丝袜、丝光袜、人造丝袜、毛绒袜、棉绒袜等。按纱线的规格区分,则包括十支、十六支、二十支及三十二支数种等。按照所用原料区分,棉纱袜大都为十支、十六支。丝光袜则有三十二支、四十二支两种,一般主要使用四十二支细纱。按照颜色区分,则有青、黄、蓝、灰、褐、绿等数种。③

在产品种类上,平湖袜业与其他地方袜业既有相同点,也有差异性。与一些针织线袜生产地相比,平湖袜业生产的袜货品种相对齐全,几乎涵盖了当时市场

① 《浙江平湖织袜工业之状况》,《兴华报》第 23 卷第 7 期,1926 年 2 月 10 日,第 26—27 页。
② 《平湖光华袜厂参观记》,《工商新闻》1926 年 1 月 1 日。
③ 《武汉织袜业之概况》,《中外经济周刊》第 199 期,1927 年 2 月 12 日,第 51—53 页。

上所有主要的袜货种类，而且规格十分齐全。与平湖相比，作为浙江省针织袜业生产地的杭州，其袜货产品就相对单一。与同一时期的平湖相比，杭州袜业厂家生产的袜货主要限于纱袜和线袜两种，由于其销售范围主要局限于钱塘江上游地区，产品主要讲究质地坚固，因而品种较为单一。① 另一些袜子产地也先后开发较为齐备的袜货品种，但其形成品种体系的时间却晚于平湖。绍兴是浙东针织袜业重镇，其袜厂及针织厂能够生产多个品种的袜子，包括丝袜、线袜、毛袜、纱袜等，但产品品种较为完善的时间大约是在 20 世纪 30 年代前期。②

平湖袜业品种的增加与不断丰富，虽以织袜设备、技术的发展为基础，也主要取决于市场对袜子需求的变化，在一定程度上是随着流行式样的变化而日渐丰富的。这一因素在天津袜业中也有体现。在袜业初创时期，市场上销售的袜子以短筒为主，而且仅有男袜，颜色也相对单调，原因就在于其时服饰穿着习惯"扎腿"，因而短筒子较为流行。1919 年以后，妇女、儿童对袜子的需求增加，为了满足这些消费群体的需要，并在市场上竞争，袜厂生产的女袜、童袜花色越来越丰富，式样翻新，袜子的品种较前大为增加。进入 20 世纪 20 年代，衣服式样变化，着衣不再习惯"扎腿"，袜子式样也改为长筒。1926 年以后，丝袜的需求迅速增加，丝袜的品种也相应增多。由于真丝袜子价格较贵，需求有限。至 30 年代，袜厂增加人造丝袜以及麻制假丝袜生产，袜子的品种更为丰富。③

在平湖袜业迅速发展时期，各家袜厂纷纷推出新的产品。袜子种类由最初的棉纱线袜扩展到丝袜、绒袜等，款式和规格也较前更为丰富。以平湖最早的光华袜厂为例。该厂初创之时，仅生产棉纱袜和棉线袜。经过数年发展，袜厂规模扩展，产品种类也相应增加。至 1920 年，光华袜厂已经能够生产出上光线袜、纯毛绒袜等多个品种的袜子。④ 其中，纯毛绒袜为当年秋冬季节光华袜厂开发新的产品。光华袜厂的纯毛绒袜实际上涵盖一系列产品，使用国产原料制造，注册商标为青岛牌，包括毛绒短筒男袜、毛绒长筒男袜、毛绒中人长筒袜、毛绒长筒放脚女袜等多个品种。光华袜厂生产的这类产品与市场上销售的同类袜货不同，价格低廉，质地柔软，式样美观，因而受到客商的关注。⑤

---

① 《杭州棉织针织业概况》，《工商半月刊》第 1 卷第 17 期，1929 年 9 月 1 日，第 10—12 页。
② 施鑫泉：《绍兴之棉织工业》，《上海法学院商专季刊》第 10 期，1936 年 5 月 1 日，第 31—33 页。
③ 《天津之针织业》，《益世报》1930 年 4 月 21 日。
④ 《平湖光华袜厂特别廉价广告》，《平湖日报》1920 年 12 月 21 日。
⑤ 《平湖光华袜厂出品上等完全国货毛绒袜广告》，《平湖日报》1920 年 11 月 22 日。

20世纪20年代中期有报道称,光华袜厂生产的袜子不下40余种。其中,最受市场欢迎的产品有青岛牌男线袜、洋房牌女线袜、飞马牌中小线袜,以及双狗牌中小纱袜。[①] 再以位于平湖县城宫后底的振华袜厂为例。该厂开办于1919年,正值平湖袜业迅速发展的时期。经过半年时间的试办,该厂产品已经包括成年男袜、成年女袜、童袜等,规格相对齐全。除普通线袜外,振华袜厂还可生产丝光袜。这些产品式样新颖,设计精美,因而深受商家青睐。为了满足冬季绒袜销量增加的市场需求,该袜厂经过数月的技术、工艺研究,以纯毛绒作为原料,生产男、女绒袜以及冲绒童袜,每种绒袜又区分为大、中、小三种规格,制造精良,质地坚固。由于价廉物美,一经发行,就深受消费者的欢迎。1920年1月,振华袜厂正式开幕,临时增设门庄,大力推销绒袜等新产品。[②] 由于产品优良,再加上大力营销,振华袜厂的这一类产品迅速拓展了销售市场。当年,振华袜厂继续对所产纯毛绒袜实施改良,并在1920年冬季继续大力推销。[③] 当时的报纸也关注到振华袜厂的产品创新,称赞该厂生产的卫生绒袜深受消费者欢迎。[④]

由于平湖针织袜业发达,号称袜厂林立之区,各家袜厂为了使自己的产品更具竞争力,以便于同行竞争袜货销路,因而大都注重产品创新,在袜子的式样、花色等方面讲究设计,每年都生产新款袜子,并在款式、规格、颜色等创新方面存在激烈的竞争。这正是推动平湖袜业发展的动力之一。由于平湖所产袜货每年都能推陈出新,设计出款式、纹样、花色等与前一年不同的产品,因而颇获外地消费者青睐,这是平湖袜子颇负盛名、长销不衰的原因。从平湖袜业内部来看,各家袜厂为了在市场竞争中立足,也注重产品创新技术保密。往往是在产品上市之后,才通过大做广告加以宣传。在产品问世之前,往往讳莫如深。例如,1928年12月,平湖一家袜厂忽然秘密招收女工,而且定有极为严格的招收标准,要求报名者的年龄须介于16岁至20岁之间,其他年龄段的女工一概不收。招收满额后,专门设置居住之地,从事袜子生产。针对平湖县城等地因此举而出现的流言蜚语,该厂还在《大公报》上登一封面启事,说:"敝厂创始已来,迄届三稔,素负佳誉,今特聘名师,发明一种新颖花样袜子,为市上所未见者,因恐同业仿制,故秘

① 《平湖光华袜厂参观记》,《工商新闻》1926年1月1日。
② 《本城宫后底振华袜厂广告》,《平湖日报》1920年1月9日。
③ 《平湖振华袜厂各种毛绒线光袜廉价广告》,《平湖日报》1920年12月21日。
④ 《国货卫生绒袜之发明》,《新闻报》1919年12月13日。

密招收女工,并无他意。今恐各界不明真相,特此声明,以作辩证。”[①]可见,为了对新产品实施保密,袜厂之间存在着激烈的竞争关系。而这是平湖袜业能够在浙江省乃至全国据有一席之地的原因之一。

经过几年的产品种类更新,平湖主要袜厂均已形成较为齐全的袜货品种系列。例如,光华袜厂拥有青岛、洋房、双马、飞马、公园、美女、月牙等多个品牌系列的产品。这些产品“坚美耐用,颜色鲜丽”,先后获得巴拿马万国展览会、南洋劝业会等国际博览会优等奖章,福建国货展览会、浙江省巡按使金牌奖状等国内产品展销会奖励。这些产品不仅就近销售于县城附近各个市镇,还远销湖南、安徽等省。[②] 光华袜厂在报上登载的广告中称“冬令毛袜……丝纱各袜应有尽有”,[③]真实地显示出该厂袜货出品种类的丰富。

光华袜厂只是平湖袜业产品的缩影。其他如当湖、中华兄弟、日新昌、恒丰等袜厂,也都先后开发了自己的产品,形成各具特色的袜业生产格局。厂址位于平湖县城内小街的当湖织袜厂以各种丝光袜为大宗产品,同时也生产毛绒袜,所用商标包括飞艇、金心、菊花等。中华兄弟袜厂也以丝光线袜为大宗产品,使用商标包括飞机、双象等。[④] 仇东袜厂的产品包括前门牌三十二支丝光男袜,金猫牌四十二支丝光女袜,孩童牌四十二支丝光元、二、三号童袜等。恒丰袜厂则拥有双塔、双鹿、蓝鱼等品牌的多种产品。[⑤] 日新昌袜厂出品包括各种童袜及女袜等,“经久耐穿,价廉物美,莫不交品称赞”[⑥]。

表 4-8　平湖袜业产品种类、数量及商标名称

厂　　名	出品名称	产量(打)	商　　标
光华	兼制绒线帽	50 000	飞马、双马、洋房、青岛、双狗
日新昌	兼制绒线帽	24 000	海马
一新	男、女、童袜	36 000	秋月、狮象

① 《平湖一袜厂招收秘密女工》,《香槟》1928 年 12 月 27 日。
② 章镛堂:《浙省平湖县工厂调查录》,《中华实业丛报》1921 年第 5 期。
③ 《光华袜厂大廉价》,《平湖商报》1935 年 1 月 6 日。
④ 章镛堂:《浙省平湖县工厂调查录》,《中华实业丛报》1921 年第 5 期。
⑤ 同上。
⑥ 《日新昌袜厂之商标(商场消息)》,《民国日报》1931 年 8 月 12 日。

续 表

厂　　名	出品名称	产量(打)	商　　标
轮新	女童袜	61 000	三菱
明华	男、女袜	11 200	鲤鱼
裕华	女童袜	4 000	欢喜
叶粹记	女童袜	6 000	跑马
蓉记	男、女、童袜	20 000	双福
永华	童袜	4 000	爱鹅
勤余	女童袜	5 000	金鼎
成康	女童袜	2 600	双兔
华商	女童袜	5 000	
民生第一厂	女童袜	3 200	济公伏虎
华錩	男、女、童袜	2 800	三鹤
万丰昌	女袜	7 200	万峰葛
恰和永	男、女小袜		仙桃
立盛	小童袜	4 000	
震丰	男、女、童袜	8 000	塔景
振大	女童袜	11 000	猫蝶
久和	女童袜	11 000	双童
民强	女童袜	4 800	
同益	童袜	8 400	
同源	女小袜	9 400	
裕成	女童袜	2 800	
成隆	男童袜	8 100	

续 表

厂 名	出品名称	产量(打)	商 标
顺丰	女童袜	10 100	
安余	女袜	7 200	
鼎成	女袜	7 000	
义成	男、女、童袜	5 500	
大铭	女童袜	4 700	

资料来源：实业部国际贸易局：《中国实业志》第七编工业第二章纺织工业第五节针织业，实业部国际贸易局1933年版，第55—70页。

20世纪20年代，平湖袜业既以产品种类齐全而占据广大的市场，同时各家袜厂也有自己的特色产品。如前所述，光华袜厂的产品包括多个品种，形成十余个品牌的系列产品。但同时，光华袜厂也有自己独特的产品。其袜货的特色品种即男、女纯丝袜和丝光线袜。这些产品式样美观，质地坚韧，价格又较为低廉，因而成为光华袜厂的主要产品。[①] 1928年，日新昌袜也推出了自己的新产品——自由童袜。这一产品质地坚韧，花纹美观，色泽牢固，价格低廉——每打仅售0.7～0.9元。由于质量、式样、花色、价格等优势，日新昌袜厂生产的这种袜子在上海法租界民国路紫来街东日新昌袜厂批发所销售甚旺。除其他各个品种的男袜和女袜外，日新昌袜厂的这种产品最为畅销。[②]

随着工厂规模的扩大和生产工艺的完善，光华袜厂的生产过程已包括多道工序。例如，光华袜厂起初并无上丝光、染颜色这两道工序，所需丝光色线是向上海厂家直接购进。至1926年，光华袜厂已经拥有自己的上光和染色设备。光华袜厂在西门外开设自己的染坊，雇用染工30余人。还购置了大型染色机、丝光加光机、染灶等设备，能够满足本厂织袜原料上光、染色的需要。[③]

光华袜厂重视企业管理，建立了管理机构和规章制度。当时的调查者注意

① 《光华袜厂启事》，《金平湖》1928年5月30日。

② 《日新昌新出自由童袜》，《申报》1928年11月21日。

③ 陆君玉、卢玉卿：《袜厂首创忆光华》，中国人民政治协商会议浙江省平湖市委员会文史资料委员会：《平湖文史资料》（第4辑），中国人民政治协商会议浙江省平湖市委员会文史资料委员会1992年印行。

到，光华袜厂"组织井井有条，不独职员、技师，判分权限，其营业收发、会计、文牍，以及漂染、烫踏等部，均有正、副主任，互相助理，画到告假，注明表册。每月考察勤惰，绝无瞻徇。由总理身为之率，厂规严整，冠冕一时"。[①]

经理全面负责，内账房布置生产任务、核算成本，初步制定产品出厂价格。财务管理方面，有银钱账台、批发账台和零售账台。生产管理方面，设置工场部管理在厂工人生产，设置第一收发部和第二收发部，管理外包工生产。此外，厂内还设有染色车间、漂白车间、缝烫收发部、装潢部、货房间(仓库)和机房间(负责机修)。在产品销售方面，除了平湖光华袜厂本部外，在上海和湖州分别开设发行所。考虑到上海民国路老北门到新北门一带为针织业发行所最为集中的街区，光华袜厂也在此开设发行所。由于光华袜厂产品销售畅旺，富有信誉，因而在上海袜业发行同业中极有声誉。除了重视上海市场的产品销售，光华袜厂还派遣职员负责开拓其他区域的产品销售，由他们分别负责杭绍线、苏锡常线、金衢广线、内西路线、内东路线的销售工作。对于购进的织袜原料和销售的袜货产品，光华袜厂也建立了严格的检验制度。原料进厂和成品出厂，都有收发、检验制度。针对袜机等设备的修理，光华袜厂也建立了相应的制度，订有详细的规定。例如，织袜机损坏，一概由工厂负责修理。袜针折断，则由工人赔偿。每只袜针赔偿5文铜板。关于织袜工资，光华袜厂实施计件为主的工资制度；染坊工人的工资则实行薪金制，配合奖励制。即根据技术级别制定薪资标准，同时按照实际生产量进行奖励，并依照产品质量实施奖惩，产生次品要赔偿。平时预支工

图4-7　1949年，群力袜厂生产的童袜(由平湖金象纺织品有限公司提供)

① 《平湖光华袜厂参观记》，《工商新闻》1926年1月1日。

资,年终结算。光华袜厂为了推进产品、技术、工艺革新,鼓励职工发展生产,还设立创造发明奖、合理化建议奖、守职尽责奖等。[①]

1926年,光华袜厂达到生产最旺盛的时期。不包括外包织袜女工,全厂职工人数达到160余人。每天生产各类袜子1300多打,用纱从六支、八支直至六十支、八十支,乃至一百六十支,所织袜子品种包括纱袜、线袜、丝袜和羊毛袜,涵盖男、女成人袜、童袜以及妇女小脚尖头袜等。每一种类型的袜子各设一种商标,如童袜商标为双狗牌,丝袜商标为美女牌,男线袜为双马牌,毛线袜为青岛牌……此时,光华袜厂的产品不仅销往江苏、福建,还销往山东、河北、陕西等省,尤其以东北各省为其主要市场。光华袜厂生产的双狗牌童袜因为色泽鲜艳、美观实用、声誉卓著,还远销南洋各国。[②]

再如启新袜厂,在创办之初注重机器更新,并聘请技术娴熟的织工从事生产。产品包括丝光、丝线等不同种类的袜子,所用原料注重染色效果,既要求颜色明丽,又要久洗而不褪色。由于注重原料质量,注重新式设备采用,注重精工良匠,因而该厂能够不断推出新的产品。1927年5月,启新袜厂开始销售式样新颖的格子条袜子,并通过投放报刊广告,广泛宣传这款新产品。[③]

小　　结

织袜业所需投资数额较小,此为其勃兴的主要原因之一。有一利亦有一弊——所需投资数额较低固然促使了袜业的一时兴起,但较低的资本数额也使袜业抵御市场衰退的能力相对脆弱,一旦资本供给不足,袜业易于陷于困境。近代平湖数度袜业危机,都与资金供给不足有关。特别是在袜业需要资本挹注而银根又奇紧之时,如果金融业不能提供资金支持,袜业往往会产生闭歇风潮。

平湖袜业的兴起与快速发展得益于工商业界的投资。在平湖袜业兴起之

---

① 陆君玉、卢玉卿:《袜厂首创忆光华》,中国人民政治协商会议浙江省平湖市委员会文史资料委员会:《平湖文史资料》(第4辑),中国人民政治协商会议浙江省平湖市委员会文史资料委员会1992年印行。

② 陆君玉、卢玉卿:《袜厂首创忆光华》,中国人民政治协商会议浙江省平湖市委员会文史资料委员会:《平湖文史资料》(第4辑),中国人民政治协商会议浙江省平湖市委员会文史资料委员会1992年印行。

③ 《启新袜厂大放盘七天》,《晨钟报》1927年5月19日。

初,鉴于袜业“本轻利重”、资金周转较快的特点,不仅工商业者乐意投资开设袜厂,银钱业、一般商号,以及社会游资也都向袜厂贷款。相对充裕的资金固然使平湖袜业不断扩大经营规模,并在几次袜业危机中克服困难,将袜业推至鼎盛时期。但随着袜业资金的膨胀,以及经营规模的扩大,平湖袜业也面临着潜在的巨大风险。20 世纪 30 年代初,由于销售市场逐年萎缩,棉纱价格不断攀升,袜子销售价格连续下跌,整个袜业都遭遇危机。在针织袜业全面衰落的格局中,平湖各家袜厂也遭遇重创。尤其是资本较为雄厚的袜厂,所受损失更为沉重。由于连年亏损,累计亏蚀总数往往超过本金数倍。自此之后,平湖袜业元气大伤,进入整个行业普遍不景气的衰落周期。

第五章
袜商和织工

由于文献资料的相对不足，近代有关针织袜业的相关报道，往往对袜业的投资者、经营者以及普通的织袜工人缺乏具体而翔实的记载。然而，这些为袜业提供资金的投资者，从事织袜生产的织工，经营袜厂各项业务的经理，以及将平湖所产袜货销往各地的销售人员，恰恰才是前述设备购置、原料输入、产品营销背后的力量。正是因为袜厂投资群体的资金挹注，平湖袜业才能从无到有，并逐步发展壮大，从而成为平湖近代工业的主要部门，而且能够在浙江省乃至全国针织业中占有一席之地。也正是由于一些富有远见的工商业者的首创之功，平湖袜业起源较早，并以其初期的积累为基础，把握 20 世纪 10—20 年代针织袜业产品需求迅速增加的契机，将平湖袜业推向鼎盛时期。平湖袜业的兴起与发展，还得益于众多织户提供的大量廉价劳动，散布于市镇和乡村的“家庭妇女”，成为平湖袜业的主要生产者。此外，平湖袜业的发展也离不开负责工厂管理、产品营销、设备维修的诸多群体。平湖袜业在近代所取得的成就固然取决于多重因素，但作为投资者以及经营者的袜商、作为生产者的织户所起的作用尤为关键。

一、袜商及袜业公会

光华袜厂首创之后的最初几年间，在平湖开设的袜厂并不多，因而直到 1915 年左右，平湖针织袜业发展仍相对缓慢。之后，当湖、日新昌、胜华等袜厂相继开设,平湖袜业蔚然兴盛,并很快发展成为平湖近代工业中首屈一指的行业。受到袜货畅销,袜业营业旺盛的刺激,工业、商业、银钱等经营者纷纷投资袜业,甚至直接参与袜厂的经营。随着袜厂的投资者、经营者人数的增加,袜商也成为平湖近代工业中实力最大的群体。他们组织袜业公会,并通过公会协调原料和设备采购,统一制定各家袜厂产品的销售价格,订定织袜机的租借资金,协商织工等的工资标准,在一定程度上影响着平湖袜业的发展。

关于袜商个人的情况,报刊、档案等中文献中都缺乏相关报道。但当时袜业公会的活动,时常受到地方报纸乃至大报的关注。从有关袜业公会的报道中,可以寻找到平湖袜商的零星记载。例如,1925 年 3 月,平湖袜业公会曾经召开会议,改选会长。报道显示,在 3 月 21 日召开的这次会议上,经过会员投票,任职期满的袜业公会会长高琴泉、副会长张伯成分别被宏农袜厂厂主杨子秋、当湖袜厂厂主朱玉书替代,这两人分别当选为新一届的平湖袜业公会会长和副会长。[①] 再如,1927 年 5 月 15 日,平湖袜业商民协会举行成立大会。到会会员共计 67 人,投票选举协会主席、执行委员、候补委员、纪律裁判委员、候补纪律裁判委员等。陆公我当选为协会主席,张伯成、高琴泉、张卓成、李明夫、陆公我、朱玉书、严哲卿 7 人当选为执行委员。徐寿萱、王鹤年、杨秉钧、朱蓉伯、梅洪生等人为候补执行委员。戈厘百、叶粹安、周剑青、王少山、杨子秋 5 人当选为纪律裁判委员。朱葆才、王炳生、陆受春等为候补纪律裁判委员。[②] 1933 年 12 月,平湖县袜厂业同业公会改选委员,出席会议者有朱蓉伯、周剑青、李明夫、张松如、张伯成、毛友伦等。[③] 综合上列记载,可知 20 世纪 20—30 年代,在平湖袜业界较有影响,且实力较为雄厚的袜商达数十人之多。其中,高琴泉为光华织袜厂总经理,朱玉书为当湖织袜厂经理,顾伯荣为中华兄弟袜厂经理,叶粹安创设振华织袜厂,并聘吴培臣为经理。陈子卿为仇东袜厂经理,张卓成为日新昌袜厂经理,汪东涛为恒丰袜厂总经理。[④]

---

① 《袜业公会改选会长》,《申报》1925 年 3 月 22 日。

② 《袜业商民协会成立会纪》,《申报》1927 年 5 月 17 日。其中,张伯成原文作“张伯臣”,疑误。另参《袜业商协会选举委员》,《时报》1927 年 5 月 17 日。

③ 《袜业公会定期改选》,《平湖商报》1933 年 12 月 11 日。

④ 章镛堂:《浙省平湖县工厂调查录》,《中华实业丛报》第 5 期,1921 年 7 月。

表 5-1　1936 年平湖县袜商表

厂　名	厂　址	开办年月	性　质	经　理
成隆	城河滩	1925.12	独资	高德明
光华	西大街	1912	股份	高琴泉
利民	南门	1935.1	独资	戈怀劬
亨利	青阳地	1930.10	独资	戈季默
光华	西大街	1912	股份	戈厘百
新记	大南门	1934.2	独资	戈亦新
华山	西大街	1935.1	独资	祝匡麟
中华兄弟	西城外		股份	顾伯荣
久丰	东门外	1934.2	独资	李南松
振兴	南大街	1932.5	股份	李绍亭
大新	东门外	1936.2	独资	李寿清
恒丰	西小街	1934.8	独资	汪东涛
新华	西大街	1936.2	独资	刘鸿立
鼎丰	桑园弄	1926.3	股份	刘季藩
胜华	仓西弄	1916.2	独资	刘芸轩
勤工	西大街	1928.2	独资	刘志芳
光华	西大街	1912	股份	陆公我
仇东	东门内塘基桥	1919.5	独资	陈子卿
轮新	北大街	1925.3	独资	钱立凡
久和	糖饼桥	1929	独资	屈礼耕
元亨	西大街西太平桥	1925	独资	汤志君
振镛	施家坟	1935.4	独资	汪谨云

续　表

厂　名	厂　址	开办年月	性　质	经　理
民兴	香花桥	1936.2	独资	王文卿
同沅	书院弄	1931.2	独资	徐寿董
怡和	西门	1916	独资	严哲卿
裕华	大观音堂	1927.1	独资	杨秉钧
五丰	书院弄	1935.5	独资	杨傅华
大华	汤家浜	1931.7	独资	杨汉威
宏农			独资	杨子秋
振华	塘基桥	1920	独资	叶粹安
振华	塘基桥	1920	独资	吴培臣
业勤	吕公桥	1930.2	股份	俞晋贤
民生	青阳地	1933.4	股份	俞乐山
当湖	小街	1913	股份	张伯成
当湖	小街	1913	股份	朱玉书
勤余	东大街	1925	独资	张松如
日新昌	西大街	1920	独资	张卓成
国华	施家坟	1935.4	独资	郑德茂
大上海	西大街	1936.2	独资	钟文玉
光华	西大街	1912	股份	周剑青
同益	西小街	1927.2	独资	周志明
光华	西大街	1912	股份	朱其侯
蓉记	北大街	1925.3	独资	朱蓉伯
锠号	西小街	1931.3	独资	朱益三

续　表

厂　名	厂　址	开办年月	性　质	经　理
民生棉织厂	青阳地	1930.4	独资	朱玉书
华山	西大街213号	1935.1	独资	祝匡麟

资料来源:《袜业公会改选会长》,《申报》1925年3月22日;《袜业商民协会成立会纪》,《申报》1927年5月17日;《袜业商协会选举委员》,《时报》1927年5月17日;《袜业公会定期改选》,《平湖商报》1933年12月11日;平湖县政府:《平湖县政概况》,平湖县政府秘书室1937年版,第78—81页;许晚成编:《战后上海暨全国各大工厂调查录》,上海龙文书局1940年版,第319页。

表5-1中所列陆公我,不仅是平湖商界的领袖人物之一,还曾在五四新文化运动影响下,在1919年9月参与创办《平湖日报》。[①] 由高琴泉创办的光华袜厂为平湖县第一家针织袜厂,对于平湖袜业来说具有首创之功和示范效应。而光华袜厂自创办之后,规模逐步扩大,成为平湖袜业中生产最为旺盛的工厂,因而在平湖织袜工业界具有较大影响。尽管光华袜厂自创办至倒闭,前后仅存在26个年头,但该厂以其资本之雄厚、生产之发达、产品之丰富、信誉之卓著,对于平湖袜业发展具有示范作用。甚至对于整个平湖近代工业来说,光华袜厂也具有首创之功和领导地位。光华袜厂之所以能够开创平湖针织袜业的先河,并长期执平湖袜业之牛耳,与光华袜厂的创办人高琴泉关系密切。

光华袜厂创办人高琴泉(1886—1959),是嘉兴新丰镇人,为人忠厚谦逊,好学上进。清宣统二年(1910),定居平湖城内,决心创一番事业。次年,即在仓弄西创办光华袜厂,并率领妻女去上海学习织袜、熨烫等一系列技术。同时,买回6台日本产手摇袜机,每台价约11银元。回平湖后,招收一些农村妇女进厂学习织袜技术,进行生产。袜机容易损坏,需要修理。高琴泉派弟弟高瑞臣到上海学习修理技术。第一批产品问世后,名为"五百号粗大"(袜业术语,指粗线大人袜)。虽然质量和外表美观都不及英商鹰球牌电机罗口中统袜,但因为当时一般人还穿又厚又硬又不合脚的竹布袜。相比之下,光华生产的袜子比布袜好很多,而且价钱比鹰球牌洋袜便宜不少,适合大众购买水平,因而大受群众欢迎,出现供不应求局面。这时,上海有几

① 宋勤主编:《嘉兴市革命文化史料汇编》,团结出版社1993年版,第169页。

家机器工厂已能模仿进口货,造出国产袜机,质量可靠而价格便宜,每台只六七元。这为光华增加设备、扩大生产提供了有利条件。每当厂里招工,近郊农村妇女都踊跃报名参加。女工进厂摇袜,需自带膳食,早出晚归,每月交租机费一元,一般每天能摇袜子一打(12 双)多,每打加工费为 0.2 元,每月可收入 6～10 元。随着袜机工人的增加及产品销路的逐步打开,生产规模日益扩大。几年以后,袜机增加到数百台,在全省针织业中,光华厂已有相当地位。在光华的影响下,从 1918 年起,新厂不断开办,平湖针织业蓬勃发展起来。①

高琴泉还是平湖袜业织户包工制最早的实施者和倡导者。20 世纪 10—20 年代,随着光华袜厂产品销售范围的扩展,"生产规模不断扩大和厂房狭小成了突出的矛盾。为了解决这一问题,光华袜厂创造了'租机发料,委托加工'的好办法。经过实践,大获成功。办法是:招收农村妇女向厂方租用袜机。租时,交押机费 6 元,租金每月 2 元,并领取机制纱回家生产。每包棉纱允许损耗额为 6 两,完成后解交厂里。经验收合格,按规定付给加工费,多产多得。这一办法既可节省扩建厂房的大量投资,又能适应农忙务农、农闲做工的需要,增加农民收入,也使农妇仍能兼顾必要的家务,一举数得,深受农村妇女的欢迎,纷纷来厂租机生产。其他踏袜、缝袜、烫袜等半成品的加工也采取外包方式,招收城镇居民完成"②。正是因为采用商工雇主制经营方式,光华袜厂生产规模迅速扩张。至 1925 年底,袜机数量增加到 1 000 余架,每月租机费收入即达到 2 000 余元。光华袜厂的迅速发展引起平湖工商各界人士的关注,并吸引了各界对光华袜厂等针织袜业的投资。平湖商界的高登呼、高厚甫、施伯英等纷纷投资,在平湖素有影响力的地方士绅朱其侯、戈厘伯、陆公我等也入股光华袜厂。光华袜厂的资本总额增加至 2 万元。此外,光华袜厂的成功还引来了银钱业等的投资。平湖的钱庄给予光华袜厂信用贷款,众多散户也在光华袜厂存款。钱庄业的贷款和社会存款总数也达到数万元。因此,光华袜厂所有资金数额十分雄厚,成为浙江省

---

① 陆君玉、卢玉卿:《袜厂首创忆光华》,中国人民政治协商会议浙江省平湖市委员会文史资料委员会:《平湖文史资料》(第 4 辑),中国人民政治协商会议浙江省平湖市委员会文史资料委员会 1992 年印行。

② 同上。

针织业界资本最为丰裕的袜厂之一。[①]

1925年冬季，曾有记者参观光华袜厂，采访高琴泉，并对高琴泉在平湖袜业发展中的作用有过评价：

> 平湖袜业开通颇早。先进之厂，首推光华……该厂经理高琴泉……人极谦冲。年近四旬，精神强固，举止朴实，望而知为有恒心、有毅力一流人，不觉为之肃然致敬。谈次，高君自述渠发起此厂，距今已历十有六载。其初开办，平地未有袜业，并不知袜业一项，提倡工艺，挽回利权，于我国实业有莫大关系。而高君独能于众人目光所不甚注重之时代，以伟大之思想，灵敏之手腕，沟通风气，一意经营，遂乃逐渐扩充，愈推愈演，后起纷纷，奉为模范，可谓心精力果，有志竟成矣。[②]

再如高晓兰，他创办了新埭镇新溪织袜厂，并在厂中教人织袜。前往新溪织袜厂学习织袜者众多。由于新溪织袜厂所产销货销路畅旺，同时，前往学习织袜的人数不断增加，报名者络绎不绝。新溪织袜厂的24架袜机不敷使用。高晓兰又投资200余元，从上海购置12架织袜机。至1920年4月初，增购的织袜机已经运至新溪织袜厂。对于培养织袜女工，发展当地织袜业具有积极作用。[③]

以上高琴泉、高晓兰、陆公我等只是平湖袜商的个案，正是在这一群体的投资及经营之下，平湖袜业成为当地工业中实力最大的行业，其规模远远超过其他近代工业，也超过各种新式以及旧式手工业。当时的调查称赞平湖袜厂为新工业的代表，仅每年销往外埠的线、丝袜就多达7万余打，堪称平湖最大的工业产业。[④]

值得注意的是，平湖袜业主要人物的贡献并不限于平湖一地。其中，一些实业家除在平湖开设袜厂外，还在旧嘉兴府属各县投资设厂，或到上海、湖州等地开设工厂，或投资于袜业的经营。例如，潘介英另在嘉善县城内学宫前开设业勤

---

① 陆君玉、卢玉卿：《袜厂首创忆光华》，中国人民政治协商会议浙江省平湖市委员会文史资料委员会：《平湖文史资料》（第4辑），中国人民政治协商会议浙江省平湖市委员会文史资料委员会1992年印行。

② 《平湖光华袜厂参观记》，《工商新闻》1926年1月1日。

③ 王：《织袜机又到一打（乡镇新闻）》，《平湖日报》1920年4月2日。

④ 《浙西各县工商业之一瞥・十三（平湖）》，《商业月报》第9卷第9号，1929年9月，第2页。

袜厂,任经理。①

二、织户包工制的普及

近代平湖袜业的兴衰还与其经营方式息息相关。与浙西其他地方的袜业经营方式类似,平湖也存在三种不同的生产经营模式,即家庭匠人制、织户包工制和工厂制。这三种生产经营模式的区别包括多个方面。在生产方面,前两者均为分散经营,后者则为集中经营。在资本与劳动的配置方面,家庭匠人制为自产自销,生产与销售是同一的。织户包工制是厂商提供袜机、原料,负责销售产品,即其资本、设备、产品为厂商所有,"工人"承担生产,付出劳动力而获得"工资",即在这种生产制度中,生产与销售在经营管理上是分离的。工厂制也是自产自销,它与家庭匠人制的主要区别是通过招募工人,使用雇佣劳动。在近代织袜业中,这三种模式不仅同时存在,形成"共存"状态,而且具有前后继替的"迭代"关系。家庭匠人制在经营规模扩大之后,可能发展成为织户包工制,也有机会发展成为工厂制。同样,也会出现"逆向"变化,即工厂制退化为织户包工制,织户包工制下的袜厂因经营不善而退化为家庭匠人制。可以说,平湖袜业的快速发展既得益于多种经营方式的并存,又得益于可以实现资本与劳动有效结合的最佳经营策略。以织户包工制为主,工厂制、家庭匠人制与织户包工制等多种经营方式共存,并且可以相互转化的经营机制,是袜业取得较快发展的经营要素。

表 5-2 平湖袜业经营方式表

经营方式	袜机	劳动力	生产地点	生产组织	产品销售
工厂制	自备	织工	工厂	集中	自销
家庭匠人制	自备	家庭成员	织户	分散	自销
织户包工制	租借	织工	织户	分散	厂销

资料来源:《浙江平湖织袜工业之状况》,《兴华报》第 23 卷第 7 期,1926 年 2 月 10 日,第 28—29 页。

① 许晚成编:《战后上海暨全国各大工厂调查录》,上海龙文书局 1940 年版,第 319 页。

在袜业初创时期，多种经营方式共存的情况不仅限于平湖，在全国其他织袜业较为集中的城市中也是普遍存在的现象。以天津为例。在这里，一些所谓“袜厂”，实际上是采用家庭匠人制的生产作坊。虽然使用织袜机械从事生产，但每家织户使用的袜机不过两三架。其中，一些织户所用的袜机还是通过赊购而获得的。因此，在家庭匠人制的经营方式中，一家“袜厂”甚至能以极低的资本开工投产。在这类家庭织袜作坊中，资本最高者不过 60 元，最低者仅 30 元。[①] 还有一些袜厂采用工厂制。与上述家庭作坊相比，此类工厂使用的袜机数量较多，因而投入资本数额也较高。这类袜厂资本最高额也不过 7 500 元，最低额仅 100 元。其中，资本额 100 元的袜厂有 7 家，100～200 元者 4 家，300～400 元者 5 家，500～800 元者 10 家，800～1 000 元者 11 家，1 000～2 000 元者 4 家，2 000～3 000 元者 1 家，3 000～5 000 元者 3 家，5 000～7 000 元者 1 家，7 000 元以上者 1 家。大部分袜厂资本数额有限，因此工厂规模偏小。从整体上看，天津市全部 78 家袜厂，资本总额 64 662 元，平均每家袜厂资本额为 829 元，足见其资本之薄弱。[②]

在织户包工制中，袜厂的资本、设备（袜机等）、原料（纱线等）均由厂方提供，而织袜生产则通过雇用织户分散承担，论件计资。织袜工人缴纳袜机押金，支付袜机租金，由厂方租借袜机，领取原料，在家中从事生产。[③] 这种制度适应了袜业的行业特点，也适合平湖劳动力的结构特征，因而在平湖发展迅速，很快就替代了工厂制等经营方式，成为各厂普遍采用的经营模式。

平湖针织袜业创设之初，所用均为手摇织袜机，各厂资本数额有限，置办袜机数量不多，故兼具多种经营形式。个别厂家采用工厂制的生产组织方式，购买袜机，自备或租赁厂房，工人到厂织作，统一管理。还有一部分厂家采用家庭匠人制。由于袜机数量偏少，资本薄弱，只能利用家庭劳动力从事织袜生产，自产自销。正是因为采用了灵活的经营方式，平湖袜业才能够利用洋袜市场扩大的契机，并把握国内需求扩大而洋袜输入减少的时机，迅速发展自身的针织袜业。

20 世纪 10 年代后期，由于袜货市场需求迅速扩大，平湖各家袜厂的生产呈供不应求之势。但各厂受厂房、设备以及在厂做工的女工人数限制，无法及时扩

① 《天津之针织业》，《益世报》1930 年 4 月 21 日。
② 同上。
③ 中德：《我国针织业概况》，《商业月报》第 15 卷第 2 期，1935 年 2 月 28 日，第 7 页。

大生产规模。何况各厂生产袜货的生产效率还受到女工劳动生产率的制约。而各地对袜子的需求不断扩大,袜厂出货无法满足市场需求,这促使袜厂在经营方式上做出改变:

> 惟女工人少,尽一日之工作,每机出货不过一打,而各地需过于供,乃改为女工到厂租机,领纱回家工作,缴袜时给与工资。于是有家庭职务之妇女,不能到厂工作者,亦纷纷租机领纱,于家务闲暇时,在家工作。自此制一行,而平邑针织工业遂日臻兴盛,织袜遂为一种家庭之副业。无家务之累者,则日夜工作,不稍休息。近来附郭四五里内之乡农妇女,亦均改织布之业而为织袜。[①]

与平湖类似,其他各地的针织袜业大都根据自身的资本状况、技术设备条件、工人工资水平,以及生产经营习俗等,而选择了适合工商业者实际状况的经营方式。据1927年的调查,武汉的200余家袜厂中,资本较为雄厚者,不乏采用工厂制组织生产的工厂;而资本较小的厂家,投资者大都为商店,或贫穷的城乡居民,每家往往购置1～2织袜机从事生产,藉以谋生。其中,在家庭中从事的织袜生产,生产过程大都由妇女承担,实际上是一种劳动成本颇低的家庭生产。[②]它适应了当时城乡妇女就业不足而工资低廉的优势,同时又弥补了工业资本不足的劣势,它也适合针织袜业的特点,即资本较低而获利较大。针织袜业的这一共性还体现在其他城市的袜业生产中。例如,杭州袜业即是如此。袜业在杭州针织业中占据主要地位,从工厂数量来看,1929年杭州针织厂有16家,其中,织衫厂和毛巾厂共计3家,织袜厂却有13家,占全部针织工业的81%。这些袜厂规模大都偏小,大多数厂家的资本总额少于2 000元。这些资本短小的厂家,往往实行织户包工制,即由厂家将袜机和原料分发给织袜工人,由织袜工人在家中从事生产,织出来的袜子分批缴给厂方,厂方则根据生产数量和质量给织袜工人相应的酬劳,即工资。[③]

除了各家袜厂采用不同的经营制度外,还有一些袜厂同时采用两种不同的

---

① 《浙江平湖织袜工业之状况》,《兴华报》第23卷第7期,1926年2月10日,第25页。
② 《武汉织袜业之概况》,《中外经济周刊》第199期,1927年2月12日,第51—53页。
③ 中德:《我国针织业概况》,《商业月报》第15卷第2期,1935年2月28日,第1—7页。

经营方式,即实施的是复合式的经营制度。硖石的富顺昌袜厂同时采用工厂制和织户包工制两种经营方式。20世纪30年代中期,拥有500架手摇袜机的富顺昌袜厂,除在硖石北大街开设工厂外,还开展外发加工业务。其中,200架袜机设于厂中,采用工厂制生产管理。另外300架袜机包租给织袜工人,在家庭中从事生产。通过两种经营方式结合,富顺昌袜厂发展较快。1934—1936年,年产量达3.6万打。经过抗日战争,该厂艰难生存,但仍持续生产。据1949年统计,该厂仍有袜机400余架,仍然采用复合式经营管理制度。半数袜机置于厂中,以工厂制进行生产管理;另一半袜机外放给织户,采用织户包工制的方式开展经营。[①] 历尽劫难的富顺昌袜厂之所以能够生存下来,经营不辍,采用复合式的生产经营方式为其原因之一。

另一些袜厂则是根据生产旺季与淡季的不同,而采取不同的"弹性"生产经营方式。在杭州,大部分袜厂采取织户包工制。但在经销袜子的商家订货较为集中的月份,或者在袜子销售十分旺盛的时节,这些平时采取织户包工制的厂商,就会"开厂招工",招徕工人从事生产,以满足商家及市场的需求。至于一些规模较小的厂商,既不设厂组织生产,也不购买袜机和织袜原料,而是专门向以家庭匠人制从事织袜生产的农户购买成品,集中后转手销售。此类所谓厂商,其实就是经营袜子销售的商人。针对杭州袜业的状况,当时的调查者认为,杭州的袜厂虽有工厂之名,但却无工厂之实。与那些堪称工业的工厂相比,尚有相当的差距。[②]

表5-3　杭州袜业工厂简况表

厂　名	经　理	资本组织	资本(元)	职工数量(人)	日产量(打)
萃隆	于少尹	合资	9 000	职员24,女工45	250
华通	汪耀哉	独资	2 000	职员9,女工35	150
德生	汪庆云	合资	10 000	职员10,女工100	100
大生	陈道生	独资	500	职员4,女工12	50

① 海宁硖石镇志编纂委员会编:《海宁硖石镇志》,浙江人民出版社1992年版,第49页。
② 《杭州棉织针织业概况》,《工商半月刊》第1卷第17期,1929年9月1日,第10—12页。

续 表

厂 名	经 理	资本组织	资本(元)	职工数量(人)	日产量(打)
汤恭兴	汤荣堂	独资	300	职员 1,女工 6	100
义成	徐思宗	合股	1 000	男工 2,女工 24	70
瑞纶	孙和裁	独资	950	男工 2,女工 24	40
协华	黄洛波	独资	2 000	男工 9,女工 38	100
天顺	谢文宝	合股	300	职员 1,女工 3	30
生大	蒋志余	合股	2 000	职员 8,女工 14	60
德兴祥	陆子祥	合股	2 000	职员 6,女工 12	120
恒义兴	王印厚	独资	1 000	职员 6,女工 30	140
振兴	未详	未详	未详	未详	未详

资料来源:《杭州棉织针织业概况》,《工商半月刊》第 1 卷第 17 期,1929 年 9 月 1 日,第 10—12 页。

表 5 - 3 为 1929 年发表的统计。杭州 13 家袜厂中,振兴袜厂为新设,资本形式、资本数额、职工人数以及每天产量都无统计。其余 12 家袜厂资本总额为 31 050 元,每厂平均资本额为 2 587.5 元。总计 12 家工厂,职员和男工合计为 82 人,女工 343 人。全市每天袜子产量为 1 210 打,每厂平均为 101 打。① 另据 1932 年的统计,杭州全市袜业男工 200 余人,女工(包括摇纱、缝口的女工)1 500 余人。② 两种统计袜工人数相差较大,除了 1932 年袜工人数可能较 1929 年有所增加这一原因外,还在于统计口径的差异。即 1929 年的统计限于工厂制下从事生产的工人,而 1932 年的统计还包括从事袜业生产的其他工人,即实行织户包工制的织户,以及家庭匠人制下的织工。

袜业多种经营方式变化的结果,就是织户包工制取得了优势,逐渐成为主要的经营方式。具体的实施办法如下:

近年织袜之制,皆以包工行之。是项工人,百分之九十五六皆妇女充

① 《杭州棉织针织业概况》,《工商半月刊》第 1 卷第 17 期,1929 年 9 月 1 日,第 10—12 页。
② 《杭州市工业调查录·袜业》,《市政月刊》第 5 卷第 7 期,1932 年 7 月 31 日,第 11—12 页。

之，间有男子亦从事其业者，则多系在家无业之人。包工制度在织户与厂主均有便利，而尤以厂主之利益为多。盖一则无须备巨大之厂屋，实际上得多数人之工作。如光华、当湖两家，或有机千架或数百架，以一机供一人工作，光华已有千人之产品，当湖亦有五六百人，其他各厂亦各有二三百或百余人或数十人之工作，而厂主只须备货栈数间，及批发所或发行所房屋三四间耳，是不啻将工场分寄于各织户家庭间，厂主即不备巨大之厂屋，又无须多数管工之员司及杂费等项，其利于厂主者一。又招工入厂工作，机器等件自应由厂主置备，现在平邑织袜概行包工之制，而袜机须由织户向厂租用，租机之制，先付小租两元，及押租六元押租俗称顶首，退租时可以领回。小租退租时不能领回。租用之后，每月须付租金两元，大半即在织袜时工资内扣除。①

织户包工制成为普遍采用的经营方式，是由多重变化过程导致的。首先是一些实施家庭匠人制的家庭作坊通过资本积累，购置袜机，扩大规模，进而发展成为实施织户包工制的织袜工厂。在平湖县，袜业初创时期开设的光华袜厂等七八家工厂，都是集资设厂，以工厂制经营方式开展生产。其余则多为所谓"家庭工厂"，即以一家之财力投资购置织袜机，少则一架，多则数架，利用家庭成员从事织袜生产。由于袜子销售畅旺，一两年后，这些家庭工厂大都有所盈利。再利用所获得的利润，继续购置袜机。随着织袜机数量增加，织袜生产超出家庭成员劳动能力的范围，即将增购的织袜机转租给没有资力购买袜机的织工，收取租金。并将原料交给租户，通过租户自身在各自家庭中生产，而获得所需的成品。至20世纪20年代中期，即平湖针织袜业的鼎盛时期，这里的织袜工厂已经普遍实行织户包工制。从事织袜生产的工人，除少数男性外，大都为城乡妇女。其中，男工多为在家而无业之人，但占织袜工人的比重极低。相较而言，织袜女工占有绝对多数。虽无精确之统计，但估计女工占织袜工人的比重达95%～96%。各个厂家利用这些女工从事袜子生产，并不需要建造或租赁巨大的厂房，也不需要集中许多工人到厂工作，只需要拥有数间用于储存货物的栈房，以及用作展示并销售袜货的批发所、发行所，即工厂将买进原料、储存原料、收进和存储

① 《浙江平湖织袜工业之状况》，《兴华报》第23卷第7期，1926年2月10日，第27—28页。

成品袜货的环节放在工厂中,而将生产的各个环节分散到织户家庭中。其时,平湖规模较大的袜厂,如光华袜厂、当湖袜厂,均采用这种经营方式。光华袜厂置有袜机数量达到 1 000 架,当湖袜厂拥有袜机数量也达到数百架。以每人使用一架袜机计算,光华袜厂包工的织工数量即达到 1 000 余人,而当湖袜厂工人数量也有数百人。其他规模较小的袜厂也采用同样的经营方式,大部分厂家拥有分包织工数量为 200～300 人,少者仅数十人。不论袜厂规模大小,普遍采用织户包工制。[①]

其次,一些织袜工厂发展迅速,厂房不敷生产规模扩大的需要,同时招募工人到厂做工也存在一定的困难。为了解决这些困难,同时扩大自身流动资金数额,转而实行织户包工制经营方式,既缓解厂房、工人不足的困难,同时也增加流动资金数额。以前述光华袜厂为例。该厂初创之时,设于平湖西大街,以工厂制组织生产。经过数年缓慢发展,至 20 世纪 10 年代后半期,发展迅速,连年增购袜机。至 20 年代初,每天开机数量已经达到 1 000 多架,原有厂房不能满足生产需要,转而采用织户包工制,即采取“租机发料,委托加工”的方式,实施厂外生产,迅速扩大生产规模。具体实施方法为:袜工向厂方租借袜机,领回原料,按照规定织造袜子,送交厂方验收,按照件数计算工资。在向厂方租借袜机时,需要中人介绍;租借袜机除每架按月交纳租费 2 元外,每架还需要交纳押金 6 元;在交纳成品时,还需要计算损耗——光华袜厂所定损耗率约为 3%,即按照每包棉纱损耗 6 两计算。除了织袜工序外,其他多道工序也采用“委托加工”方式生产。如踏袜、缝袜、烫袜、戽纱等工程中,也都采用外包方式分散生产。光华袜厂的鼎盛时期为 1920 年至 1936 年,在此十六七年间,旺季出租袜机数量往往多达 1 000 余台。每月出租袜机一项,即有 2 000 元以上的收入。此外,还有 6 000 多元的押金作为流动资金。按照全年开工 8 个月计算,则租机收入达到 16 000 元,再加上押金,光华袜厂常年所获资金达到 22 000 元以上。[②]

据当时的调查者观察:

各厂所用袜机,均系上海华商各工厂所造,价值愈售愈廉。如平邑各厂所用之机,大半系牡丹牌一种,近年售价每机不过二十元左右,而出租时,先

① 《浙江平湖织袜工业之状况》,《兴华报》第 23 卷第 7 期,1926 年 2 月 10 日,第 27—28 页。
② 平湖市工业志编纂委员会:《平湖市工业志》,中国文史出版社 2013 年版,第 59—60 页。

已收回小租、押租等八元，是每机成本不过十五元至二十元，以此区区之本，而月得二元租金，其利率确有可观，而厂家义务，不过损坏时负修理之责耳。且若织户自备袜机，厂家多不肯发纱令其工作，织户不得已，遂多向厂内租机，不自购置，忍受每月二元之损失。是项袜机租金，在当湖、光华等厂每月即二千元或千余元之收入。①

可见，织户包工制取得优势地位在于它既有利于厂方的资本运用以及稳定地获得利润，同时又使缺乏资本的城乡劳动力获得较为充裕的收入。当时的研究者已经注意到，织户包工制对于厂主和织户都堪称便利。与织户相比较而言，厂主所获利益更多。因而，平湖的袜厂大都实施织户包工制。② 即使是开创之初实施工厂制的厂商，也转而采用织户包工制。另外，一些开办之时因资本薄弱等原因而采取家庭匠人制的袜厂，也通过扩大投资而采用织户包工制。

通过实施织户包工制，厂商可以获得一笔流动资金——即袜机的押金。实行织户包工制，织袜机等生产设备虽由厂商购置，但却由织户向厂商租借使用。织户与厂商之间在设备上的这种租借关系，有利于厂商将设备投资转嫁给织户。织户通过向厂商交纳租金，租借织袜机，不啻于以分期支付的形式“购买”织袜机。调查显示，织户向织袜厂商租借袜机的月租金为 2 元，另外每架袜机还须支付给厂商押金 6 元。这笔押金又称为押租、顶首，在织户退租时可以领回。对于厂商来说，织户交纳的押金、租金，是一项重要的收入来源。如前面提到的光华袜厂，拥有 1 000 余台织袜机，每月仅织户交纳的租金就达 2 000 余元。规模相对较小的当湖袜厂，每月所收租金也有 1 000 余元。其他各家袜厂，也因其置办及出租的袜机数量不同，每月可以得到数百元乃至上千元的租金收入。③ 估计平湖县 1926 年所有织袜机总数为 1 万架，每一架织袜机约值 20 元，则袜机价值合计为 20 万元。在织户包工制下，每一架织袜机每月租金 2 元，则每月租金总额为 2 万元。全年租金为 24 万元，超过织袜机总价值 4 万元，即相当于出租袜机价值的 120%。按照每年开工 8 个月计算，租金总额也有 16 万元。相当于织袜机价值的 80%。通过出租袜机，仅靠收取租金的收入，10 个月内厂方即可收

① 《浙江平湖织袜工业之状况》，《兴华报》第 23 卷第 7 期，1926 年 2 月 10 日，第 27—28 页。
② 同上。
③ 同上。

回成本。如果将发料加工等生产环节中获得的利润计算在内,厂方收回袜机成本的时间还可以缩短,应低于10个月。此外,每租出一架袜机,出租袜机的厂方还须收取8元押金,全年押金总额为8万元。总计全年开工8个月,租金与押金合计达24万元,超出厂方购置袜机总额4万元。即通过实行织户包工制,厂商方面总计可获得相当于设备投资总额120%的资金。[①]

将生产的各个工序分散到织户家中,可使厂商降低管理成本。实施织户包工制,厂方只需要准备储存和收发原料、成品的栈房,以及用于展示、销售产品的发行所、批发所等店屋,总计厂房数量不过数间,大大降低了房屋建造和租赁成本。由于空间规模收缩,所需人工数量减少,用于管理厂务的职工人数也相应下降,因而管理厂房、管理工人等各项费用也大为缩减。与工厂制相比,厂商还可减少设备维护费用的支出,因而缩减原来工厂中的设备维护等技术人员成本,从而在整体上减少生产成本。生产成本的下降使平湖所产袜子具有价格优势。而在与同类产品价格相等的情况下,则有更高的利润,因而厂商可以获得更高的净收入。这当然会吸引商人、地主、织户等纷纷对织袜业投资,促使平湖织袜业规模的迅速扩张。自20世纪20年代前期至30年代初,为平湖织袜业的鼎盛时代,也正是在这一时期,织户包工制成为平湖织袜业的普遍经营方式,两者之间显然存在密切的关联。正是织户包工制中厂商生产管理环节的缩减,以及经营管理成本的大幅下降,造就了平湖织袜业的繁荣时代。[②]

在织户包工制下,袜工可以不用到厂生产,替袜厂节省成本,从而降低生产袜子的劳动成本;在家还可以兼业从事家务劳动甚至农业劳动,从而灵活且充分利用劳动力;发包后,可在家庭内部实现劳动力配置,掌握织袜技术的家庭成员都可参与生产加工,并获得相应的收入。所以,织户包工制对于织户也是有利可图的。在针织袜业兴起之前,平湖城镇中的妇女除部分从事手工织布者外,其余大都没有固定的职业,自从针织袜业兴起之后,城镇中的贫家妇女大都依赖织袜获得生活来源。尤其是实施织户包工制之后,贫苦家庭的妇女无不租借袜机,以获得工资收入。一些原来从事手工织布业的家庭妇女,也放弃原有的织布业,转而从事织袜业。当然,平湖的袜工并不限于贫苦家庭的妇女,但凡因需从事家务

① H. P. James:《中国的工业观》,《东方杂志》第27卷第7号,1930年4月10日,第48—49页。
② 《浙江平湖织袜工业之状况》,《兴华报》第23卷第7期,1926年2月10日,第27—28页。

劳动而不能外出做工的妇女，都租借织机在家从事织袜生产。[①] 尽管“租机领料”从事生产的织袜工人需要支付每年6～8元的押金，每月需要支付2元租金，为一笔不菲的支出，但袜工只需在家从事生产即可，不必独自采购原料，也不必担心袜货的销路。按照每天每人可织1打袜子，每打获得工资0.22～0.26元计算，则一名织袜工使用一架织袜机，每月可获得工资6.6～7.8元。减去每月每架织袜机租金2元，可得4.6～5.8元的收入。以全年8个月的开工时间计算，则一年所获工资收入为36.8～46.4元。[②] 这些数据是就织造纱袜的平均工资而言，至于那些多年从事织袜的熟练工人，每天织袜数量甚至可以达到1.5打乃至2打，以每打平均工资0.35元计算，则每天工资收入可达0.53～0.70元，月收入最高可达15.9～21元，按8个月开工计算，全年收入最低也有127.2元，最高甚至达到168元。[③] 另有调查者估计，从事织袜生产的平湖妇女每月所得工资约为0.5元，则按照上述计算方法，一名织袜女工的年收入甚至超过100元。[④] 上述工资计算仅包括织袜工序。此外，缝纫袜头、袜底以及熨斗烫袜等工序，也是袜业生产必不可少的部分。在这些工序中，每加工一打袜子，也可得到工资0.03～0.04元。以全县年产袜货总计192万打计算，则这些工序的工资总额也达到5.76～7.68万元。[⑤] 与平湖从事育蚕生产即所谓“做蚕忙”的妇女相比，织袜女工所获收入更高。“做蚕忙”工作约20天，至蚕事结束，每人工资为6～8元，即平均日工资为0.3～0.4元，高于按照较低水平估计的织袜女工工资。[⑥] 但相对于织袜来说，育蚕为短期季节性劳动，育蚕妇女全年所获总收入远低于织袜女工。织袜女工年收入数额，与从事其他行业的男工相比，也有一定的优势。

由于织袜所需原料——棉纱由工厂供给，在织户包工制下的织袜女工可专注于织袜生产，只需向厂家领取织袜所用之纱线即可。而对于厂家而言，由于可以集中采购，因此可以获得价格更加优惠的纱线。初创时期，平湖各家袜厂所用纱线多由日本纱厂提供。之后，随着中国棉纺工业的发展，国产棉纱也在平湖袜业中占有越来越高的比重。织户向袜厂领取棉纱后，将织成的袜子交到袜厂。

---

① 《平湖的妇女生活》，《生活周刊》第1卷第20期，1926年3月7日，第121页。
② H. P. James：《中国的工业观》，《东方杂志》第27卷第7号，1930年4月10日，第48—49页。
③ 《浙江平湖织袜工业之状况》，《兴华报》第23卷第7期，1926年2月10日，第27—28页。
④ 《平湖的妇女生活》，《生活周刊》第1卷第20期，1926年3月7日，第121页。
⑤ 《浙江平湖织袜工业之状况》，《兴华报》第23卷第7期，1926年2月10日，第27—28页。
⑥ 《浙江平湖的蚕桑业》，《新中华》第2卷第15期，1934年8月10日，第83—84页。

通常缴袜的重量须和所领纱线一致。一些袜厂规定有损耗率,超过损耗率的规定,织户应给厂商做出赔补。对于初次学习织袜的女工来说,所缴成品袜货往往与所领纱线不符,因而需要另外支付厂商的损失。但经过几个月之后,随着织袜技术逐渐熟练,棉纱的损耗就会相应下降,最终大都能做到缴袜重量与领纱重量一致。① 所以,熟练袜工的收入较高而且稳定,这也是平湖袜业织户包工制得以普遍发展的原因。在织工的方面,这种制度鼓励织袜女工提高织造技术,熟练的技术才是收入提高的决定因素。同时,这种制度也对袜业生产起到了有效监督作用,通过对原料棉纱和袜货成品的严格衡量,在一定程度上解决了织户家庭分散生产给袜业质量管理带来的监管难题。

此外,织袜业的工序也较易分工实施,并不限于在工厂中集中生产。织袜业的工序包括浆纱、纺纱、织袜、缝纫袜头和袜底、熨斗熨平等。其中,浆纱、纺纱、织袜等工序,由织袜工从事生产。待织成袜片之后的各道工序,多由非织袜者从事,另外雇工实施。上述各项生产环节,都可以分别委托工人实施,即可以分散进行。这也是平湖袜业中织户包工制普遍实施的原因,这是由袜业生产本身的特征所决定的。因而,当时的调查者在对比了各地织袜业的生产经营方式后,认为平湖袜业的经营方式在全国具有典型性,可以作为织户包工制的代表。② 与平湖类似,全国其他袜业主要产地也都采用了织户包工制经营方式。在杭州,袜厂大都没有长期工人,只有在忙季时,才临时招募工人从事袜子生产。平时各厂的袜货生产,均采用织户包工制。直到 1935 年,杭州各袜厂中置有动力设备的厂家仅有萃隆袜厂和六一针织厂,其余各袜厂均使用手摇织袜机。③ 值得说明的是,普遍采用手摇织袜机也是织户包工制这种经营方式得以普遍实行的因素之一。有关织袜设备对平湖等地袜业的影响,前文已做专章讨论,兹不赘述。

由于织户包工制适应袜业迅速扩大生产的需求,因而不仅在平湖、杭州等地发展较快,而且在整个旧嘉兴府属各地的织袜工业中也被普遍采用。嘉兴、嘉善、石门等县各个市镇开设的袜厂,普遍采用了这种织袜制度。其租机领料、包工生产、计件给资等办法,大都仿照平湖县的织户包工制经营方式。④ 在海宁县硖石镇,始创于清宣统元年(1909)的振兴袜厂,实施的生产方式即为"放机发

① 《浙江平湖的蚕桑业》,《新中华》第 2 卷第 15 期,1934 年 8 月 10 日,第 83—84 页。
② 中德:《我国针织业概况》,《商业月报》第 15 卷第 2 期,1935 年 2 月 28 日,第 7 页。
③ 同上。
④ 《浙江平湖织袜工业之状况》,《兴华报》第 23 卷第 7 期,1926 年 2 月 10 日,第 28—29 页。

料”,即将厂商购置的手摇织袜机租借给城乡妇女,发放给她们棉纱等原料,由她们在家中将棉纱加工成袜子。硖石其他各家袜厂与振兴袜厂类似,也都采用织户包工制经营方式。硖石袜厂提供给织户袜机,收取的月租通常为每月 1 元,相当于平湖各袜厂租借袜机月租金的一半,而每打袜子加工工资约为 0.28 元,又略高于平湖。①

值得说明的是,包括平湖在内,嘉兴、崇德、杭州等地普遍实行的织户包工制,在其他地区的织袜业中也有所发展。例如,在江苏扬州,至 20 世纪 20 年代中期,经过十二三年的发展,织袜业已经初具规模,并完全替代了当地的布袜业市场。这一过程也伴随着织户包工制的发展。1927 年发表的调查显示,当时扬州规模最大的 3 家袜厂,即华昌、大成、元昌,也实行织户包工制,即由织袜女工领出袜机,在家中织造。其余各家袜厂,也都“置机于外”,即将织袜机租借给织户从事袜货生产。不过与平湖相比,扬州的织户包工制规模及其普及程度远逊于平湖。直到 20 年代后半期,扬州还有许多袜厂实行家庭匠人制。因而,整个扬州织袜家数虽多达三四百家,但从事织袜、熨袜等各道工序的袜工总数仅约六七百人,即每家从事袜业的平均人数在 2 人左右,因而主要是以家庭匠人制作为主要经营方式。②

平湖针织袜业工厂数量的迅速增加,以及全县袜业规模的连年扩张,是与袜业经营方式的转变同时发生的。在袜业快速发展的时期,平湖袜业也经历了经营模式的嬗变——由最初以家庭匠人制和工厂制为主,转变为以织户包工制为主;由在工厂或家庭中的集中生产转变为在织户家中的分散生产。由工厂业主与织袜工人之间的雇佣关系,一变而为厂商与织户之间的租赁关系。平湖织袜业经营模式的上述转型,适应了平湖袜业快速发展的需要。换言之,织户包工制的普遍实行,也是平湖袜业得以快速发展的重要原因。可以说,平湖袜业由初创到发展,因发展而臻于鼎盛的过程,不仅仅是工厂数量、从业人数、袜子产量等量增长的过程,还是伴随着资本与劳动配置方式、生产过程中的分工等结构性的变化过程。平湖袜厂由初创时期普遍实行的家庭匠人制而转变为织户包工制;或者因应袜业行业内部竞争的需要,适应袜业资本、设备、工艺、劳动等现实条件,而由资本、设备、劳动等相对集中的工厂制蜕变为织户包工制,都反映出 20 世纪

① 海宁硖石镇志编纂委员会编:《海宁硖石镇志》,浙江人民出版社 1992 年版,第 45—47 页。
② 《扬州针织业近况》,《中外经济周刊》第 198 期,1927 年 1 月 29 日,第 39—40 页。

20—30年代,在平湖这样的地区袜业发展的优势及其局限。其优势在于,可以利用较少的资本、价格低廉而易于掌握的手摇织袜机、供给充分而且廉价的城乡劳动力开办工厂,从事袜货的生产,并获得"本轻利重"之结果。其局限亦在于上述几个方面,即价格低廉的织袜工具、简单易学的织袜技术、充分供给的劳动等袜业发展所需的条件不难实现,从事袜业经营易于获利,因而吸引大量投资涌入袜业,各地袜业相继兴起,形成激烈的同质化竞争,并为之后袜业的危机埋下了隐患。

平湖袜业产品之所以能够不断扩大销售市场,在于其产品种类增加,形成齐全的品种系列;还在于平湖袜货物美价廉,与其他地区的产品相比更具竞争优势。这些特点有赖于平湖袜业经营方式的变革。近代袜业经营方式主要包括工厂制、家庭匠人制和织户包工制,在各地袜业中,最早兴起的大多为家庭匠人制和工厂制,之后由于织户包工制的出现和发展,形成多种经营方式并存的格局。由于织户包工制既有利于厂商节省资本、降低经营管理成本,从而降低产品价格,获得市场竞争优势,同时又有利于织户充分利用家庭劳动,分散从事生产,因而逐渐成为各地袜业中普遍采用的经营方式。相对于上海、杭州、天津等地袜业较多采用工厂制而言,平湖袜业织户包工制的普及率更高;而相对于扬州、九江、绍兴等以家庭匠人制为主要经营方式的袜业而言,平湖袜业的织户包工制在资本—劳动的配置上更具规模效应。平湖袜业中的织户包工制的发展,与整个袜业发生、发展以至鼎盛的轨迹相吻合,它是平湖袜业规模不断扩大的重要原因——当近代工业面临资本供给不足的困境时,织户包工制在一定程度上能够缓解乃至解决厂商资金不足的问题,也使厂商能够通过收取押金、租金等方式吸纳数万织户的零星资金,从而降低厂商可能需要支付的借贷利息,这对袜业发展至关重要,也是平湖袜业经过几次顿挫而终至鼎盛的关键因素。

三、织工的收入及境遇

平湖袜业工人的身份及构成与整个袜业经营方式的变化密切相关。平湖袜业首创之时以工厂制和家庭匠人制为主。在随后的行业迅速发展中,织户包工制盛行,并成为平湖各家袜厂的主要经营方式。但自鼎盛以至衰落,平湖袜业一直呈多种经营方式并存的格局。其中，又以织户包工制最为普及。

所谓织袜工人，实际上绝大部分是租机领料，在家织造的女工。例如，1920年3月29—30日，当湖袜厂连续两天在《平湖日报》上登载招工广告，广告内容为请愿意从事织袜者到厂实地操作，如果合格，即租给袜机，并规定工价，从事生产。当月，当湖袜厂由上海购进定制的40架袜机，均采用这种方式招工生产。[①]同一年，振新袜厂也采用同样方式招聘织户从事生产。据其招工广告可知，3月份，振新袜厂由上海购进50架织袜机，并准备向织户发机织造，并通告织工前往位于北坛弄底的振新袜厂接洽。[②] 4月7日，振新袜厂继续在《平湖日报》上登载招工广告，招聘织工前往该厂接洽领机。[③]

织袜在平湖当地又称为“摇袜子”，织袜业是1911年以后随着针织袜业的发展而兴起的新行业。袜业兴起之初，平湖只有一二家袜厂招聘女工从事织袜生产，后来逐渐增加，至1926年前后，袜厂数量已经达到40余家。为这些工厂从事织袜生产的女工，需要先托熟人到袜厂订立契约，再租进织袜机，领取棉纱，在家中“摇”成袜子，拿到工厂中换取工资。织袜女工使用的织袜机是向袜厂中租来的，每月支付2元租金。由于平湖县各家袜厂竞争激烈，为吸纳技术熟练的女工为自己的工厂生产袜子，各家袜厂实际收取的月租金只有1元。除了从事袜子织造的女工，还有一些女工受雇于工厂，从事烫袜、缠袜头等工作。[④] 在平湖从事织袜工作的，除了农村的妇女外，还有生活在市镇中的家庭妇女。[⑤] “做袜女工，多半为田家碧玉，间有红楼淑媛。”[⑥]

平湖的织袜女工并不限于平湖本地人，还有一些县外，乃至省外女工从事织袜生产。[⑦] 平湖当地以及外地妇女进入织袜业生产领域，广大妇女从事织袜生产，极大地推动了平湖袜业的发展。在织袜业的各个环节，女工成为主要劳动力。织袜女工从事的生产活动，包括浆纱、纺纱、摇织袜片等。织成袜片之后，缝纫袜头、袜底及熨烫等工作不再由织袜工人承担，而由袜厂另外雇工完成。[⑧]

---

① 《当湖袜厂招工广告》，《平湖日报》1920年3月29日；《当湖袜厂招工广告》，《平湖日报》1920年3月30日。

② 《振新袜厂招工广告》，《平湖日报》1920年3月29日。

③ 《振新袜厂招工广告》，《平湖日报》1920年4月7日。

④ 俞晋贤：《平湖的妇女生活》，《生活周刊》第1卷第20期，1926年3月7日，第121页。

⑤ 同上。

⑥ 沈荫月：《谈平湖袜厂事业》，《商业杂志》第1卷第2号，1926年12月1日，第4页。

⑦ 《裕华织袜厂招寻学徒启事》，《平湖公报》1928年9月28日。

⑧ 《浙江平湖织袜工业之状况》，《兴华报》第23卷第7期，1926年2月10日，第27—28页。

至于织袜工人的工资,由于所织袜子的种类、规格不同,也没有统一的工资。估计在平湖袜业鼎盛的20世纪20年代中期,每位工人平均每天可得工资0.5元以上。以每年做工8个月计算,则年收入可达120元左右。总计平湖县织袜工人所得工资为15万元。①

据1925年前后对平湖织袜业工人工资的调查,织袜工人织袜,由袜厂付给工资。以纱袜为例,每织袜1打,袜厂付给工人工资0.22～0.26元。一位工人每天织袜1打,平均可以获得工资0.23～0.24元,每月大约可得工资收入6～7元。减去租借袜机支付的租金,则每位织袜工人每月所得净余工资为5元。这是就技术熟练程度一般的织袜工人而言。那些织袜技术娴熟,且每天工作时间较长的织工,每天可以织袜1.5～2打,则其工资收入更多。在平湖袜业中,工资收入相对较少的织袜工人,主要是那些初次学习织袜的工人,她们一则由于技术尚不熟练,每天所织袜子数量较少。另外,还因为在织袜过程中原料损耗较多,以致被袜厂扣减工资。在20世纪20年代中期,平湖各家袜厂购买的棉纱主要来自日本纱厂,而织袜工人则需要向袜厂领取棉纱。按照厂方的规定,织户每向袜厂领取棉纱1斤,缴纳产品袜子时也须缴足1斤,而不计算袜子数量。如果分量短少,则须由织户赔补差额。这是那些技术尚未熟练的织工工资收入较低的另一个原因。不过,通常初学之后数月之间,她们的织袜技术就会变得娴熟,织袜时用纱就不再亏耗,工资收入也会相应提高。这一时期,平湖每年袜子产量约为180万～190万打,以每打平均工资0.23元计算,则织袜工人所获得的工资数额为40万元。加上缝纫袜头、袜底及以烫斗烫袜等工人的工资(每打约0.03～0.04元),整个织袜业每年付给工人的工资有50万元。②

将平湖织袜工人的工资收入与同一时期扬州、绍兴等地织袜工人的工资加以比较,结果略有不同。在江苏省扬州,华昌、大成、元昌等织袜厂所订织袜工价相同,但因所用棉线粗细程度不同,所织袜子的针数不同,以及袜子长筒与短筒的区别,每织1打袜子,织工所获工资数额也不相同。例如,同为粗线袜,九十六针、一百二十针、一百六十针的长筒袜每打平均工资分别为0.142元、0.162元、0.192元,短筒袜每打平均工资分别为0.120元、0.140元、0.170元。同为长筒袜,因为针数不同,织造工资也有明显差异。一百八十针、二百针细线袜每打平

① 俞晋贤:《平湖的妇女生活》,《生活周刊》第1卷第20期,1926年3月7日,第121页。
② 《浙江平湖织袜工业之状况》,《兴华报》第23卷第7期,1926年2月10日,第27—28页。

均工资分别为 0.220～0.222 元、0.230～0.232 元。将粗细、细线以及长筒、短筒等各类袜子的工资平均计算，则每生产 1 打袜子支付的工资为 0.172～0.173 元。以每天平均生产 1 打计算，则袜业工人的月平均工资为 5.16～5.19 元。[①]

表 5－4 扬州织袜工工价表

线 别	针 数	长筒每打价(元)	短筒每打价(元)
粗线	96	0.142	0.120
粗线	120	0.162	0.140
粗线	160	0.192	0.170
细线	180	0.220～0.222	
细线	200	0.230～0.232	

资料来源：《扬州针织业近况》，《中外经济周刊》第 198 期，1927 年 1 月 29 日，第 39—40 页。

在镇江，由于织袜工人工资过低，镇江城内及郊区的袜业男、女工人曾在 1925 年 2 月发起罢工，要求增加工资。后经与资方谈判，由袜业厂商承诺，无论铜元如何低贱，工人工资至 1 850 文即折算为 1 元。在得到厂方的承诺后，工人于当月 25 日以前已经复业。[②]

在江西省九江，除了女工购机在家自织外，无力购机而在织袜厂从事生产者，每日所得工资数额如下表。

表 5－5 九江织袜工人工价表

袜 别	每打工价(文)	日长时每日所得(文)	日短时每日所得(文)
180 针长肥线袜	600	900	600
96 针长肥线袜	480	720	500
140 针长细线袜	360	540	400

① 《扬州针织业近况》，《中外经济周刊》第 198 期，1927 年 1 月 29 日，第 39—40 页。
② 《洋袜业工潮平息》，《时事新报》1925 年 2 月 25 日。

续 表

袜 别	每打工价(文)	日长时每日所得(文)	日短时每日所得(文)
160针长细线袜	480	720	500
平均	480	720	500

资料来源:《九江织袜业之近况》,《兴华》第23卷第46期,1926年11月24日,第21—22页。

按照当地习惯,织袜业工人工资都按照钱文计算。袜针、伙食需要工人自备。减去每日伙食费用后,实际工价当较表中所列更低。尤其是袜针需要工人自备,即在生产过程中损坏袜针,需要工人自己负担。对于操作尚未熟练,以致容易导致袜针损坏的工人,这又是一笔支出。减去这两项后,九江织袜工人的工资数额,还会更低。如表5-5中所列,从事不同种类袜子生产,工价也有差异。主要区别在于针数,从事一百八十针长肥线袜生产,每打所得工资为从事一百六十针长细线袜生产的1.25倍,为从事一百四十针长细线袜生产的1.67倍。由于不同季节每天可以从事生产的时间长短不同,一年的不同时期每日工资所得也有差别,每天从事生产时间较久的夏季所得日工资平均为720文,而每天从事生产时间较短的冬季所得日工资平均为500文,仅为前者的69.44%。总计九江织袜工人的平均日工资为610文。[①]

至20世纪30年代初,平湖袜织工人的工资较20年代中期有所增加。1932年,以每天工作10小时计算,平湖县各家袜厂织袜女工每天的平均工资为0.3元,月平均工资为9元;男工每日平均工资为0.4元,月平均工资为12元;男、女袜业工人的日平均工资为0.35元,月平均工资为10.5元。[②] 这一工资水平可与上海、绍兴等地针织业(或者袜业)工人的平均工资加以比较。

在上海市的针织业中,工资大都论件计值,一般于每月半及月底支付,也有按月领薪,并由厂方供给膳宿者。上海袜业工人通常分为两班工作,日工的工作时间为10个小时,夜工的工作时间为8个小时,也有每班工作11个小时者。论件计资的工人,年终不得享受袜厂派发的红利。受到袜厂一年开工季节的制约,一年中各厂工人的工作天数也有差别。有的袜厂一年开工330天,还有袜厂一

① 《九江织袜业之近况》,《兴华》第23卷第46期,1926年11月24日,第21—22页。
② 《浙江省平湖县工厂调查表》,《工商半月刊》1932年第4卷第1期,第51—54页。

年仅开工 310 天，因而不同的袜厂，工人每年所获工资收入也有差异。例如，南昌针织厂工人每月平均工资为 16～20 元，进步针织厂每月平均工资仅有 10 元。同一家袜厂中，工人工资的最高额与最低额相差也较为显著。如公利针织厂，工人的月工资最高额为 26 元，最低仅有 8 元。此外，三联、人余、中华第一针织厂等厂中工人的最高工资与最低工资也有较大差额。以平均工资而论，除进步针织厂工人平均工资与平湖县大致相当外，其他各家袜厂工人的工资均高于平湖各家袜厂。两者相较，上海针织业工人的平均工资约为平湖袜业工人工资的 1.5～2 倍。①

表 5-6 上海针织工厂工人工资表

厂 名	最高额(元)	平均额(元)	最低额(元)
南昌针织厂	24	16～20	8
三联针织厂	35	15～22	10
进步针织厂	14	10	6
公利针织厂	26	12～20	8
人余针织厂	50	15～20	8
中华第一针织厂	45	20	16

资料来源：叶抱寰：《津沪针织业概况》，《商业月报》第 14 卷第 4 期，1934 年 4 月 30 日，第 1—3 页。

在绍兴县，织袜工的工资以“打”计算，主要依据产品的大小以及精细程度而定。此外，城厢与四乡的工资也有差别。大约城厢织袜工人的工资较乡间稍高，每打 0.2 元至 0.4 元不等。以每天每位工人平均生产 1 打袜子计算，则每位织工的日平均工资为 0.3 元，每位工人的月工资收入平均为 9 元，略低于平湖袜业工人的平均月工资。②

在平湖袜业中，根据不同的工序，可区分为不同的工种。不同的工种从事不同的生产活动，其工资待遇也有差异。其中，需要一定技术的织袜、整烫工人的工资相对较高，而操作相对简单的缝工的工资相对较低。由于工作效率的差异，

① 叶抱寰：《津沪针织业概况》，《商业月报》第 14 卷第 4 期，1934 年 4 月 30 日，第 1—3 页。
② 施鑫泉：《绍兴之棉织工业》，《上海法学院商专季刊》第 10 期，1936 年 5 月 1 日，第 31—33 页。

各种工人的计件工资数额与日工资数额也不相同。

袜厂生产所需原料主要为棉线、棉纱、蚕丝、毛绒等。从购入原料之后的原料染色、整理,到生产袜货,再到对产品进行熨烫、包装,都属于一家袜厂生产的范围。对于棉线和棉纱袜的制造来说,从购入棉纱和棉线,到生产出来的产品交付发行所,各种工序都需要不同种类的工人从事生产劳作。其中,最为主要的工序即织造、缝合、熨烫。

在平湖织袜业中,从事袜子织造的工人全部是女工。[①] 由织袜工使用手摇织袜机织造的袜子,还需要缝合。这道工序又分手缝与机缝两种。手缝所需技术远较织袜简单,因而从事缝袜生产的主要是非熟练的童工,他们只需要手工将袜尖上的针眼一个接着一个缝牢,每人每天可以缝制 2 打,每打的平均工资为 0.020～0.025 元,工资十分微薄。机缝即运用缝衣机进行袜子缝合,不仅需要缝工自备缝衣机,而且操作较为复杂,需要三人分工协作——一人翻袜,一人剪袜角,另外一人将袜片放在缝衣机上缝制。机缝每打袜子的平均工资只有七八厘。由于机器生产效率较高,每天可缝六七十打。总计从事手工缝合的工人每人每天大约收入 0.04～0.05 元。运用机器缝合袜子的工人每人每天大约收入 0.12～0.19 元。运用机器缝合袜子虽然需要三人协作,还需自备机器,但由于运用机器缝合的工作效率约相当于手工缝合的 30～35 倍,采用机器缝合的工人人均工资差不多是手工缝合工的三四十倍。[②]

与织袜、缝合两道工序几乎全部为女工从事生产不同,熨烫工序的操作者主要是男工,称为烫工。他们每人每天的收入在各道工序中最高。熨烫工需要准备一只熨斗,并向袜厂支领织成的袜子,一只只套在袜板上加以熨烫。袜子在板上熨平贴后,再取下来。每一只折叠得头、跟整齐,再用重物放在上面压紧,使得袜子更加平整,然后交到厂里去。熨烫工资每打 0.025～0.030 元,每人每天工资收入达 0.6 元乃至 1 元。[③] 与上述织工相比,烫工的工资为前者的 2～3 倍,为织袜、缝合、熨烫这三道工序中工资最高者。

织袜业工人的境遇可从两个方面观察。其一为工资收入,其二为其他待遇。在平湖,围绕着袜业织工的工资待遇,劳资双方多次发生纠纷。例如,1924 年,

---

① 《浙江平湖织袜工业之状况》,《兴华报》第 23 卷第 7 期,1926 年 2 月 10 日,第 27—28 页。

② 落寞:《平湖织袜业之一斑》,《上海报》1937 年 2 月 28 日。

③ 同上。

平湖袜业公会决定减少织工工资。将一百四十针、一百二十二针、一百二十针中人袜机工的工资,每打工资较前一年减少0.006元。一百四十针、一百三十二针、一百二十针、一百十针中人袜,及大号、二号、三号纱线条长袜,踏工工资每打较前一年减少0.002元。织袜及踏袜工人反对减少工资,决定向警署提出呈请。① 实际上,袜业工人不仅反对厂商减少工人工资的决定,还提出加薪的要求。1925年,平湖袜业伙友以每月工资都在10元以下,因为不敷开支甚巨,决定提出增加工资的要求。② 针对平湖袜业工人的境遇及工资状况,当时的调查者也认为袜厂在工资待遇上对于工人过于苛刻。认为工人起早贪黑,终日辛劳,所得工资过于菲薄,尚不足以维持温饱。③ 不仅平湖存在袜厂与织工之间围绕工价的纠纷,嘉兴也发生了同样的纠纷。④

厂方与织工之间围绕工资待遇的纠纷,一直持续到20世纪40年代后期。抗日战争胜利后,平湖袜业有所恢复,但工人所得工资十分菲薄,有时甚至不足以赔针、赔纱及解缴机租。⑤ 1946年,就曾因为织工工资问题而发生织袜业的罢工风潮。当年3月11日,平湖袜业工人300余人鉴于物价上涨,工资收入不敷生活之需,聚集到平湖县城建国路一带集会,商讨向资方提出增加工资的要求,即每打40元之三号彩条袜织工工资增加80元,为每打120元;特号袜由上一年度每打工价50元增加两倍,即每打150元。面对此次工人罢工风潮,袜业公会召集资方各厂举行紧急磋商会议,决定提高工人工资。⑥

1947年,平湖袜织业女工再度请愿,要求增加工资。继凤凰袜厂在厂的织袜女工提出调整工资要求后,元亨袜厂全体女工也到总工会请求交涉调整工资。⑦ 随后,因为工资纠纷引起的工潮,由凤凰、元亨袜厂外溢至平湖的其他袜厂。爱的福、申新、康福、成隆、久记、民生、勤利等十余家袜厂的袜工,都向总工会提出增加工资。⑧

此次风潮发生后,平湖县总工会参与仲裁,并决定邀请资方负责人共商善后

---

① 《质问袜业减给工资》,《申报》1924年3月23日。
② 《平湖袜伙之加薪运动》,《申报》1925年12月30日。
③ 落寞:《平湖织袜业之一斑》,《上海报》1937年2月28日。
④ 《袜业公会议减工资》,《新闻报》1921年10月2日。
⑤ 《织袜业本身维持已成问题　袜厂女工又请愿》,《平湖日报》1947年5月10日。
⑥ 《罢怠风潮也传来金平湖　织袜业昨起罢工　一度集议资方已有增加　定今谈判风潮不致扩大》,《平湖日报》1946年3月12日。
⑦ 《织袜业本身维持已成问题　袜厂女工又请愿》,《平湖日报》1947年5月10日。
⑧ 《织袜女工续请愿　总工会将邀资方寻求解决》,《平湖日报》1947年5月11日。

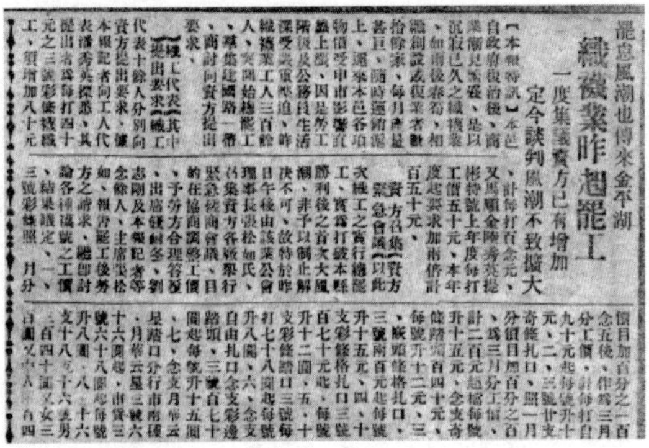
織襪業昨想罷工
一度集議資方已有增加
定今談判風潮不致擴大

图 5-1　平湖当地报纸有关织袜业罢工的报道
(《平湖日报》1946 年 3 月 12 日)

办法,[①]以解决厂商与织工之间的工资纠纷。1947 年 5 月 12 日下午,由总工会召集劳、资双方调解,并邀请平湖县社会科、县参议会等机构代表十余人参加,劳方有凤凰、元亨等袜厂女工数十人出席。但因袜厂资方无人出席,以致调解未能成立。[②]

工资纠纷只是平湖袜业厂商与袜织工人之间矛盾的一个方面。厂商还常常通过其他手段,以不公平、不合理的方式对待织工。当时的调查者曾对平湖袜厂租机给女工的若干规定做出评价:

1. 女子初取机作工时,又须出二元付厂内,此二元他日退机停工,亦不交还,其名曰出厂费,以为厂内应享之利。

2. 机上损坏铁针,须女工赔偿,每一针大洋二分。

3. 发纱之时,秤杆几上竖;收袜之候,秤杆几下坠,因之必有缺纱等情。亦须女工照价赔偿。

4. 所做之袜,稍有尺寸之不符,须拆而重作。枉费光阴,谓为女子之咎也。[③]

可见,当时的调查者已经注意到平湖袜业织户包工制中的种种“黑幕”,以及织袜工人所受的额外“剥削”。通过此类“奸计巧骗”,袜商将织袜工人辛苦劳动赚得的收入“拐去”。这些常常导致双方产生矛盾,甚至导致罢工风潮。[④] 在袜业中,厂商往往通过少秤袜纱等方式,欺压女工。[⑤] 类似的情况不仅发生在平湖

---

① 《织袜女工续请愿　总工会将邀资方寻求解决》,《平湖日报》1947 年 5 月 11 日。
② 《总工会调处袜工劳资纠纷　将预备提付仲裁》,《平湖日报》1947 年 5 月 13 日。
③ 沈荫月:《谈平湖袜厂事业》,《商业杂志》第 1 卷第 2 期,1926 年 12 月 1 日,第 4 页。
④ 同上。
⑤ 《欺压女工　少秤袜纱还加诬告》,《新商日报》1933 年 9 月 22 日。

织袜业中，在其他各地的织袜业中也为常见的现象。[①]

小 结

近代平湖袜业的兴起与袜商有着密切的关系。袜商不仅从上海引进了近代袜业，为袜厂提供了部分乃至主要的投资，还是各家袜厂的主要经营者。他们通过筹措资金，从上海等地购买织袜机等主要设备；他们通过派遣工人到上海学习针织技术，为平湖袜业培养了最早的本地织袜女工；他们还在各自的工厂中，培训和传播织袜技术。也正是因为他们在平湖创设最早的袜厂后，筚路蓝缕，艰苦经营，从而为平湖袜业招徕了更多的投资者，包括银钱业、商号以及大量散户的资金，使平湖袜业把握20世纪10—20年代袜货市场扩展的契机，达到近代袜业发展的鼎盛时代。也正是袜商在经营中采用了织户包工制这一经营方式，契合了平湖袜业资本、设备、劳动等特点，推广并普及这种经营方式，使平湖袜业迅速扩大规模，充分利用设备和资金，增加袜类产量，扩展了平湖袜货市场销售范围。

以所谓"家庭妇女"作为主要构成部分的织袜工人也是平湖袜业中活跃的因素。她们或在厂工作，在分散于平湖市镇、乡村中从事织袜生产，以低廉的工资，娴熟的技术，成为平湖袜业生产的主要力量。由于工资收入过低，而且遭遇袜厂的超经济压榨，因而袜业工人与袜厂厂商之间一直存在矛盾。在袜业迅速发展乃至繁荣的时期，袜业工人工资收入相对稳定，因而双方的矛盾并未外显。在20世纪20年代袜机危机期间，织袜工人与厂商之间的劳资矛盾趋于尖锐。在30—40年代的袜业衰落期间，受到通货膨胀、经营恶化等因素影响，织袜工人与袜商之间围绕着工资、袜工境遇等问题，冲突日益加剧，进而影响到袜业的生产与经营。这也反过来加剧了40年代后期袜业衰落的趋势。

---

① 《维持袜工之请议》，《新闻报》1924年5月5日。

结　语

近代平湖针织袜业经过了产生、发展、繁荣、停滞、衰落等不同的时期，这些不同的时期不仅仅前后嬗变，而且呈现为前后交替的往返起伏变化，折射出近代工业、新兴手工业跌宕起伏的演化过程。

平湖针织袜业始于光华袜厂的创设，其生产设备购自上海，袜子织造技术也由上海引进，上海针织袜业的产生、发展以及生产技术的传播是平湖袜业兴起的直接原因。上海开埠以后，经过数十年的发展，已经成为西方近代工业产品输入中国的集散中心，也是西方生产技术进入中国的主要口岸。近代洋袜的输入不断增加，数十年间，不仅"冲垮"了中国传统布袜业，而且带来人们衣饰消费习惯、消费观念的变化，从而推动国内市场洋袜需求的增加。正是在这一袜货消费需求和习俗观念的变化中，上海不仅出现了近代中国最早的针织袜业，还开始进口针织设备，传授织袜技术。平湖因其与上海之间密切的社会经济联系，工商业界人士敏锐地捕捉到上海针织袜业兴起的行业动向，早在20世纪10年代初就由上海引进设备、技术，创设袜厂，开启了平湖袜业的发展之路。创业之初的平湖袜厂，大都自上海购入设备，在上海习得织袜技艺，并从上海聘请设备技术人员。平湖袜业之所以能够兴起并快速发展，还得益于平湖当地所具有的其他因素。19世纪末20世纪初，与农产品、手工业品、工业品等商品输入和输出贸易相应，平湖银钱业快速发展，成为平湖袜业资金的主要来源。棉纺织、缫丝等传统手工业的衰落，导致以这些传统行业作为副业的劳动妇女失去生计，给针织袜业等新兴手工业提供了充裕的廉价劳动力。可见，平湖袜业的兴起正是在近代中国所遭遇的变局中产生的。西方工业产品的进口不仅"摧毁"的中国传统的布袜业，还为中国近代工业和新兴手工业产品开拓了市场，带来了新的市场机遇。由西方引进的设备和生产技术，与平湖本土的资本和劳动结合，造就了平湖袜业。20世纪10年代中后期至20年代前期，平湖袜货市场的迅速扩张，也得益于庄款的大量挹注和廉价的家庭分散劳动。

为了充分利用分散于城乡各地的家庭妇女廉价劳动，织户包工制逐步在平湖袜业中普及，但平湖袜业初创时期即已出现的家庭匠人制和工厂制仍然存在，在平湖袜业中形成三种经营方式共存、织户包工制为主的格局。甚至同一家袜厂，也可能同时存在织户包工制和工厂制两种经营方式，或在不同季节采用不同的经营方式。适应生产需求的不同经营方式的组合，不仅使平湖袜业充分利用劳动，并降低劳动力成本，还有利于平湖袜业以多种方式利用资金。在织户包工制下，厂商投资购置袜机，并将袜机出租给织工，收取押金和租金，既将固定资本"分摊"，又获致一定数量的流动资金。在银根较紧或借贷利率上涨之时，织户包工制尤其有利于厂商对袜厂的经营。织户包工制也是与平湖袜业设备相适应的经营管理方式。在近代平湖电力尚未普及，袜业普遍采用手摇织袜机的情况下，通过实施"租机领料"在家中从事织袜生产的织户包工制，可以大幅提高织袜机的利用率和使用时间，从而在生产旺节提供数量更多的产品。可以说，以织户包工制为主，多种经营方式并存，正是适应平湖袜业资本、劳动力以及生产设备状况而做出的"合理"选择。

随着平湖袜货销售市场的萎缩，以及织袜原料价格的上涨，利用手摇织袜机和廉价劳动力，采用织户包工制平湖袜业开始逐步陷入困境。在平湖袜货市场快速扩张的20世纪10—20年代，棉纱和棉线等织袜原料价格相对较低，袜货价格相对稳定，各家袜厂"本轻利重"，整个行业面临的是卖方市场。20年代末30年代初，织袜原料价格大幅上涨，袜货市场反趋萎缩。各家袜厂之间竞争激烈，纷纷通过降低产品价格以求自保。面对原料价格上涨，产品价格下跌的困局，袜厂利润下降，甚至面临亏损。此时的袜业亟须提高生产效率，以电力织袜机替换手摇织袜机，通过机械化、电力化，实现由新兴手工业向近代工业的转型，以维持其利润。然而，购买电力织袜机所需投资为手摇织袜机数倍，在银根趋紧、借贷利率上涨的时期，厂商面临筹措资金的困难。最为主要的是，电力织袜机对劳动力、设备技术的要求远远超过手摇织袜机。另外，采用电力织袜机还需要稳定的电力供给。资金、技术、动力等因素，都制约着平湖针织袜业由手工业向工业的转变。其结果，平湖各家袜厂一直使用品牌单一的手摇织袜机，生产技术和生产工艺长期停滞,产品种类也受到局限。平湖袜业始于棉纱袜和棉线袜的织造,直到鼎盛时期,受制于手摇织袜机设备的限制,仍以这两类产品为主,因而其产品不仅面临本地行业内部的相互"倾轧",在外地市场上也面临其他各地袜货的激烈竞争。这些当然是受到当时中国纺织设备工业、金融市场供给、袜子消费水平等的制约,也反映出当时平湖地方经济发展的局限。

附　录

一、1932 年平湖县工厂调查表

工厂名称		光华袜厂	日新昌	一新	轮新	明华	裕华	叶粹记
组织性质		合资	独资	独资	独资	独资	独资	独资
资本		2 万元	8 000 元	8 000 元	2 000 元	5 000 元	300 元	5 00 元
出品	名称	男、女袜，绒衫帽等	男、女袜，绒衫帽等	男、女、童袜	男、女、童袜	男、女、童袜	男、女、童袜	男、女、童袜
	数量	约 5 万打	2.4 万打	约 3.6 万打	6.1 万打	1.1 万打	4 000 打	6 000 打
	商标	飞马、双马、洋房、双狗	海马	秋日、狮象	三菱	鲤鱼	喜欢	跑马
原料	产地	上海	上海	上海	上海	上海	上海	上海
	数量	纱 100 件	纱 50 件	纱 70 件	纱 120 件	纱 30 件	纱 18 件	纱 20 件
原动力及机械		引擎	引擎	无	无	无	无	无
工人	人数	男 30、女 80	男 10、女 60	男 5、女 50	男 6、女 100	男 3、女 30	男 3、女 20	男 3、女 30
	每日平均工资	4 角、3 角	4 角、3 角	4 角、3 角	4 角、3 角	4 角、3 角	4 角、3 角	4 角、3 角
	工作时间	10 小时	10 小时	10 小时	10 小时	10 小时	10 小时	10 小时

续　表

销路	地点	上海、长江及南洋群岛各埠	上海、长江及南洋群岛各埠	上海及本省	上海及本省	上海及本省	上海及本省	上海及本省
	数量	5 万打	2.4 万打	3.6 万打	6.1 万打	1.1 万打	4 000 打	6 000 打
运输	水	轮、民船	轮、民船	轮、民船	轮、民船	轮、民船	轮、民船	轮、民船
	陆							
应纳何种捐税		统捐	统捐	统捐	统捐	统捐	统捐	统捐
近三年营业状况		略有盈余	平	平	亏	盈	平	平

工厂名称		蓉记	永华	勤余	成康	华商	民生第一厂	华锠	万豆昌
组织性质		独资	独资	独资	独资	独资	独资	独资	独资
资本		1 500 元	500 元	1 000 元	500 元	300 元	500 元	300 元	1 000 元
出品	名称	男、女、童袜	男、女、童袜	男、女、童袜	男、女、童袜	男、女、童袜	男、女、童袜	男、女、童袜	男、女、童袜
	数量	2 万余打	4 000 余打	5 000 余打	2 700 打	5 000 余打	3 200 打	2 800 打	7 200 打
	商标	双福	爱鹅	金鼎	双兔	无	三立、济公、伏虎	三鹤	万豆昌
原料	产地	上海	上海	上海	上海	上海	上海	上海	上海
	数量	纱 45 件	纱 18 件	纱 19 件	纱 10 件	纱 20 件	纱 17 件	纱 20 件	纱 20 件
原动力及机械		无	无	无	无	无	无	无	无
工人	人数	男 6、女 40	男 2、女 20	男 1、女 23	男 1、女 12	男 1、女 12	男 1、女 24	男 2、女 36	男 5、女 60
	每日平均工资	4 角、3 角	4 角、3 角	4 角、3 角	4 角、3 角	4 角、3 角	4 角、3 角	4 角、3 角	4 角、3 角
	工作时间	10 小时	10 小时	10 小时	10 小时	10 小时	10 小时	10 小时	10 小时

续 表

销路	地点	上海及本省	上海及本省	上海及本省	上海及本省	上海及本省	上海及本省	上海及本省	上海及本省
	数量	2 万余打	4 000 余打	4 000 余打	2 600 打	5 000 余打	3 200 打	2 800 打	7 200 打
运输	水	轮、民船	轮、民船	轮、民船	轮、民船	轮、民船	轮、民船	轮、民船	轮、民船
	陆								
应纳何种捐税		统捐	统捐	统捐	统捐	统捐	统捐	统捐	统捐
近三年营业状况		平	平	平	亏	平	亏	亏	亏

工厂名称		怡和永	立盛	震豆	振大	久和	民强	同益
组织性质		独资	独资	独资	独资	独资	独资	独资
资本		1 000 元	300 元	1 000 元	1 000 元	1 000 元	400 元	500 元
出品	名称	男、女、童袜	男、女、童袜	男、女、童袜	男、女、童袜	男、女、童袜	男、女、童袜	男、女、童袜
	数量	未定	4 000 打	8 000 余打	1.1 万打	1.1 万打	4 800 打	8 400 打
	商标	仙桃		塔景	猫蝶	双童	灯塔	
原料	产地	上海	上海	上海	上海	上海	上海	上海
	数量	纱 10 件	纱 18 件	纱 30 件	纱 32 件	纱 32 件	纱 19 件	纱 30 件
原动力及机械		无	无	无	无	无	无	无
工人	人数	男 3、女 30	男 1、女 12	男 2、女 24	男 4、女 18	男 4、女 44	男 2、女 18	男 1、女 10
	每日平均工资	4 角、3 角	4 角、3 角	4 角、3 角	4 角、3 角	4 角、3 角	4 角、3 角	4 角、3 角
	工作时间	10 小时	10 小时	10 小时	10 小时	10 小时	10 小时	10 小时

续　表

销路	地点	上海及本省	上海及本省	上海及本省	上海及本省	上海及本省	上海及本省	上海及本省
	数量	未定	未定	8 000 余打	1.1 万打	1.1 万打	4 800 打	8 400 打
运输	水	轮、民船	轮、民船	轮、民船	轮、民船	轮、民船	轮、民船	轮、民船
	陆							
应纳何种捐税		统捐	统捐	统捐	统捐	统捐	统捐	统捐
近三年营业状况		初办	平	亏	亏	亏	亏	平

工厂名称		同源	裕成	成隆	顺豆	安余	鼎成	义成	大铭
组织性质		独资	独资	独资	独资	独资	独资	独资	独资
资本		1 000 元	300 元	1 000 元	1 000 元	2 000 元	2 000 元	500 元	500 元
出品	名称	男、女、童袜	男、女、童袜	男、女、童袜	男、女、童袜	男、女、童袜	男、女、童袜	男、女、童袜	男、女、童袜
	数量	9 400 打	2 800 余打	8 100 余打	1 万余打	7 200 打	7 000 打	5 500 余打	4 700 余打
	商标	鹰球	织绵	和合	运动	仙女	蝠鹿	红旗	双鼎
原料	产地	上海	上海	上海	上海	上海	上海	上海	上海
	数量	纱 31 件	纱 20 件	纱 30 件	纱 30 件	纱 24 件	纱 24 件	纱 20 件	纱 19 件
原动力及机械		无	无	无	无	无	无	无	无
工人	人数	男 2、女 46	男、女 16	男 3、女 40	男 3、女 30	男 5、女 55	男 5、女 45	男 2、女 18	男 1、女 20
	每日平均工资	4 角、3 角	4 角、3 角	4 角、3 角	4 角、3 角	4 角、3 角	4 角、3 角	4 角、3 角	4 角、3 角
	工作时间	10 小时	10 小时	10 小时	10 小时	10 小时	10 小时	10 小时	10 小时

续 表

销路	地点	上海及本省	上海及本省	上海及本省	上海及本省	上海及本省	上海及本省	上海及本省	上海及本省
销路	数量	9 400 打	2 800 余打	8 100 余打	1 万余打	7 200 打	7 000 打	5 500 余打	4 700 余打
运输	水	轮、民船	轮、民船	轮、民船	轮、民船	轮、民船	轮、民船	轮、民船	轮、民船
运输	陆								
应纳何种捐税		统捐	统捐	统捐	统捐	统捐	统捐	统捐	统捐
近三年营业状况		亏	亏	亏	平	亏	平	平	亏

资料来源：《浙江省平湖县工厂调查表》,《工商半月刊》第 4 卷第 1 期，1932 年 1 月 1 日。

二、1937 年平湖县袜厂情况表

厂名	资本总额(元)	厂址	开办时间	性质	经理	工人	产量（万打）	年产值（万元）
光华	20 000	西大街	1911	股份	高琴泉	600	18.00	8.00
民生	5 000	青阳地	1933.4	股份	俞乐山	300	5.00	2.00
业勤	10 000	吕公桥	1930.2	股份	俞晋贤	50	8.00	4.00
振兴	3 000	南大街	1932.5	股份	李绍亭	150	2.00	1.50
亨利	3 000	青阳地	1930.10	独资	戈季默	378	0.70	0.77
轮新	2 000	北大街	1925.3	独资	钱立凡	280	9.00	3.00
成隆	2 000	城河滩	1925.12	独资	高德明	200	4.00	2.00
蓉记	1 000	北大街	1925.3	独资	朱蓉伯	80	4.00	1.20
同沅	600	书院弄	1931.2	独资	徐寿董	40	2.00	0.50
大华	500	汤家浜	1931.7	独资	杨汉威	40	0.90	0.25

续 表

厂名	资本总额(元)	厂址	开办时间	性质	经理	工人	产量(万打)	年产值(万元)
胜华	500	仓西弄	1916.2	独资	刘芸轩	60	1.00	0.60
勤工	500	西大街	1928.2	独资	刘志芳	60	2.00	0.60
华山	500	西大街	1935.1	独资	祝匡麟	38	0.40	0.15
大上海	500	西大街	1936.2	独资	钟文玉	30	0.50	0.25
倡号	500	西小街	1931.3	独资	朱益三	50	1.50	0.44
同益	500	西小街	1927.2	独资	周志明	32	0.90	0.25
利民	500	南门	1935.1	独资	戈怀劬	40	0.80	0.30
元亨	500	西大街	1925.10	独资	汤志君	44	1.00	0.60
勤余	500	东大街	1925	独资	张松如	30	2.00	0.50
大新	400	东门外	1936.2	独资	李寿清	30	0.50	0.25
新华	400	西大街	1936.2	独资	刘鸿立	30	0.90	0.20
新记	300	大南门	1934.2	独资	戈亦新	40	1.50	0.40
久丰	300	东门外	1934.2	独资	李南松	30	0.80	0.10
振镛	300	施家坟	1935.4	独资	汪谨云	36	0.42	0.18
裕华	300	大观音堂	1927.1	独资	杨秉钧	40	0.80	0.40
五丰	300	书院弄	1935.5	独资	杨傅华	20	1.00	0.30
民兴	250	香花桥	1936.2	独资	王文卿	60	1.20	0.24
久和	250	糖饼桥	1929	独资	屈礼耕	30	1.00	0.24
国华	300	施家坟	1935.4	独资	郑德茂	30	0.35	0.12
鼎丰	2 000	桑园弄	1926.3	股份	刘季藩	100	4.50	2.20
恒丰	500	西小街	1934.8	独资	李志再	60	2.00	0.80

资料来源：平湖县政府：《平湖县政概况》,平湖县政府秘书室 1937 年版,第 78—81 页。

主要参考文献

一、著作

[1] 实业部国际贸易局:《中国实业志·浙江省》第七编工业第二章纺织工业第五节针织业,实业部国际贸易局1933年版。

[2] 地政学院:《平湖之土地经济》,中央政治学校地政学院、平湖县政府1937年版。

[3] 许晚成编:《战后上海暨全国各大工厂调查录》,上海龙文书局1940年版。

[4] 段荫寿:《平湖农村经济之研究》,成文出版社有限公司、(美国)中文资料中心1977年版。

[5] 中国人民政治协商会议浙江省平湖市委员会文史资料委员会:《平湖文史资料》(第4辑),中国人民政治协商会议浙江省平湖市委员会文史资料委员会1992年印行。

[6] 海宁硖石镇志编纂委员会编:《海宁硖石镇志》,浙江人民出版社1992年版。

[7] 浙江省平湖县县志编纂委员会编:《平湖县志》,上海人民出版社1993年版。

[8] 宋勤主编:《嘉兴市革命文化史料汇编》,团结出版社1993年版。

[9] 海宁市工业志编纂委员会:《海宁市工业志》,上海科学技术出版社1994年版。

[10] 嘉兴市志编纂委员会编:《嘉兴市志(中)》,中国书籍出版社1997

年版。

[11] 平湖市工业志编纂委员会:《平湖市工业志》,中国文史出版社 2013 年版。

[12] 嘉善县国有城镇企业管理办公室:《嘉善二轻工业志》,中国文史出版社 2017 年版。

二、报刊

[1] 陈兆龙:《敬告吾国制袜业之同胞》,《申报》1915 年 5 月 2 日。

[2] 王:《织袜机又到一打(乡镇新闻)》,《平湖日报》1920 年 4 月 2 日。

[3] 田庆霓:《平湖县商况概略》,《浙江省立甲种商业学校校友会杂志》1920 年第 5 期。

[4] 章镛堂:《浙省平湖县工厂调查录》,《中华实业丛报》1921 年第 5 期。

[5] 索非:《平湖杂忆》,《时事新报》1923 年 3 月 12 日。

[6] 沈荫月:《谈平湖袜厂事业》,《商业杂志》第 1 卷第 2 号,1926 年 12 月 1 日。

[7] 俞晋贤:《平湖的妇女生活》,《生活周刊》第 1 卷第 20 期,1926 年 3 月 7 日。

[8] 上海针织业公会:《针织业意见书》,《国定税则特刊》1928 年 10 月 10 日。

[9] 南独:《重税压迫下之嘉属袜业》,《民众生活》第 1 卷第 5 期,1930 年 6 月 30 日。

[10] 叶子休:《上海的染织业和针织业》,《纺织周刊》第 2 卷第 18 期,1932 年 5 月 13 日。

[11] 鼎焜:《湖南针织业之近况》,《工界》第 1 卷第 2 期,1933 年 11 月。

[12] 叶抱寰:《津沪针织业概况》,《商业月报》第 14 卷第 4 期,1934 年 4 月 30 日。

[13] 邹德蕙:《金平湖》,《浙光》第 1 卷第 1 期,1935 年 1 月。

[14] 吴保衡:《海宁县主要工业概况统计表》,《京沪　沪杭甬铁路日刊》第 1195 期,1935 年 2 月 5 日。

[15] 中德:《我国针织业概况》,《商业月报》第 15 卷第 2 期,1935 年 2 月

28日。

[16] 施鑫泉：《绍兴之棉织工业》，《上海法学院商专季刊》第10期，1936年5月1日。

[17] 落寞：《平湖织袜业之一斑》，《上海报》1937年2月28日。

[18] 骆俊夫：《平湖农民生活素描》，《晨光周刊》第6卷第26、27、28期，1937年8月1日。

[19] 陈建棠：《战时昆明市之针织业》，《经济动员》第3卷第4期，1939年7月31日。

[20] 养才：《针织业今昔种种》，《益友》第3卷第4期，1939年12月20日。

[21] 杨德惠：《上海商业特写》，《商业月报》第19卷第12期，1939年12月31日。

[22] 陆仁隣：《漫谈我国袜业》，《上海特别市棉织厂业同业公会会务月报》第7期，1943年12月15日。

[23] 徐朝渊：《我国之针织业》，《纺声》第1卷第1期，1948年2月1日。

[24] 义：《海宁织袜业的危机　纱昂捐重成本激增　产销日减已濒崩溃》，《新闻报》1948年5月25日。

[25] 阿洵：《低落中的手工业——硖石针织厂近貌》，《工商新闻》第83期，1948年。

后 记

平湖市档案馆与华东师范大学合作开展“平湖历史档案整理与研究”系列课题已有多年，先后出版《平湖针织业文献选辑》《近代平湖土地文献选辑》《〈申报〉平湖文献选辑》《近代平湖土地问题研究》等档案、报刊文献整理和研究成果。2022—2023年，双方继续合作开展平湖地方历史档案整理与研究，《平湖袜业研究(1911—1949)》即为该系列课题的又一项成果。

“平湖历史档案整理与研究”项目的实施得到了浙江省档案局、浙江省档案馆、嘉兴市档案局、嘉兴市档案馆、中共平湖市委和平湖市政府、华东师范大学马克思主义学院等单位的关心，得到了嘉兴市图书馆、平湖市图书馆等机构的支持。易文艳、齐晓峰、桂强、訾夏威等参与了档案等文献的整理。书稿完成后，陆保林、杨海明、曹越、黄艳、沈俊审校全稿，平湖市金象纺织品有限公司王慧源先生仔细审阅全书，针对光华袜厂始建年份、袜业原料价格等问题提供了修改建议，上海辞书出版社杨丽萍老师策划出版事宜并校改书稿。感谢所有关心、支持和帮助项目研究，以及为此书出版付出辛劳的老师们！

由于我们对平湖历史档案及地方文化的研究仍处于起步阶段，本书尚有诸多不足之处，祈望得到读者的批评指正！

著　者

2023年5月

图书在版编目(CIP)数据

平湖袜业研究：1911—1949 / 董建波著. —上海：上海辞书出版社，2023

(平湖历史档案研究丛书 / 董建波，陆保林主编)

ISBN 978-7-5326-6162-6

Ⅰ.①平… Ⅱ.①董… Ⅲ.①袜子-服装工业-工业史-研究-平湖-1911-1949 Ⅳ.①F426.86

中国国家版本馆 CIP 数据核字(2023)第 225725 号

平湖历史档案研究丛书

董建波 陆保林 主编

平湖袜业研究(1911—1949)

董建波 著

责任编辑 杨丽萍

助理编辑 陈宇奇

装帧设计 姜 明

责任印制 王亭亭

出版发行 上海世纪出版集团

上海辞书出版社®(www.cishu.com.cn)

地　　址 上海市闵行区号景路 159 弄 B 座(邮政编码：201101)

印　　刷 苏州市越洋印刷有限公司

开　　本 720 毫米×1000 毫米 1/16

印　　张 13

字　　数 210 000

版　　次 2023 年 12 月第 1 版 2023 年 12 月第 1 次印刷

书　　号 ISBN 978-7-5326-6162-6/F·304

定　　价 118.00 元